TRANSICIONES

TRANSI CIONES

Cómo sobrellevar

los cambios de la vida

Bruce Feiler

Traducción de María Laura Saccardo

TENDENCIAS

Argentina – Chile – Colombia – España
Estados Unidos – México – Perú – Uruguay

Título original: *Life Is The Transitions*
Editor original: Penguin Random House LLC
Traductor: María Laura Saccardo

1.ª edición: febrero 2022

Plaza de los Reyes Magos, 8, piso 1.º C y D – 28007 Madrid
www.umbrieleditores.com

ISBN: 978-84-936961-9-1
E-ISBN: 978-84-19029-29-4
Depósito legal: B-18.234-2021

Fotocomposición: Ediciones Urano, S.A.U.

Impreso por: Rodesa, S.A. – Polígono Industrial San Miguel
Parcelas E7-E8 – 31132 Villatuerta (Navarra)

Impreso en España – *Printed in Spain*

A la próxima generación:

Max, Hallie, Tybee, Eden, Nate, Maya, Judah e Isaac,

contad las historias

La vida consiste en transiciones tanto como en conexiones.

WILLIAM JAMES

CONTENIDO

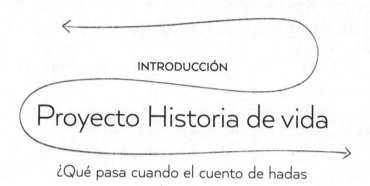

Proyecto Historia de vida

¿Qué pasa cuando el cuento de hadas
se desvanece?

Solía creer que una llamada telefónica no podía cambiar la vida, hasta que un día recibí una que lo hizo. Era de mi madre...

—Tu padre intenta suicidarse.

—¿Qué?

De pronto, ella estaba hablando sin parar, pero yo no la estaba siguiendo. Decía algo acerca de un baño, una rasuradora, la búsqueda desesperada de alivio.

—Santo Dios.

—Y no fue la única vez. Después intentó saltar por la ventana mientras yo cocinaba huevos.

Como escritor, muchas veces me preguntan si aprendí de mi padre: la respuesta es que no. Él era muy amistoso y alegre (decíamos que era un savaniano profesional, por Savannah, la ciudad costera de Georgia en la que vivió ochenta años), pero se le daba mejor escuchar y hacer que contar. Como veterano de la marina, líder civil y demócrata del sur, no pasó ni un minuto de su vida deprimido. Hasta que tuvo Parkinson, una condición que afecta la movilidad y el ánimo. Mi abuelo paterno, quien también contrajo la enfermedad siendo mayor, se disparó en la cabeza un mes antes de mi graduación de la escuela.

Durante años, mi padre prometió que no haría lo mismo: «Sé el dolor y la pena que provoca». Sin embargo, llegado el momento, cambió de opinión; o al menos la parte de su mente que aún controlaba lo hizo. «He tenido una vida plena. No quiero que me lloren, quiero que me celebren», decía.

En las doce semanas siguientes, mi padre intentó terminar con su vida seis veces. Probamos con cada remedio imaginable, desde orientación hasta terapia electroconvulsiva, pero no logramos vencer el problema principal: había perdido su razón de vivir.

Mi familia, siempre un poco hiperfuncional, intervino. Mi hermano mayor se hizo cargo del negocio de bienes raíces; mi hermana menor ayudó con la búsqueda de tratamientos. Pero yo soy el narrador. Durante tres décadas, había dedicado mi vida a explorar las historias que daban significado a nuestra existencia: desde las reuniones tribales del mundo antiguo hasta las caóticas cenas familiares del mundo actual. Estaba consumido por el modo en que las historias nos conectaban y dividían a nivel social y cómo nos definían y desmoralizaban a nivel personal. Dado que tenía esos intereses, comencé a preguntarme si ya que mi padre estaba sufriendo un problema, al menos en parte, narrativo, quizás necesitara una solución narrativa. Tal vez lo que necesitaba era una chispa que reactivara su historia de vida.

Un lunes por la mañana, me senté e hice lo más simple y vigorizante que pude imaginar: le hice una pregunta a mi padre. «¿Cuáles eran tus juguetes favoritos cuando eras niño?». Lo que sucedió a continuación no solo lo cambió a él, sino todo a su alrededor. En última instancia, me hizo reevaluar cómo encontramos sentido, equilibrio y dicha en nuestras vidas.

Esta es la historia de lo que pasó a continuación y de lo que todos podemos aprender con eso.

Esta es la historia del Proyecto Historia de vida.

LA HISTORIA DE TU VIDA

Detente un segundo a pensar en la historia que transcurre en tu mente. Está allí en algún lugar. Es la historia que le cuentas a los demás al conocerlos; la que te cuentas a ti mismo cuando visitas un lugar significativo, cuando miras viejas fotografías, cuando celebras un logro, cuando corres al hospital.

Es la historia de quién eres, de dónde vienes y a dónde sueñas con ir en el futuro.

Es el punto álgido en tu vida, el punto más bajo, el punto de quiebre.

Es en lo que crees, por lo que luchas, por lo que más te interesas.

Es la historia de tu vida.

Y no solo es parte de ti, eres *tú* en un sentido fundamental.

La vida es la historia que te cuentas a ti mismo.

Pero cómo cuentas esa historia (si eres héroe, víctima, amante, guerrero, cuidador, creyente) es muy importante. Cómo adaptas esa historia (cómo revisas, repiensas y reescribes tu narrativa personal según las cosas te vayan bien, mal o se tambaleen) es aún más importante.

Hace poco me sucedió algo que hizo que me enfocara en estos temas: perdí el control de la historia que daba vueltas en mi cabeza. Por un tiempo no supe quién era ni a dónde iba.

Estaba perdido.

Entonces comencé a tomar consciencia de que mientras que la narración ha atraído mucho interés académico y popular en los últimos años, hay un aspecto de la narrativa personal que no ha recibido atención suficiente. ¿Qué ocurre cuando perdemos el argumento de nuestra vida? ¿Cuando nos desviamos por algún contratiempo, metida de pata o cambio de la fortuna que se presentan con tanta frecuencia en estos días?

¿Qué ocurre cuando nuestro cuento de hadas se desvía?

Eso fue lo que le ocurrió a mi padre ese otoño; a mí en esa época; a todos en algún momento dado.

Nos perdemos en el bosque y no encontramos la salida.

Pero esta vez decidí hacer algo al respecto. Me dispuse a aprender cómo salir.

CÓMO ME CONVERTÍ EN UN HISTORIADOR DE VIDAS

Lo que hice a continuación (viajar por el país reuniendo cientos de historias de vida de personas comunes, para luego buscar temas y aprendizajes que pudieran ayudarnos a todos a navegar por las mareas de nuestras vidas) tiene una historia detrás.

Nací en Savannah, Georgia, en la quinta generación de judíos del sur. Son dos líneas de tradiciones narrativas forasteras que se unieron en mí. Abandoné el sur y me mudé al norte para ir a la universidad, luego salí de la universidad y me mudé a Japón. Allí, en una ciudad a setenta kilómetros y cincuenta años de distancia de Tokio, comencé a escribir cartas a casa en papel de correo aéreo arrugado. «No vas a creer lo que me pasó hoy». Cuando regresé a casa, todos decían:

—¡Me encantaron tus cartas!

—Fantástico —respondía—. ¿Nos conocemos?

Resultó que mi abuela había fotocopiado mis cartas y las había divulgado. Así, se habían viralizado a la antigua. «Si a tantas personas les resultaron interesantes, debería escribir un libro», pensé. Con un poco de suerte, conseguí un contrato editorial y, lo más importante, encontré mi vocación. Las historias siempre fueron mi forma de encontrarme a mí mismo, mi forma de darle coherencia a mi inquietud y mi extrañeza.

Durante las dos décadas siguientes, me dediqué a escribir historias (libros, artículos, programas de televisión) desde setenta y cinco países en seis continentes. Pasé un año como payaso de un circo y otro viajando con Garath Brooks. Seguí los pasos de las mejores historias jamás contadas, desde el arca de Noé hasta el Éxodo. También me casé y me convertí en padre de dos gemelas idénticas. La vida estaba en ascenso.

Hasta que tuve una seguidilla de experiencias que rompieron con esa linealidad; y con cualquier ilusión de poder controlar la narrativa de mi vida.

Primero, me diagnosticaron un cáncer de hueso extraño y agresivo en la pierna izquierda. Mi enfermedad se salía tanto de lo lineal que era una variedad de cáncer pediátrico en adultos. Asustado y de cara a la muerte, pasé un año terrible enfrentándome a más de dieciséis sesiones de quimioterapia y una cirugía de diecisiete horas en la que me sacaron el fémur, lo reemplazaron con uno de titanio, y me reubicaron el peroné desde el muslo hasta la pantorrilla. Tuve que usar muletas durante dos años y bastón un año más. Cada paso, bocado o abrazo que di desde entonces cargó con la pesada sombra del miedo y la fragilidad.

Luego, casi quedo en bancarrota. El modesto negocio de bienes raíces que había construido mi padre fue abatido por la Gran Recesión. Los sueños de tres generaciones se fueron a la basura. Yo gasté todos mis ahorros. Al mismo tiempo, Internet diezmaba el mundo impreso en el que había trabajado durante veinte años. Mis amigos se iban quedando en la calle uno tras otro. Mientras tanto, me despertaba tres noches por semana sudando, con la mirada en el techo, lleno de incertidumbre.

Luego llegaron los intentos de suicidio de mi padre. Las conversaciones de ese otoño fueron casi imposibles, el lenguaje era inapropiado para las decisiones a las que nos enfrentábamos. Sin embargo, sentía algo penosamente familiar durante ese período. Me remontó a la que siempre había sido mi reacción ante una crisis: frente a un temblor, recurrir a la narrativa. La respuesta apropiada para un obstáculo es una historia.

Esa idea había estado ganando popularidad. Un año antes, mientras investigaba un libro sobre familias funcionales, había ido a la casa de Marshall Duke, psicólogo de la Universidad Emory. Marshall y su colega, Robyn Fivush, habían estado estudiando un fenómeno señalado por la esposa de Marshall, Sara. Como maestra de educación especial, Sara había notado que los niños con los que trabajaba parecían más capaces de llevar sus vidas si sabían más de sus historias familiares. Marshall y Robyn habían diseñado una serie de preguntas para probar la teoría: ¿sabes dónde se conocieron tus abuelos? ¿Sabes de alguna enfermedad o lesión que hayan sufrido tus padres cuando eran jóvenes? ¿Sabes cómo fue tu nacimiento? Los niños que obtenían mayor puntuación en esa prueba, tenían una mayor creencia en que podían controlar el mundo a su alrededor. Ese era el principal indicador del bienestar emocional de un niño.

¿Por qué conocer la historia familiar ayuda a gobernar la propia? «Todas las narrativas familiares tienen una de estas tres formas», me explicó Marshall. Primero, la narrativa familiar ascendente: «No teníamos nada, trabajamos duro y triunfamos». Luego, la descendente: «Solíamos tenerlo todo, pero lo perdimos».

«La narrativa más saludable es la tercera», continuó. Se llama narrativa familiar oscilante: nuestra familia tuvo altibajos. «Tu abuelo era vicedirector del banco, pero su casa se incendió». «Tu tía fue la primera mujer en ir a la universidad, pero contrajo cáncer de mama». Los niños que saben que la vida puede tomar diferentes formas están mucho mejor preparados para enfrentar las inevitables disrupciones del camino.

La investigación me electrizó, y cuando escribí al respecto en el *The New York Times,* también impactó a los lectores. El artículo «Las historias que nos unen» (*The Stories That Bind Us*) se viralizó en el sentido moderno de la palabra. Me escribieron padres, académicos y líderes de todo el mundo. Todos daban fe de lo mismo: las historias nos unen, enlazan una generación con otra, nos animan a arriesgarnos para mejorar nuestras vidas cuando no parece haber esperanzas.

Al estar yo mismo viviendo uno de los peores momentos ese otoño, esa idea me dio esperanzas. «¿Y si le pido a mi padre que cuente su historia?». Poco después, pensé: solo una página o dos. La primera pregunta que le hice (acerca de los juguetes de su infancia) funcionó, así que seguí con otra. «¿Sigues siendo amigo de alguno de tus compañeros de la escuela?». Luego: «¿Cómo era tu casa cuando eras niño?». Cuando comenzó a ganar confianza, empecé a enviarle preguntas por correo electrónico todos los lunes por la mañana. «¿Cómo te convertiste en un Scout Águila? ¿Cómo te uniste a la marina? ¿Cómo conociste a mamá?». Llegó un punto en que ya no podía mover los dedos, así que no podía escribir. Entonces, pensaba en la pregunta toda la semana, le dictaba la historia a Siri, imprimía un boceto y lo editaba. Como siempre había sido un coleccionista, comenzó a agregar fotografías, recortes del periódico, cartas de amor a mi madre. A medida que su escritura se volvía más audaz, yo hacía mis preguntas más desafiantes. «¿Qué es lo que más lamentas? ¿Cómo sobreviviste a tu primera caída?». El proceso se extendió durante cuatro años, hasta que mi padre, un hombre que nunca había escrito nada más extenso que una circular, acabó por escribir una autobiografía. Fue la transformación más grande que habíamos visto en nuestra familia.

Pero ¿qué explica esa transformación exactamente? Para saber más, me sumergí en la neurociencia y la bioquímica de la narrativa; entrevisté a expertos en los beneficios psicológicos y emocionales de los recuerdos; rastreé a los pioneros en las disciplinas emergentes de la gerontología narrativa, adolescencia narrativa y medicina narrativa. Lo que descubrí fue un campo joven, pero en crecimiento, construido alrededor de la idea de que repensar y reconstruir nuestras historias personales es vital para llevar una vida plena.

Pero también descubrí que faltaba algo. Había un aspecto de lo que mi padre estaba atravesando, de lo que yo y casi todos los que conocía estábamos atravesando, que parecía haber quedado fuera de la conversación. Ese elemento faltante coincidía con lo que Marshall había identificado como la clave de las historias familiares: su forma.

Comencé a pensar que nuestras narrativas personales tienen forma, al igual que las familiares. Todos cargamos con una variedad de suposiciones silenciosas que definen cómo esperamos que se desarrollen nuestras vidas. Esas expectativas llegan de cada rincón y nos influyen más de lo que admitimos. Por ejemplo, pueden habernos hecho creer que nuestras vidas siempre iban a ir en ascenso, y nos impacta descubrir que, en realidad, oscilan. Nuestra sociedad nos dice que deberíamos disfrutar del progreso, pero la experiencia indica que somos asolados por reestructuraciones. ¿Es posible que esta brecha ayude a explicar la ansiedad que muchos sentimos?

Un día, todos estos interrogantes llegaron a un punto crítico para mí, en mi reunión por los treinta años de graduación de la universidad. Me había torcido la espalda y estaba dolorido, así que mi compañero David se ofreció a llevarme desde Brooklyn, donde ambos vivíamos. «Tendremos oportunidad de ponernos al día», pensé. Pero resultó que David estaba cerrando un negocio de bienes raíces multimillonario, por lo que pasó todo el viaje alternando entre conversaciones telefónicas con abogados entusiastas por una parte y colegas consternados por la otra. El día anterior, el bebé de nueve meses de uno de sus compañeros se había dormido, pero nunca había vuelto a despertar. David estaba en la cima del mundo y completamente desolado al mismo tiempo.

Yo tenía que moderar un comité con los compañeros de clase más destacados esa tarde. Para eso, había reunido sus currículums, todos ordenados e impresionantes. Pero la historia de David me había conmovido tanto que, para cuando llegué al escenario, miré al auditorio lleno de gente, tomé los currículums y los rompí por la mitad. «No me importan vuestros éxitos, contádselos a vuestras madres. Quiero escuchar vuestros pesares, vuestros desafíos, lo que os mantiene despiertos por las noches», les dije.

Esa noche, la clase del 87 se reunió bajo una enorme tienda que tenía un bar en una punta y una barbacoa en la otra. Me llevó dos horas llegar de un extremo al otro mientras que un compañero tras otro se acercaba a contarme su propia historia desgarradora.

«Mi esposa fue al hospital por una jaqueca común y murió al día siguiente».

«Mi hijo de trece años se cortó las muñecas».

«Mi madre es alcohólica».

«Mi jefe es un desgraciado».

«Me están demandando por mala praxis».

«Estoy en tratamiento por depresión».

«Tengo miedo».

De algún modo, todos decían lo mismo: mi vida fue alterada; mis sueños, destrozados; mi confianza, rota. Hay una brecha entre el discurso ascendente y dependiente que me vendieron, en el que «todos los problemas pueden solucionarse con una píldora, una aplicación o cinco minutos de medicación», y la vida inestable, impredecible y fluida que estoy obligado a afrontar.

La vida que estoy viviendo no es la que esperaba.

«Estoy viviendo fuera del orden».

Esa noche, llamé a mi esposa:

—Algo está mal. Ya nadie sabe cómo contar su historia. Tengo que descubrir cómo ayudar.

«CUÉNTAME LA HISTORIA DE TU VIDA»

Lo que hice fue crear el Proyecto Historia de vida. Recorrí el país en busca de personas que tuvieran historias interesantes que contar. Las entrevisté durante horas para conocer las transiciones, disrupciones y reinvenciones de sus vidas; luego exploré esas historias en busca de patrones e indicios. Comencé de forma orgánica, con personas que conocía, luego, poco a poco, me volví más riguroso y busqué gente de todas las demografías. Hice lo más anticuado que se pueda imaginar: ir a hablar con las personas. Y lo hice con el método más contemporáneo: escuché historias de vida en salas de estar, habitaciones, camas de hospital, barcos, bares, caravanas, reservas nativas, teatros de Broadway y conventos franciscanos. Las escuché en persona, por teléfono móvil o fijo, por Zoom, FaceTime o Skype.

Hace doscientos años, el legendario ermitaño y filósofo danés Søren Kierkegaard solía romper con su soledad para mezclarse con las personas en las calles de Copenhague, en lo que llamaba *baños de gente*; acorralaba a sus conocidos e involucraba a desconocidos en tardes de conversaciones sólidas y extensas. Así fue como me sentí: en una expedición de tres años.

Y así fue como terminé: reuní doscientas veinticinco historias de vida; de personas de todas las edades, entornos y ámbitos, de cada uno de los cincuenta estados. Los relatos incluían una variedad de experiencias apabullante: pérdida de extremidades, de trabajos, de hogares; cambios de religión, de carrera, de género; quienes dejaron el alcohol, un culto; al igual que muchos que atravesaban transiciones diarias de esperanza, resurrección y renovación.

Una pequeña muestra incluye:

- un corredor de Wall Street convertido en novelista;
- un camionero convertido en enfermero;
- el soldado que descubrió a Saddam Hussein;
- un superviviente de dos tipos de cáncer que subió el Monte Everest;
- un analista de la CIA que renunció para entrenar a perros rescatados;
- un escritor de revistas convertido en funebrero;
- un físico teórico que renunció a su cargo de profesor titular para dedicarse a su banda de YouTube llamada *Ninja Sex Party*;
- un escritor de música campirana convertido en pastor luterano;
- el atleta paralímpico más premiado en la historia de los Estados Unidos;
- el director ejecutivo de una farmacéutica que renunció para criar a sus tres hijos tras el suicidio de su esposa;
- un senador de los Estados Unidos;
- un ganador de un Grammy;
- un antiguo supremacista blanco;
- un alcohólico reformado que fue a disculparse puerta por puerta con doce personas a las que les robó mientras estaba ebrio;
- tres personas que estuvieron en prisión;
- cuatro personas que murieron y volvieron a la vida;
- cinco personas que sobrevivieron a intentos de suicidio;
- seis personas que cambiaron de género;
- y, por último, el colega de mi amigo David, cuyo bebé se durmió y nunca despertó.

Proyecto Historia de vida: Regiones

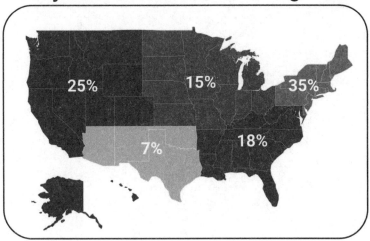

Proyecto Historia de vida: Edades

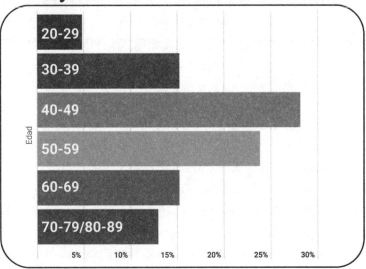

Proyecto Historia de vida: Ocupaciones

Lo que hice con esas personas fue lo que llamé «Entrevista de Historia de vida». Hace más de treinta años, un doctorando poco conocido de la Universidad de Harvard, llamado Dan McAdams, diseñó un proceso para entrevistar a las personas acerca de sus vidas como forma de entender cómo desarrollaron y pulieron sus definiciones de sí mismas. Más adelante, Dan se convirtió en el director del departamento de Psicología de Northwestern, y los estudios sobre narrativa avanzaron hacia descubrimientos innovadores desde la adolescencia hasta la edad adulta.

Entonces recurrí a Dan, quien generosamente se ofreció a guiarme en mi proyecto. Me animó a utilizar el modelo que había diseñado en los años 80, pero modificado para que se ajustara a los temas en los que yo estaba interesado. «No intentes ser un académico. Sé tú mismo», me dijo. Como él lo había predicho, enseguida comenzaron a surgir temas nuevos y sorprendentes; temas de los que no había leído en la literatura sobre la vida, el desarrollo humano y el cambio personal.

En poco tiempo descubrí que una cantidad de fuerzas sin precedente están dándole nueva forma a la vida contemporánea (fuerzas tecnológicas, políticas, espirituales, sexuales), pero que las técnicas que utilizamos para encontrarles sentido a nuestras vidas no les han seguido el ritmo. Estamos atravesando transiciones con mayor frecuencia, pero nuestros recursos para manejarlas no se han adaptado.

Las entrevistas que realicé fueron diseñadas para comprender e identificar este fenómeno. La primera pregunta era abierta: «Cuéntame la historia de tu vida en quince minutos, por favor». La mayoría de las personas se tomaron más de una hora. Luego pregunté por momentos importantes de sus vidas: puntos altos, puntos bajos, puntos de quiebre; una experiencia significativa; una gran transición que supieron manejar, una que no.

Cómo investigar esas transiciones pronto se convirtió en un tema principal, pasé mucho tiempo metiéndome dentro de este fenómeno poco discutido. Les pregunté a los entrevistados si las mayores transiciones de sus vidas habían sido voluntarias o involuntarias; si habían recurrido a rituales para sobrellevar esos momentos; cuál había sido la emoción más grande a la que se habían enfrentado; cómo estructuraban su tiempo; qué viejos hábitos conservaban; qué hábitos nuevos habían creado; cuánto tiempo les había llevado esa transición.

En la etapa final, les pregunté sobre las tramas destacadas que les habían dado forma a sus vidas, y terminé con mis dos preguntas preferidas, las que inspiraban las reflexiones más enriquecedoras:

Al pensar en toda tu historia de vida, con todos sus capítulos, escenas y desafíos, ¿encuentras un tema central?

Al pensar en toda tu historia de vida desde una perspectiva un tanto diferente, ¿qué forma define tu vida?

La gran cantidad de material puro que conseguí fue muy conmovedora y, a su vez, casi avasallante. Cuando terminé, tenía casi mil horas de entrevista, todas grabadas. Cuando hice que las transcribieran, sumaron un total de seis mil páginas que, juntas, llegaban a los hombros de mis hijas adolescentes. Leerlas de principio a fin me llevó dos meses.

El paso siguiente era explorarlas. Apoyado en un proceso utilizado por mi amigo Jim Collins, el gurú de la gestión, y por Dan McAdams, reuní un equipo para que ayudara en el análisis de las historias. Dedicamos un año a crear una enorme base de datos en la que codificamos cada historia en cincuenta y siete variables diferentes. Esas variables iban desde qué fase de la transición les había resultado más difícil a qué clase de consejos les habían servido más; desde cuándo habían ocurrido los eventos que definieron sus vidas, hasta qué soñaban para el futuro. Luego discutíamos acerca de nuestros descubrimientos días enteros en *juntas de la muerte*, en las que ninguna idea se salvaba de ser cuestionada y todos debían regresar a los manuscritos e investigaciones existentes para hacer un doble o triple control de nuestros descubrimientos. Puedo decir, con un noventa por ciento de confianza, que nunca se había escrito sobre los patrones que descubrimos. Y tenemos los datos como apoyo.

LAS TRANSICIONES SE ACERCAN

Antes de profundizar en esa información (y en las historias que tiene detrás) quisiera comenzar con una observación general. Si pudiera resumir lo aprendido en una fórmula simple, sería la siguiente:

LA VIDA LINEAL MURIÓ

↓

LA VIDA NO LINEAL INVOLUCRA MÁS TRANSICIONES

↓

LA TRANSICIÓN ES UNA HABILIDAD QUE PODEMOS
Y DEBEMOS DOMINAR

Soy consciente de que estas afirmaciones pueden sonar un poco obvias y oscuras. «¿A qué te refieres con "vida lineal"? ¿Cómo puedes estar seguro de que las transiciones son más abundantes? ¿Cómo se supone que voy a dominar esas cosas si ni siquiera sé lo que son?». Tiene sentido. Pero, para mí, los patrones son claros, las luces de advertencia están encendidas y es urgente que todos nosotros pongamos al día el modo en que le damos sentido (y significado) a nuestras vidas.

Con esa advertencia, quisiera comenzar por sugerir lo que creo que está provocando la intranquilidad que todos hemos estado experimentando y por expresar lo que espero lograr con este proyecto. Más precisamente, tengo tres objetivos, dos advertencias, una promesa y un ambicioso sueño final para este libro. Comencemos por los objetivos.

El primero es darle un nombre a un fenómeno poco entendido de la vida contemporánea, uno que parece tener una gran influencia en nuestra forma de vernos a nosotros mismos. Nuestras vidas ya no siguen el camino tradicional y lineal. Al comienzo de mi proyecto, si me hubieran preguntado por la forma de mi vida, hubiese dicho que era una línea. Una que se extendía desde atrás a través de mi familia, que luego avanzaba y recorría mi vida, basada ampliamente en mi éxito exterior. Y hubiera pensado que todos dirían algo similar.

Me habría equivocado mucho y de forma peligrosa. Lo peor es que me hubiera faltado algo fundamental sobre el modo en que vivimos hoy en día.

Las mentes más brillantes de la actualidad (de quienes estudian computación, biología, matemáticas o física) han llegado a entender que el mundo ya no se ajusta a mandatos predecibles y lineales. En cambio, la vida está llena de caos y complejidad, períodos de orden y desorden, linealidad y no linealidad. En lugar de líneas rectas, el observador ahora puede ver bucles, espirales, titubeos, fractales, giros, enredos y vueltas de ciento ochenta grados.

Por la curiosidad de saber cómo se aplicaba esto a nuestras vidas diarias, comencé a preguntarles a todos los que conocía: «¿Qué forma tiene tu vida?», y las respuestas me dejaron atónito. Las personas mencionaron toda clase de formas; círculos, corazones, mariposas, bumeranes, ríos, árboles, montañas, espirales. Cuando les pedí que lo explicaran, desplegaron una variedad de deseos, derrotas y decepciones, todas reflejadas en las formas multidimensionales de sus narrativas personales.

La idea de que la vida sigue una serie de progresiones calibradas con cuidado (niñez, juventud, mediana edad, tercera edad; noviazgo, matrimonio, descendencia, nido vacío; trabajo de nivel bajo, medio, alto, jubilación) es ridículamente anticuada. En lugar de atravesar una serie de etapas predeterminadas, interrumpidas por *crisis* periódicas en los cumpleaños terminados en cero, experimentamos la vida como un complejo remolino de celebraciones, fracasos, triunfos y renacimientos a lo largo de todos nuestros años.

Es más, las personas pertenecientes a la generación X lo sienten con más intensidad que los *boomers*, y los *millenials* más que los de la generación X. La expectativa rutinaria de tener un trabajo, una relación, una fe, un hogar, un cuerpo, una sexualidad, una identidad, desde la adolescencia hasta la tercera edad, está más muerta que nunca. Eso es lo que significa tener una vida no lineal, y tiene consecuencias profundas en las decisiones que tomamos día a día. La mayor consecuencia es que para gozar de todos los beneficios de vivir fuera de la linealidad (libertad personal; expresión propia; vivir tu propia vida en lugar de la que los demás esperan que vivas), es necesario atravesar una cantidad casi apabullante de transiciones. Eso nos lleva a mi segundo objetivo: comprender esta proliferación de eventos vitales.

El conflicto es la primera condición previa de una historia. Para que exista una narración debe ocurrir algo imprevisto. Un «giro inesperado» en lenguaje hollywoodense; una «peripecia» en palabras de Aristóteles. «Todos están de acuerdo en que una historia comienza con un quiebre en el estado de las cosas esperado», escribió Jerome Bruner, pionero en psicología narrativa. «Algo sale mal, de lo contrario no habría nada que contar». La historia es la herramienta para cubrir esta brecha.

Un descubrimiento central de mis conversaciones (uno inquietante para mí) fue que la frecuencia con la que estas alteraciones se presentan se está incrementando rápidamente en estos días. Estamos viviendo una epidemia de rupturas; «disrupciones», las llamo. Esto se explica por muchas razones (ver capítulo 2), pero por ahora solo diré que hicimos un recuento de cada variedad de eventos inquietantes que escuchamos. El total ascendió a cincuenta y dos clases de eventos. Son cincuenta y dos fuentes diferentes de conflictos, alteraciones o causas de estrés que una persona puede sufrir. Varían entre las voluntarias (perder peso, fundar una empresa) y las involuntarias (ser despedido, descubrir que un hijo tiene necesidades especiales); entre las personales (dejar el alcohol, perder a un ser querido) y las colectivas (unirse a un movimiento social, sufrir un desastre natural). La cantidad de disrupciones que una persona puede llegar a experimentar en su vida adulta es de alrededor de tres docenas. Es un promedio de una cada doce o dieciocho meses.

Logramos atravesar tantas disrupciones con consecuencias menores en nuestras vidas. Nos adaptamos, nos apoyamos en nuestros seres queridos, recalibramos nuestras historias de vida. Pero ocasionalmente, una (o más bien una acumulación de dos, tres o cuatro) de estas disrupciones llegan a desorientarnos o desestabilizarnos de verdad. A estos eventos los llamo «terremotos vitales» *(lifequakes)*, porque el daño que provocan puede ser devastador; en la escala de Richter, alcanzan un nivel de consecuencias muy alto, y sus réplicas pueden durar años. Una persona promedio atraviesa entre tres y cinco de estas grandes reorientaciones en su vida adulta y su duración ronda los cinco años, según mis datos. Al hacer las cuentas, se deduce que pasamos casi la mitad de nuestras vidas reaccionando a uno de estos episodios.

Seguro que tú o alguien que conoces está atravesando uno en este momento.

Pocos anticiparon que existiera esta cantidad de eventos que cambiaran la vida, lo que da pie a mi tercer objetivo: ya que nos enfrentamos a más experiencias de este tipo de lo esperado (y que es probable que el número aumente en los próximos años, como explicaré más adelante), dominar las habilidades necesarias para sobrellevarlos se vuelve aún más imprescindible. Los terremotos vitales pueden ser voluntarios o involuntarios, pero atravesar las transiciones que surgen de ellos solo puede ser voluntario. Debemos elegir hacer uso de las habilidades.

Entonces, ¿cuáles son esas habilidades exactamente? Creo que lo más emocionante que descubrí fue una caja de herramientas clara y detallada para atravesar esas transiciones. Muchas personas cumplen una serie de estos pasos por instinto, pero conocer (o cumplir) toda la lista es bastante infrecuente; en particular porque muchas de esas ideas contradicen un siglo de pensamientos acerca de cómo atravesamos los cambios personales.

Llenar esa caja de herramientas también fue el mayor cambio que atravesé mientras trabajaba en este proyecto. Al inicio, esperaba que el modo en que las personas manejaban las crisis personales, laborales o espirituales fuera diferente, que cada transición tuviera su manual de estrategias: estaba equivocado. Lo que descubrí fueron más similitudes (y una caja de herramientas mucho más unificada) de lo que jamás hubiera imaginado. La segunda parte del libro (a partir del capítulo 7) expone esas herramientas en detalle.

Esto nos lleva a mi par de advertencias:

LAS TRANSICIONES SE ACERCAN. PREPÁRATE.

Y a mi promesa: creo que podemos ayudar. Con el plural no me refiero solo a mí ni al equipo que me ayudó a reunir estos descubrimientos. Incluye a los cientos de personas con las que exploré estos temas, que fueron valientes y sinceras, y que compartieron conmigo las formas osadas y creativas en las que atravesaron sus triunfos y desafíos personales. Las ideas expuestas en el libro son mías; si son erradas, soy responsable. Pero no se las impuse a las personas que conocí, sino que las descubrí. No son descendentes, son ascendentes. Y creo que reflejan la verdad de cómo están respondiendo los individuos a este período de cambios sin precedente.

Esto deriva en mi sueño ambicioso, el último molino de viento cultural contra el que me gustaría luchar. Quiero redefinir las transiciones de vida. Ya que tenemos que pasar por estos períodos difíciles, no solo una o dos veces, sino tres, cuatro o incluso más veces en nuestras vidas; ya que tenemos que experimentar tanto estrés y tranquilidad, desolación y alegría; ya que tenemos que readaptar nuestras narrativas personales, reordenar nuestras prioridades y reequilibrar las formas que dan sentido a nuestras vidas; ¿por qué insistimos en hablar de estos períodos como algo duro y devastador, como desafíos terribles por los que tenemos que sufrir sangre, sudor y lágrimas?

Ya que la vida estará llena de giros inesperados, ¿por qué no dedicamos más tiempo a aprender a dominarlos?

William James, el padre de la psicología moderna, lo expresó mejor hace alrededor de ciento cincuenta años, y su sabiduría ha quedado tristemente olvidada. «La vida está en las transiciones». Su idea es aún más cierta a día de hoy: no podemos ignorar esos momentos centrales en la vida ni podemos desear que desaparezcan. Tenemos que aceptarlos, nombrarlos, marcarlos, compartirlos y, finalmente, convertirlos en un combustible nuevo y vital para recrear nuestras historias.

EL LOBO DEL CUENTO DE HADAS

Los italianos tienen una maravillosa expresión para cuando la vida da un vuelco cuando menos lo esperamos: *lupus in fabula*. *«Fabula»* significa 'cuento de hadas' y representa la fantasía en nuestras vidas, la versión ideal cuando todo marcha bien. *«Lupus»* significa 'lobo', que es el problema o conflicto, el elemento grande y aterrador que amenaza con destruir todo a su alrededor.

En otras palabras, la vida real.

Lupus in fabula significa 'el lobo en el cuento de hadas'. Los italianos lo usan como un equivalente de «hablando del rey de Roma». Justo cuando la vida marcha sobre ruedas, llega un demonio, un ogro, un dragón, un diagnóstico, un recorte de personal, una muerte.

Justo cuando parece que nuestro cuento de hadas va a hacerse realidad, aparece un lobo.

Eso fue lo que me pasó a mí hace tantos años; a mi padre en su momento de desesperanza; a todos los que conozco en un momento dado.

Nos perdemos en el bosque y no vemos la salida.

Perdemos de vista nuestro *felices para siempre*.

Ya no me siento de ese modo. Este proyecto fue un gran cazador de lobos para mí. Me dio más herramientas para enfrentarme a los problemas, más compasión para ayudar a los demás, más capacidad para expandir y reescribir mi historia de vida, de las que creía posibles. En el camino, me ayudó a hacer las paces con mi enfermedad, con la inseguridad en mi carrera, con mis errores de juicio y mis meteduras de pata. Escuchar esas historias a diario me llenó de asombro por la vastedad de experiencias humanas y de gratitud por la cantidad de lamentables miserias humanas que tuve la suerte de evitar; al menos por ahora.

Y me enseñó esto: todos sufrimos. Todos tenemos heridas, dolor y pena. Todos les damos vueltas a nuestras malas decisiones, lamentamos nuestras pérdidas, nos obsesionamos con nuestros cuerpos imperfectos, nuestras elecciones cuestionables y nuestras oportunidades perdidas. Sabemos que seríamos más felices, más ricos en satisfacción, o incluso ricos en sentido literal, si no hubiéramos hecho esas cosas. Pero no podemos contenernos; tenemos lo que parece ser un imperativo genético de relatar nuestra historia una y otra vez; y algunas veces dilatamos demasiado las peores actuaciones o los momentos de mayor debilidad.

No podemos superar a esos lobos.

Y está bien, porque si eliminas al lobo, eliminas al héroe. Y si algo aprendí fue que todos debemos ser el héroe de nuestra propia historia. Por eso necesitamos los cuentos de hadas. Nos enseñan cómo calmar nuestros miedos y nos ayudan a dormir por las noches. Es por eso que seguimos relatándolas año tras año, noche tras noche.

Porque convierten nuestras pesadillas en sueños.

I

LA FORMA DE TU VIDA

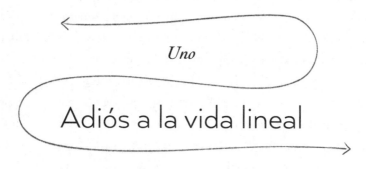

Uno

Adiós a la vida lineal

El fin de la predictibilidad

Christy Moore siempre odió la escuela.

—La odié desde el primer día. Fingía vomitar en la parada del autobús. Mi madre llegó al punto en que me hacía señalarle dónde lo había hecho para dejar que me quedara en casa —relató. Si no podía demostrarlo, Christy tenía que subirse al autobús—. Pero después me provocaba el vómito en la escuela, así que tenía que ir a buscarme.

Como era una niña varonil, Christy no tenía interés en las cosas de chicas, desde vestidos hasta bebés. «Desarmé la casa de Barbies de mi hermana en la mañana de Navidad». Al llegar a la escuela secundaria, ya era una rebelde.

—No tenía idea de qué hacer con mi vida. Solo sabía que no disfrutaba aprendiendo. —Luego comenzó a salir con un jugador de fútbol; se convirtió en animadora, porque eso era lo que hacían las jóvenes de dieciséis años del sur de Georgia; se escapaba de la escuela y se escondía en la playa.

Y luego, el verano después del primer año de secundaria, quedó embarazada.

—Primero se lo dije a Roy: «Estoy esperando un bebé. Si vas a estar en nuestras vidas, lo tendré. Si no, lo daré en adopción». —Roy se ofendió; por supuesto que iba a quedarse con ella, aseguró. Entonces,

Christy fue a hablar con su madre—. En ese momento, no sabía que mi madre era alcohólica. Era, literalmente, una ebria dentro del armario: se metía en el armario cada noche y bebía hasta desmayarse. Siempre pensamos que se iba a dormir temprano —relató. Fue a sentarse en el sofá junto a ella y le dijo que tenían que hablar.

—Roy y tú estáis muy unidos, tal vez necesites un método anticonceptivo —dijo su madre de forma preventiva. «Mmm. Es un poco tarde para eso», pensó ella. La madre propuso que fueran a comprar ropa de maternidad, luego escogió un libro para abuelos, que dejó bajo la almohada de su padre porque llegaba tarde del trabajo.

—Desperté de madrugada por los gritos de mi padre hacia mi hermana porque ella era «la mala». «Es tu otra hija», le dijo ella, y así lo descubrió.

Seis semanas después, Christy y Roy se casaron. Él dejó la universidad y consiguió trabajo en Kentucky Fried Chicken. Ella dejó la escuela, y fueron a vivir a una casa adosada.

—Pensé que no solo estaba arruinando nuestras vidas, sino que cambiaba por completo nuestras trayectorias —dijo—. En realidad no tenía deseos de ser madre, iba a ser una excelente tía. Pero de inmediato pasé de decir «Nunca tendré hijos» a «Seré la mejor madre y criaré a buenos ciudadanos».

En los ocho años siguientes, la pareja tuvo tres hijos. Roy tuvo múltiples trabajos en restaurantes de comida rápida, en los que ascendió de subgerente a gerente; Christy repartía el periódico entre las tres y las seis de la madrugada. Tuvieron que cambiar la iglesia Metodista por la Bautista porque la antigua comunidad de ella la rechazó. Con el tiempo, lograron conseguir un crédito suficiente como para comprar un pequeño restaurante japonés en una plaza comercial de la isla de Wilmington, Georgia. Pero Roy sufrió episodios frecuentes de colitis ulcerosa, pasó por dos cirugías y estuvo dos meses en reposo, por lo que incurrieron en deudas por los gastos médicos.

—Éramos la típica familia con 2,5 hijos, a punto de quedarnos sin hogar. Y no queríamos eso, necesitábamos seguridad.

Pero luego sucedió algo impensable.

Christy solía llevar a su hija a la biblioteca pública a la hora de niños. Un día, los niños se fueron a hacer manualidades, y Christy, embarazada de su segundo hijo y exhausta hasta los huesos, se desplomó en la silla más cercana. Como no podía moverse, extendió el brazo para tomar el único libro que podía alcanzar. Se trataba de *Cumbres borrascosas*. «No pude entender la mitad de lo que leí, así que tuve que leerlo dos veces». Cuando lo terminó, fue a por el siguiente libro, *Matar a un ruiseñor*.

—Ese libro me cambió la vida —afirmó—. Hasta el día de hoy, lo leo cada año. Comienzo la noche de Acción de gracias y lo leo despacio hasta Navidad. Mis hijos se ríen de mí. «Madre, la historia no va a cambiar». Pero cada vez que lo lees aprendes algo nuevo.

Christy iba a la biblioteca todos los martes y jueves, se sentaba y tomaba un libro. Poco a poco, terminó todo el estante de clásicos: *Orgullo y prejuicio, El gran Gatsby, Moby Dick*. Y fue allí, en esa silla, en esa biblioteca, donde encontró la respuesta que ella y Roy habían estado buscando. Regresaría a la escuela para recurrir a lo que había odiado desde niña: la educación.

El día en que dejó a su tercer hijo en la escuela infantil, condujo directamente hasta la Universidad Estatal Armstrong Atlantic.

—Lloré todo el camino. «¿Qué he hecho? Soy una ama de casa», pensaba. Me senté en mi primera clase de psicología y pensé: «No tengo idea de qué está hablando este hombre». Era obvio que todos los jóvenes de dieciocho años a mi alrededor sí lo sabían, porque negaban con la cabeza y tomaban notas. Luego regresé a mi coche y comencé a llorar. «Has perdido la cabeza. Abandonaste la escuela, no eres tan inteligente».

Pero volvió a salir del coche y fue a su segunda clase, luego a la tercera. Todos los días dejaba a su hijo menor y después conducía hasta la universidad. «Le rezaba a Dios: "No sé si puedo hacer esto, solo pon la información en mi cabeza"». Sobrevivió al primer semestre, luego se inscribió al siguiente. Sus calificaciones mejoraron. Con tantas cargas por sus tres hijos, un marido enfermo, ensayos de ballet y juegos de baloncesto, tenía la vida cronometrada. Anotó todo en un calendario de papel con colores diferentes y metió toda su vida dentro de un bolso de L. L. Bean. También hizo pilas de fichas.

—Mis hijos lo aprendieron. Cuando la luz del semáforo estaba en rojo, aparecían las fichas; cuando cambiaba a verde, decían: «Maaaaaa-aaaaaamá» y las dejaba para conducir hacia el próximo destino. Incluso estudié en Disney.

En cuatro años, consiguió su título en terapia respiratoria. La chica a la que no le gustaban los bebés hasta que tuvo a los suyos, se convirtió en experta en mantener a los niños prematuros con vida. Luego fue a por un master, que le tomó tres años más. Al final, tras un episodio de cáncer de tiroides, dio el mayor salto de todos: se inscribió en un doctorado en educación para adultos.

Seis años más tarde, dieciséis después de haber leído *Cumbres borrascosas*, veinticuatro después de haber dejado la escuela, y treinta y seis después de haberse provocado el vómito en su primer día de guardería, Christy, vestida con una camiseta y pantalones cortos en un día de treinta y ocho grados de agosto, se puso toga y birrete azules, y caminó al escenario. Había pasado de estudiante de secundaria a tener un doctorado. Lo definió como el día más feliz de su vida.

—Aunque mi vida es un completo desorden —dijo—, si lo hubiera hecho en el orden esperado, no tendría el marido, los hijos o la vida que tengo, a los cuales adoro. Hubiera estado drogándome en una esquina, o desdentada, cociendo hamburguesas en algún sitio.

En cambio, hoy en día tiene trabajo aconsejando a estudiantes no convencionales (justo esos que no aman la escuela) acerca de las virtudes de seguir el camino tradicional y seguir estudiando. Y considera que el modo desorganizado en el que vivió es la mejor prueba que puede dar del valor de encontrar el propio camino.

EL CÍRCULO DE LA VIDA

En su libro *Breve historia del mito*, Karen Armstrong plantea que cada vez que los humanos dan un paso adelante, revisan y actualizan su comprensión del mundo. La revisión suele involucrar una gran cantidad de temas; desde creencias religiosas hasta tabúes sexuales. Pocos negarán que nos encontramos en un momento de cambio como ese en este momento. En lo que pareció ser de la noche a la mañana, hemos visto avances tecnológicos arrolladores, un debilitamiento de las instituciones religiosas, una realineación de los roles de género. Pero pocas personas reconocen (o entienden) que estamos en medio de un cambio similar de nuestras expectativas de qué formas deberían tomar nuestras vidas.

Soy consciente de que la palabra «forma» puede parecer fuera de contexto en una discusión sobre la vida humana. «Un momento, ¿dices que la vida es un círculo, un triángulo o una línea?». En cierto modo, sí, porque eso es lo que la sociedad nos dice. Uso la palabra (y la idea que conlleva) como fue usada durante siglos para referirse a la creencia arraigada y a los paradigmas tácitos que definen nuestra visión de la vida humana ideal. En particular, si se espera que nuestras vidas sigan un camino circular, ascendente, descendente, oscilante, o uno completamente diferente. A pesar de que las distinciones puedan sonar abstractas, tienen miles de implicaciones en el mundo real y gobiernan todo, desde cuándo deberíamos casarnos hasta cuándo deberíamos trabajar, desde cuándo deberíamos enfermar hasta cuando deberíamos tomar riesgos.

En resumen, ¿quién tiene que controlar los «debería» de nuestras vidas?

La forma más fácil de comprender este cambio es comenzar por ver cómo entendían las formas y los «debería» las culturas anteriores. En una visión amplia, ha habido tres evoluciones significativas en nuestra comprensión de la forma de la vida, que se relacionan directamente con la concepción del tiempo. Hemos pasado de un concepto basado en el tiempo natural (estacional, cíclico) a uno moldeado por el tiempo mecánico (regular, sincopado, lineal), a uno caracterizado por la idea más variable de que el tiempo es dinámico, impredecible, no lineal. Comencemos por el principio.

Las formas más fáciles de pensar el tiempo reflejaban las observaciones humanas del mundo que los rodeaban. A falta de herramientas de medición, las civilizaciones tempranas, desde Babilonia hasta Egipto, vinculaban el tiempo con la naturaleza; las estaciones, el clima, el reafirmante ciclo de regularidad. En el mundo antiguo, no había un sentido de la cronología, de la historia, de la influencia de un evento sobre el siguiente. En cambio, la mayoría de las culturas creían que los humanos seguían un *círculo de la vida* preexistente. (Los uróboros egipcios, en los que la serpiente se muerde su propia cola, son una representación temprana). En esta visión cíclica del mundo, la forma de vida más elevada no era buscar el camino propio (ser el héroe de tu historia), sino reexperimentar lo ya ocurrido; replicar la historia universal.

Todo eso comenzó a cambiar hacia el fin de la antigüedad, con la llegada del tiempo lineal. La Biblia jugó un papel relevante en el proceso, ya que introdujo la idea de que el tiempo seguía una progresión histórica desde Adán y Eva, a través de los patriarcas, reyes, profetas y demás. Con el cristianismo, el avance llegó al pico máximo con Jesús. Gradualmente, la vida pasó de ser un *círculo* a ser más lineal y capaz de progresar. Entonces, todos podíamos seguir un camino que elevara nuestra condición; entonces, todos podíamos aspirar a una vida de plenitud personal. Eso llevó a una nueva forma consensuada en Occidente: la vida como una serie de *etapas*.

«LAS COSAS SE VAN A PONER FEAS, PRONTO»

La vida de Davon Goodwin no era cíclica en absoluto. Pasó por tantos cambios impredecibles que consideraba que su vida era un pentágono.

Davon fue criado por su madre soltera en los proyectos de Pittsburgh. Su padre había ido a prisión por posesión de drogas.

—Mi hermano siempre estaba enfadado —dijo—. Pero yo pensaba: «Sí, todos tienen un padre con quien jugar. ¡Genial, yo tengo a mamá!».

Un verano, visitó a su abuela en Carolina del Norte y comenzó a cavar en el jardín trasero.

—La tierra me cambió la vida —afirmó—. Quería ser botánico. Quería jugar con las flores. La mayoría de las personas que conocía me decían «Eres gay; debes ser gay», pero yo amaba las plantas.

De regreso en Pittsburgh, el director de su escuela lo invitó a que se hiciera cargo de un invernadero abandonado, así que pasó la mitad de cada día creando una selva tropical, la otra mitad en sus prácticas de lucha.

—Comencé a buscar una universidad que tuviera botánica y lucha, ¡no abundan! —dijo. Aceptó una beca en la Universidad de Carolina del Norte en Pembroke. A mitad del primer año, abandonó el equipo de lucha—. Le dije al entrenador: «Gracias, pero quiero salir de fiesta, quiero más de una comida al día, quiero experimentar la universidad». —En poco tiempo, sus calificaciones bajaron, perdió la beca y no tuvo cómo pagar las cuentas. Un reclutador del ejército le ofreció sesenta mil dólares para cubrir los estudios, así que Davon se alistó. Su madre estaba horrorizada. «¿Por qué demonios hiciste eso?». Pero él le aseguró que estaba conduciendo camiones en una unidad inutilizable y que podía quedarse en la universidad mientras servía.

Luego entró en servicio. Primero fue solo Kuwait, que era relativamente seguro, pero después su sargento anunció: «Acaban de llamarnos de Afganistán. Empaquetad vuestras cosas, partimos en una hora». «Las cosas se van a poner feas, pronto», pensó Davon.

—Supe que sería peligroso cuando, en cuanto el avión aterrizó en el pavimento, abrieron la puerta trasera y nos dijeron: «Saltad».

Durante un tiempo, la situación fue estable y Davon regresó a casa en vacaciones. Dos semanas después de su regreso, lo asignaron a un transporte de equipo pesado Oshkosh M1070, el vehículo más grande del ejército, para una misión en la provincia de Helmand, al norte de Kandahar.

—Los talibanes estaban por todas partes —afirmó. La noche anterior, tuvo un mal presentimiento y no pudo dormir. «No sé qué es, pero algo me dice que no conduzca», le dijo a su oficial al mando. «Entonces al menos pon tu trasero en el asiento del acompañante», respondió el oficial. Quince minutos después, el camión pasó sobre un artefacto explosivo improvisado de doscientos kilos; justo bajo sus pies. El vehículo quedó hecho pedazos.

—Lo único que recuerdo fue rezar: «Dios, sácame de este camión». —A Davon se le rompieron las vértebras L1 y L2 esa mañana y padeció lo que él llama «un tremendísimo daño cerebral». Lo trasladaron en avión a Alemania, luego a Fort Bragg en Carolina del Norte. Como consecuencia, sufrió de dolor de espalda agudo, depresión y narcolepsia—. Comencé a beber en exceso. Tenía ideas suicidas. Una noche, fui al baño y observé el botiquín de medicamentos. «Si me tomo todas estas pastillas, ¿qué tengo que perder?», me dije. Justo en ese momento, sonó el teléfono. Pensé en no contestar, pero vi que era mi madre. Ella me dijo que iba a renunciar a su trabajo en Pittsburgh para mudarse a Carolina del Norte. «Estaré ahí si necesitas mi ayuda».

La semana en que llegó, hizo que Davon fuera a la iglesia. En mitad de la misa, el párroco les pidió a los nuevos congregantes que compartieran sus historias. Él dudó, pero su madre le insistió. «Tienes que contar tu historia, porque es importante», le dijo.

—Yo no dejaba de llorar y ella decía: «Lo ves, ya está fuera. No tienes que tener vergüenza». Ese día comencé a vivir otra vez.

El médico de rehabilitación insistía en que nunca podría volver a leer, pero Davon no le creía, así que verificó su plan de estudios y se reinscribió en la universidad. Comenzó con una clase, luego agregó más. Se casó y tuvo un hijo.

—Me dio más razones para vivir —afirmó. Después se graduó, pero no conseguía trabajo. Nadie quería un empleado con narcolepsia—. Las personas decían: «Eres genial, pero no podemos dejarte hacer nada».

Estaba en el último mes de renta cuando conoció a un médico local que tenía una granja de doscientas hectáreas y buscaba un encargado. Fue a la entrevista, enterró las manos en el suelo, y de inmediato recordó su amor de la infancia por la jardinería.

—Es difícil de explicar, pero sentí que ese suelo era sanador. Había olvidado mi sueño: ser botánico, curar el cáncer, viajar por el mundo. El día en que sufrí esa explosión en Afganistán terminó la primera misión de mi vida. Pero ahora tengo una nueva misión: ayudar a las comunidades de color a acceder a productos frescos. Solo puedo decir que esa bomba no fue una bomba, fue una bendición. Me obligó a tener un nuevo sueño.

LAS ETAPAS DE LA VIDA

A pocos pasos del Támesis, en el barrio de Blackfriars en Londres, se encuentra un descomunal edificio de oficinas de hormigón ocupado por la empresa telefónica BT. Tom Cruise se rompió el tobillo allí mientras filmaba una escena de riesgo para la sexta *Misión imposible*. En el patio hay una escultura de aluminio con forma de tótem de seis caras. La escultura es un homenaje al discurso más famoso de Shakespeare en *Como gustéis*, que resume a la perfección el siguiente cambio en el modo en que las personas veían la forma de sus vidas.

El mundo es un escenario,

y todos los hombres y mujeres, meros actores;

hacen sus entradas y salidas,

y un hombre puede representar muchos papeles,

sus actos son siete edades.

Al inicio de la era moderna, la idea de que la vida era un círculo por fin se disipó, reemplazada por la idea de que la vida avanza en una serie de *edades, fases* o *etapas*. Pocos sabían, o les importaba saber, su edad cronológica exacta; en cambio, las personas creían que sus vidas consistían en períodos: juventud, aprendizaje, matrimonio, paternidad, enfermedad, muerte, entre otras. Así surgieron expresiones que reflejaban esa progresión. Todos seguían el *camino de la vida* o el *ciclo de la vida*. La palabra «carrera», del vocablo latino para «vehículo con ruedas», fue acuñada en aquel tiempo para expresar qué se sentía al recorrer ese camino.

La metáfora principal para ilustrar esta forma de vida era una *escalera* ascendente y descendente. Se esperaba que los individuos subieran durante los primeros años de sus vidas, alcanzaran la cima en la mediana edad, y luego comenzaran a descender poco a poco. Hombres y mujeres tenían sus propias escaleras, pero la forma básica era igual: los niños juegan, los adultos trabajan, los ancianos cojean. Lo sorprendente es que, a diferencia de los paradigmas más recientes, la mediana edad es la cumbre.

A medida que la vida se hacía más urbana en esos años, los placeres de la ciudad aumentaban. El más destacado fue el teatro. Dado que las obras son representadas en escenarios, pronto se convirtió en el recurso principal para hablar de la vida. Cada paso de la escalera era un *escenario* en que el individuo era un *actor* que representaba la gran *obra* de la vida. Las siete etapas de Shakespeare incluían el infante, el estudiante, el amante, el soldado, el anciano, el segundo infante, «sin dientes, sin ojos, sin gusto, sin nada».

47

Es difícil enfatizar lo suficiente la influencia que tenían estos constructos. Normalizaban la noción de que la vida era universal, rígida, implacable. La vida ascendía, luego descendía. No había excepciones, segundas oportunidades, nada de «dejar el alcohol a los cuarenta» o «encontrar el amor a los sesenta». Solo había una oportunidad y todo iba colina abajo desde entonces. Para reforzar la idea, solían incluir relojes de arena sobre las escaleras. Todos estaban *quedándose sin tiempo* antes de que el Padre Tiempo llegara a informar que se había agotado.

Podrían pensar que nos hemos liberado de ese pesar en el mundo moderno, que debimos haber hecho todo lo posible para librarnos de esta forma rígida de ascenso y descenso. Pero, por el contrario, la empeoramos.

«ME DIJO: "ESPERO GRANDES COSAS DE TI"»

David Parsons es la prueba de que los modelos rígidos de ascenso y descenso no funcionan.

David nació en la realeza automotriz estadounidense en Detroit, en 1952, una época en la que los vehículos norteamericanos eran la envidia del mundo. Su familia tenía ocho coches, «uno para cada integrante». Tres de sus abuelos habían inmigrado desde la Isla Ellis. Uno de ellos había sido un cultivador de patatas de Suecia, que se había mudado a Míchigan y había inventado las bisagras invisibles para puertas, lo que lo había hecho prosperar, tener buenos contactos y volverse republicano. Su hijo, el padre de David, siguió el mismo camino. Fue de la primera camada de ganadores de la Medalla Nacional de Tecnología e Innovación, junto con Steve Jobs y Stephen Wozniak.

—Cuando estaba en la escuela secundaria, esperaban que fuera atleta —relató David—. Estaba inscrito en Dartmouth, probablemente para jugar al fútbol y estudiar leyes, cuando, en mi último año, obtuve el papel de Curly en la obra *Oklahoma!* —En un momento de la obra, Curly besa a Laurey, luego se dirige al público y declara su amor—. Estaba completamente involucrado con la obra —afirmó.

David les dijo a sus padres que quería renunciar a la Liga Ivy para entrar a la escuela de música. Su padre lo llevó a cenar con el gobernador de Míchigan, el senador con más antigüedad del país y un mariscal de campo *All-American*; todos abogados que intentaron hacerlo cambiar de opinión. Todos fracasaron.

Él se inscribió en la escuela de música de la Universidad de Míchigan, en donde obtuvo un título de grado y un máster en representación. A diferencia de sus compañeros, también consiguió trabajo. Lo contrataron en la Ópera de Santa Fe, la Ópera Grand Houston y, cuando se mudó a Nueva York, en las cinco primeras óperas para las que audicionó.

—Un buen promedio es quedar en una audición de diez —dijo—. Con eso puedes vivir. Yo estaba haciendo carrera. —Lo alababan en el *The New York Times,* lo presentaban en *CBS News Sunday Morning,* Alistair Cooke lo invitaba a Edimburgo.

Sumado a eso, se casó con Miss America. Se conocieron cuando él volvió a representar a Curly en la Ópera de Cincinnati, y ella representaba a Laurey. Ella canceló una cita con el ícono del béisbol Johnny Bench para salir con Davis.

—Sencillamente, nos enamoramos —declaró. Pronto comenzaron a llevar una vida glamurosa de viajes, música y residencias artísticas por Europa. Su hogar estaba en Nueva York, pero sus corazones estaban en las luces del escenario. Y, durante todo ese tiempo, él guardaba un secreto oscuro: era un completo alcohólico—. Comencé a beber cuando tenía diez años. Mucho. De verdad. Crecí en un mundo en el que te regalaban ceniceros para Navidad. Mis padres tenían un gabinete de licores lleno con todo tipo de bebida que pudieras desear. Además de provisiones extra en el sótano. Era fácil llevarse algo.

Después de la boda, David comenzó a perder el control. Tuvo una mala cirugía de las cuerdas vocales que acabó con su carrera en la ópera. Luego comenzó a enseñar y se unió al coro de la iglesia. Consiguió trabajo en una tienda de artículos deportivos para vender equipos de esquí.

—Dije que mi vida se había acabado. Lo único que había hecho era ser cantante. Pensé: «Bien, para algunas personas las cosas simplemente no funcionan».

Y luego las cosas empeoraron. El hermano mayor de David, Carl, contrajo sida y enfermó de gravedad. Había vivido en Los Ángeles desde los sesenta, en donde era secretario de Zsa Gabor y diseñaba casas para las estrellas. Él y David siempre habían estado unidos. Carl era el que siempre volaba para ver cada uno de sus estrenos. Pero en ese momento Carl tuvo que volar a casa y volver a vivir con sus padres.

—Ellos no tenían ni idea de que era gay —explicó David—. La negación es un arma poderosa. —En su última visita a su hermano, Carl estaba rodeado de flores púrpuras—. Tenía esta clase de corona púrpura a su alrededor, y me dijo: «Espero grandes cosas de ti».

Carl murió la tercera semana de diciembre. Cuatro días después, David llegó al oeste de Oklahoma, donde su suegro era pastor conservador, y le preguntó si podía cantar en la misa de Navidad.

—Canté mejor que nunca. Regresé a casa y me bebí una botella de escocés con ferocidad y rabia. Y, a la mañana siguiente, desperté, me puse de rodillas y dije: «No puedo volver a hacer esto ni un día más». —Él no sabía nada de rehabilitación, nunca había ido a una reunión de Alcohólicos Anónimos—. Solo dije: «Dios, ayúdame a no beber hoy, por favor. Si lo logro, te lo agradeceré esta noche, y volveré a pedírtelo mañana». —David hizo una pausa—. No he bebido una gota desde aquel día.

Poco después, David le dijo a su esposa que lo habían invitado a unirse al ministerio luterano. Explicó que había estado pasando más tiempo en la iglesia. Había visto la resistencia para los gay y lesbianas como su hermano y quería expandir la misión de la iglesia. «Te pagaré para que asistas a la escuela de derecho, pero no seré esposa de un predicador», le dijo su esposa. Pero David no pudo resistirse y se inscribió en el Seminario Teológico Unión de Nueva York y, al final del primer año, ella lo llamó para decirle que no regresaría a casa.

—Yo insistía en que todo iba a salir bien, y ella repetía que no.

Él comenzó a trabajar en la iglesia luterana St. John-St. Matthew-Emanuel de Brooklyn dos días antes del 11S (el atentado del 11 de septiembre del 2001). Cuando lo conocí trabajaba en la casa parroquial junto con su segunda esposa y su hija de once años. Se había convertido en la voz por la inclusión LGBT en la iglesia luterana. Cantaba en el coro, pero soñaba con regresar al escenario algún día. Cuando le pregunté por la forma de su vida, me dijo: «La cruz».

—Todo pastor es teólogo de la cruz. Pero en mi caso, creo en la historia de Jesús. Sé que inquieta a la gente, en especial en Nueva York. Pero yo llevé una vida muy dispersa y ahora llevo una de servicio. Hubo un momento muy específico en el que Dios llegó a tocar mi vida. Fue el cruce de caminos que me trajo hasta donde estoy hoy.

LA VIDA LINEAL

La fascinación por el tiempo que comenzó en la temprana era moderna se volvió absorbente en la era industrial. Los humanos se obsesionaron con el tiempo en el siglo diecinueve. Comenzaron a comer, trabajar y dormir cuando el reloj se los decía. Un motivo importante fue que, de pronto, los relojes se extendieron por el mundo; los de bolsillo se hicieron populares en el 1800, seguidos por los de pulsera y los de pie. Una canción de 1876 relataba lo mucho que un abuelo amaba a su querido reloj, comprado el día de su nacimiento. Lo había acompañado en cada etapa de su vida hasta que se «detuvo para siempre el día en que el anciano murió». La partitura vendió un millón de copias.

Cuando las personas comenzaron a medir sus días con el reloj, fue inevitable que también comenzaran a medir sus vidas con él. Las formas de vida dominantes en el siglo veinte eran todas mecánicas, industriales, secuenciales. *La flecha del progreso*; *la cinta transportadora de la vida*. *Hacerse de abajo*; «Vamos, vamos, al frente», en palabras de Tennyson.

En un clima como ese, no fue sorprendente que la nueva rama de la psicología humana adoptara un lenguaje similar. La regulación del día a día llevó a la regulación de la vida. A partir de 1900, se hizo popular una plétora de nuevos períodos de tiempo: *adolescencia, mediana edad, jubilación, ancianidad*. Cada nueva *etapa de la vida* tenía su propia variedad de estudios, afecciones y productos de cuidado.

Por ejemplo, Sigmund Freud dijo que todos los humanos estaban moldeados de forma permanente por una serie de etapas psicosexuales que se esperaba que vivieran entre los cero y doce años; etapa oral, anal, genital, etcétera. Jean Piaget identificó otra serie de etapas y tiempos de desarrollos; etapa sensoriomotora (del nacimiento a los veinticuatro meses), preoperacional (de dos a siete años) y de ahí en adelante. Esas ideas revolucionaron la comprensión de los niños. Fueron piedras fundamentales en el pensamiento.

Pero también tuvieron consecuencias a largo plazo que no siempre son comprendidas ni positivas. Por ejemplo, nos educó con la idea de que la vida transcurre para los niños y para los adultos a través de una serie de metamorfosis establecidas que se despliegan en un tiempo uniforme. Incluso el término «desarrollo humano» asemeja al hombre con los coches o lavadoras. Al principio *no estamos listos,* luego estamos *listos para usar* y en algún punto del camino nos volvemos *obsoletos*.

Como era de esperar, a la luz de esas nuevas ideas sobre la infancia, surgió una oleada de teorías prominentes acerca del desarrollo adulto. De pronto, había seis etapas de maduración moral y cinco de actualización personal. John Bowlby, el psicólogo británico que explicó que los niños se apegan a los seres queridos en etapas, investigó que nos *desapegamos* en un proceso inverso. Elisabeth Kübler-Ross introdujo la idea popular de que cuando estamos muriendo o en duelo pasamos por cinco etapas sucesivas: negación, enfado, negociación, depresión y aceptación. El icónico camino del héroe de Joseph Campbell es un modelo del crecimiento espiritual.

Con creces, el modelo lineal más influyente es el de las ocho etapas de desarrollo de Erik Erikson. Nacido en Alemania, de padre danés y madre judía divorciados, se burlaban de él por judío en la escuela y como goy en la sinagoga. Luego escapó de los nazis, llegó a América y convirtió su extraordinaria vida en material para definir una serie de crisis que todos debían dominar: confianza contra desconfianza en la niñez; intimidad contra aislamiento en la juventud; integridad contra desesperanza en la tercera edad. Fracasar en el proceso de alguna de las etapas en el «orden predeterminado» evita que el individuo lleve una vida saludable.

Erikson reconoció abiertamente la influencia que tuvieron las metáforas industriales en su línea de pensamiento. Escribió: «Si nuestra imagen del mundo es una calle sin retorno hacia el progreso eterno, nuestras vidas deben ser calles sin retorno hacia el éxito». Su contribución fue la extensión del modelo de etapas de Piaget desde la infancia hasta la tercera edad. Pero su perjuicio fue igual de profundo. Él validó la idea endeble de que la edad adulta transcurre en tres períodos cuidadosamente determinados. Leerlo hoy en día es sorprenderse por el sesgo: el progreso sigue en marcha, sigas o no el plan.

Entonces: ¿qué sucede si te quedas embarazada en el momento equivocado (como Christy); si tienes una herida casi fatal al comienzo de la vida adulta (como Davon Goodwin); o si sucumbes a una adicción, te quedas sin trabajo, pierdes a tu hermano o se acaba tu matrimonio (como le sucedió a David Parsons), en un tiempo que no es el «predeterminado»?

Hoy en día, cada uno de estos conceptos estratificados ha quedado diluido, desbancado o desacreditado de algún modo. Son demasiado simples, estrechos, amplios o masculinos. George Bonanno, de la Universidad de Columbia, un experto investigador del duelo, escribió que los modelos de etapas son demasiado ordenados, se basan más en ideales que en datos empíricos, y presionan demasiado a las personas para que cumplan las expectativas de otros. Bonanno llegó a decir que son «peligrosos» y que «hacen más mal que bien».

Regresamos al problema del «debería». *Deberías* sentir esto en un momento específico de tu vida; si no, hay algo malo en ti.

Pero por más dañinas que fueran, las superó el impacto de la atractiva pero, a fin de cuentas, engañosa idea presentada por la mayor difusora de la vida lineal. Su nombre es Gail Sheehy y su idea fue que la vida es una serie de *pasajes*.

«LLUEVE CÁNCER EN MI VIDA»

La vida de Ann Ramer no siguió una trayectoria lineal. Era más como un par de pantuflas cómodas, decía. Hasta que, un día, la comodidad se disipó. A diferencia de Christy Moore, Ann solo quería ser madre.

—Era ama de casa y lo disfrutaba mucho —declaró sobre su vida en Cleveland, Ohio—. No era ambiciosa. Pensaba: «No tengo que hacer nada grandioso en el mundo. Solo tengo que criar a buenos seres humanos». —Y su plan estaba funcionando. Ann y su marido arquitecto, Dan, tuvieron un hijo llamado Alex; luego al segundo, Brent; luego a una hija, Lauren—. Yo estaba muy contenta. —Sin embargo, a Lauren comenzó a crecerle vello púbico a los diecisiete meses de vida—. El pediatra me dijo que se debía a que yo había comenzado a tomar anticonceptivos mientras estaba amamantando. —Ella desconfiaba, así que llamó a su obstetra. «No, esa no es la causa. Tráela hoy mismo».

A Lauren le diagnosticaron cáncer suprarrenal.

—Es muy poco frecuente —dijo Ann. La pequeña tuvo una cirugía para extraerle el tumor, pasó por quimioterapia y la declararon libre de cáncer. «Piensa que nunca pasó», le dijeron los médicos a Ann. Ella quería otro hijo, pero su marido se opuso. «¿Y si ese niño también tiene cáncer?», preguntó. Ann fue firme y Olivia nació tres años después. Otros tres años más tarde, el cáncer, de hecho, regresó. Solo que en esa ocasión no fue Olivia, ni Lauren, sino Brent de once años.

Brent llegó de la escuela un día y anunció que su entrenador de fútbol le había pedido que dejara de entregar por su pierna. «¿Te duele?», le preguntó su madre. «No, pero cojeo». Al día siguiente, el pequeño no podía correr.

—Miré la parte trasera de su cadera y no tenía músculo. Eso no estaba bien. Él era un gran atleta. —A Brent le diagnosticaron un sarcoma osteogénico, otro cáncer muy poco frecuente—. Tuve un mal presentimiento desde el principio —afirmó Ann—. «Tengo que ver a un genetista de inmediato, incluso antes de ver a un oncólogo», dije.

El genetista confirmó su peor presentimiento, Brent tenía el síndrome de Li-Fraumeni, una condición hereditaria muy infrecuente que resulta de una mutación del gen p53, lo que predispone al portador a tener cáncer múltiple. Brent no era el único que tenía esa mutación, también Lauren la tenía. Los otros dos niños, no.

—También nos hicimos los análisis Dan y yo, y esta parte es fantástica. El genetista nos dio la buena noticia: «Ni usted ni su marido tienen la mutación». Luego preguntó si estábamos seguros de quién era el padre de los niños. «¿Habla en serio?», le pregunté. Ah, fue un día maravilloso —continuó Ann—. Le dije: «Bueno, no es que haya recorrido el pabellón de pacientes de cáncer en busca de mi marido».

Todos los médicos que vieron les dijeron que a Brent había que amputarle la pierna, a excepción de uno, John Healey, un ortopedista del hospital Memorial Sloan Kettering, de la ciudad de Nueva York. Casualmente, el mismo cirujano que salvó mi pierna. Brent comenzó la quimioterapia y le programaron la cirugía para comienzos de enero. La familia decidió celebrar la Navidad por adelantado, el 23 de diciembre.

—Esa mañana, sonó el teléfono. Era el médico de Lauren, que nos dijo que le habían descubierto un tumor del tamaño de una pelota de golf en el cerebro.

Lauren, de ocho años, tuvo una cirugía cerebral el veintiocho de diciembre. Mientras seguía en el hospital de Ohio recuperándose, Brent, de once años, tuvo su cirugía en Nueva York.

—Quiero decir, así no es como debe ser.

—¿La vida?

—Piénsalo. Comenzó a llover cáncer en mi vida. Nadie espera algo así.

Esa lluvia pronto se convirtió en una gran tormenta. Brent pasó por tres cirugías más en los meses siguientes y por otros tres procedimientos al verano siguiente.

—Podía caminar, regresó a la escuela. Estaba bien —dijo Ann—. Luego me informaron de que tenía melanoma metastásico y que debía pasar un año ingresado. Fueron unas tres horas las que estuvimos a salvo. —El tratamiento no funcionó. En poco tiempo, Brent contrajo leucemia mieloide aguda. La única opción era un trasplante de médula. Mientras eso pasaba, el tumor cerebral de Lauren volvió—. Así que teníamos a dos niños con cáncer por segunda vez. —La cirugía de Lauren fue programada al mismo tiempo que el trasplante de Brent, para el que Alex, el hermano mayor, se ofreció como donante—. Tres de mis hijos estaban en el pabellón de oncología en el mismo mes.

La cirugía de Lauren fue un éxito. La de Brent también, y él estuvo bien un tiempo y pudo regresar a la escuela, pero al año siguiente le diagnosticaron fascitis necrosante, una bacteria que se come la carne. Era un buen candidato para el ensayo clínico de un medicamento, pero no podía participar porque era menor. Un injerto de piel de su hermano ayudó por un tiempo, pero su cuerpo se estaba debilitando. Por su parte, a Lauren le descubrieron osteosarcoma. Una vez más, los dos hermanos estaban en el mismo centro de tratamiento de Huston, en los pisos séptimo y octavo.

Sin embargo, la situación no se extendió en esa ocasión. Brent Ramer murió el 30 de diciembre, dos meses antes de cumplir los dieciocho años, cuando hubiera podido participar en el ensayo clínico.

—Toda nuestra familia estaba allí —dijo Ann—. Saqué a Lauren de su planta para que pudiéramos estar juntos. —Ann, la ama de casa apacible, sin aspiraciones personales, se convirtió en activista. Presionó a los funcionarios de Washington para que cambiaran los requisitos de participación en los ensayos clínicos; persiguió a investigadores médicos y les suplicó que reconsideraran los requisitos para los menores; inició un grupo de apoyo en línea para pacientes o familiares de pacientes con el síndrome de Li-Fraumeni—. Hice grandes amistades con las damas del grupo, pero, al final, tuve que apartarme porque mi historia comenzaba a asustar a los nuevos miembros.

Sin embargo, esa historia le dio fuerza a Ann. Durante nuestra conversación, me sorprendió que casi no hubiera mencionado su infancia, su incipiente carrera como maestra, su amor por la jardinería y por la cocina.

—Porque nada de lo que pasó antes de esta situación tiene importancia —explicó ella—. Antes de que mi hija tuviera cáncer cinco veces; antes de que mi hijo peleara una horrible batalla de seis años y medio contra el cáncer; antes de todo este período al que llamo *canceroso*. —Lo que tal vez haya sido más desafiante fue que la mujer, que solo había querido ser madre, no siempre podía ser la madre que quería—. Durante mucho tiempo ni siquiera alimenté a mi propia familia. Otras personas nos llevaban comida. Como puedes imaginar, mientras yo pasaba dos meses en Nueva York, Alex tenía que ir a sus entrenamientos, Olivia tenía que ir a la escuela infantil. Entonces las personas comenzaron a involucrarse. Como ama de casa de tiempo completo, cuya identidad era cuidar de su familia, ese fue un gran cambio para mí. Abandonar el control. Aceptar la solidaridad. —Pero Ann lo aceptó y logró aceptar su nueva narrativa—. Aprendí cosas sobre la vida que nunca creí que entendería. Me desafié de formas que no creía posibles. Aprendí a buscar respuestas, a hacer cosas con las que no me sentía cómoda. Esta no fue la vida que esperaba, pero fue la que tuve. Mi trabajo solía ser cuidar de mis hijos; ahora es el cáncer y mis hijos. Y sigo conforme con eso.

GAIL SHEEHY Y LA ILUSIÓN DE LA PREDICTIBILIDAD

El hombre que inventó la crisis de la mediana edad tuvo su propia crisis de la mediana edad: su idea fue atacada. En 1957, un psicoanalista canadiense llamado Elliott Jacques dio un discurso en Londres ante un público distinguido en el que afirmó que las personas atravesaban un período de depresión después de los treinta años. Las reacciones a ese momento de la vida incluían preocupación por la salud, vanidad excesiva, promiscuidad y despertar religioso. Al público no le gustó la idea, así que él la abandonó.

Casi una década después, la retomó en un artículo llamado: «La muerte y la crisis de la mediana edad». Decía haberse inspirado en la simplificación excesiva en el modo en que se hablaba de la forma de la vida. «Hasta ahora, la vida no pareció ser más que una pendiente ascendente, sin más que un horizonte distante a la vista». Ya alcanzó la cima de la pendiente, continuó, «y allí, al frente, se encuentra la pendiente en descenso». Termina, de forma inevitable, en la muerte. La edad más común en que ocurre dicha crisis es a los treinta y siete años.

Aunque la idea de Jaques era tentadora, no estaba fundamentada en una investigación. Se basaba en su lectura de trescientas diez biografías de hombres famosos, desde Miguel Ángel hasta Bach. Según dijo, no incluyó mujeres en el estudio porque la menopausia «opacaba» la transición de la mediana edad. ¡No fue una sorpresa que la audiencia londinense se mofara de su teoría!

Pero otros la adoptaron. Al comienzo de los setenta, Roger Gould, de la UCLA, envió cuestionarios sobre la mediana edad a cientos de sujetos. Daniel Levinson, de Yale, entrevistó a cuarenta personas (también hombres) e identificó lo que llamó cuatro estaciones en la vida de un hombre. «Hay una edad más frecuente en la que se inicia cada período», explicó: a los diecisiete, a los cuarenta, a los sesenta y a los ochenta. Todos experimentan los mismos períodos de desarrollo a las mismas edades. Una vez más, la rigidez es sorprendente. Levinson era tan preciso y doctrinario que insistía en que la crisis de la mediana edad *debía* comenzar a los cuarenta y un años y *debía* terminar a los cuarenta y cinco y medio. Según decía, el ochenta por ciento de los hombres pasaban por dicha crisis.

Más que cuestionar la idea, los estadounidenses la adoptaron, más que nada por la brillantez de una mujer. Gail Sheehy era una exespecialista en economía familiar devenida en reportera independiente y madre divorciada, cuando, en 1972, mientras estaba en Irlanda del Norte, un joven al que estaba entrevistando recibió un disparo en el rostro. El impacto le provocó una crisis existencial acerca de cómo se sentía al estar llegando a los treinta y cinco años. Ella partió de las investigaciones de Gould y Levinson y las usó como base para escribir un artículo en la revista *New York*.

Gould, quien no recibió crédito en la historia, la demandó por plagio y ganó. Obtuvo diez mil dólares y un diez por ciento de las ganancias de *Las crisis de la edad adulta* (Passages), el libro que surgió del artículo. Publicado en 1976, el libro se abrió paso en un momento de profundos cambios en Estados Unidos, con la revolución sexual, el aumento de la tasa de divorcios y la ansiedad económica. Llegó a vender cinco millones de copias en veintiocho idiomas y estuvo entre los más vendidos durante tres años. La Biblioteca del Congreso lo definió como uno de los libros más influyentes del siglo.

Con su subtítulo «Crisis predecibles de la vida adulta», *Las crisis de la edad adulta* es la biblia de la vida lineal. Haciendo uso de su increíble talento para dar nombre a las cosas, Sheehy decía que todos los adultos atraviesan las mismas cuatro etapas: los duros veintes; los casi treinta, cerca de cumplirlos; la década límite de los treinta; y el crisol de los cuarenta. (No mencionó ningún pasaje después de los cuarenta, algo que reconoció como una vergüenza más adelante).

Después de Sheehy, la crisis de la mediana edad no fue una teoría; se convirtió en un simple hecho de la vida. Incluso durante mis entrevistas, cuarenta años después, las personas usaron expresiones como «mi primera crisis de la mediana edad»; «tuve mi crisis de la mediana edad a los veinte o a los treinta y dos o a los cincuenta y cuatro»; «mi crisis de la mediana edad llegó después de mi jubilación». Lo escurridizo del término anticipa una verdad más amplia.

La idea de Sheehy era profundamente débil. Está claro que penetró en una arteria cultural muy rica; tomó un siglo de pensamientos acerca de un desarrollo lineal y estático, lo derribó de su torre de marfil y lo sirvió sobre las mesas familiares. Pero, como lo demostraron incontables estudios desde entonces, creó, casi de forma unilateral, una serie de expectativas que suelen diferir de la realidad. No solo dijo que todos *podríamos* pasar por esos cambios, sino que lo *haríamos* y que *debíamos* hacerlo.

Media vida después, creo que la expectativa de que la vida avanzara de un modo ordenado y predecible fue una gran fuente de insatisfacción que experimenté en mi propia vida, y de la que encontré en los cientos de entrevistas que hice. Christy Moore tuvo los mayores puntos de quiebre a los diecisiete y a los treinta; Davon Goodwin a los siete, los diecisiete y a los veintitrés; David Parsons a los once, los dieciséis, los treinta y ocho y los cuarenta y tres; y Ann Ramer a los veintiocho, a los treinta y cuatro y a los cuarenta y ocho. Y no están solos. La mayoría de las vidas no siguen el ordenado patrón de la linealidad. Siguen una forma totalmente diferente.

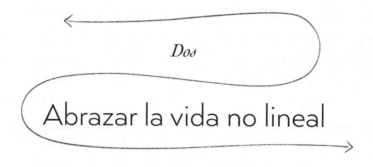

Dos

Abrazar la vida no lineal

Qué significa vivir fuera del orden

Una marca distintiva de nuestro tiempo es la idea de que la vida no es predecible. No se desarrolla en pasajes, etapas, fases o ciclos. Es no lineal; cada vez más. También es más manejable, más tolerante a los pasos en falso y más abierta a la personalización, si sabes cómo atravesar los nuevos avatares del camino.

«SIENTO QUE EL TEMA DE MI VIDA CAMBIÓ»

Tomemos a J. R. McLain.

J. R. nació en un pequeño hospital de West Point, Misisipi. Sus padres se mudaban mucho, primero a Alabama, luego a Louisiana, así que fue a nueve escuelas diferentes en sus primeros doce años.

—Mi madre decía que siempre tenía un nuevo amigo antes de que descargaran el camión de mudanzas. —Cuando él estaba en la escuela primaria, la familia vivía en una linda casa con piscina—. Luego mi padre se dejó crecer el cabello y decidió convertirse en ministro bautista, lo que implicó que se hiciera cargo de una pequeña capilla en una comunidad rural y ganara doce mil al año.

Un día, J. R. estaba jugando fútbol con siete amigos de color en el patio delantero.

—De pronto, una camioneta apareció haciendo un escándalo en el patio, uno de los diáconos bajó de un salto y comenzó a gritar: «¡Fuera del patio de mi iglesia, negros!». Mi padre salió corriendo con los puños apretados. «Mientras yo esté aquí, estos niños pueden jugar en el patio». El diácono se fue hecho una furia y, unas semanas después, nos pidieron que nos fuéramos.

J. R. sufría TDAH y dejó la escuela sin conseguir su diploma. Tuvo algunos trabajos menores, hasta que se unió a la armada como maquinista de aviación. Tras servir en Florida, Europa y Asia, contrajo matrimonio y, espantado por los desafíos de los matrimonios militares, dejó el servicio y se mudó a Alabama con su esposa y sus dos hijas, en donde comenzó a conducir camiones de carga.

—Para ganar suficiente había que pasar mucho tiempo en la carretera —dijo. Eso ejercía presión en su familia. Un día, le asignaron un viaje a Georgia—. Ya le había dicho a la empresa que tenía que estar en casa para el cumpleaños de mi hija ese fin de semana. Cuando lo desviaron hacia Chicago, dio un giro camino a casa—. El controlador me gritó: «Si no das la vuelta ahora mismo, le diré a la policía que robaste ese camión». «Bien, aparcaré en la interestatal y haré autoestop para llegar a casa». Luego llamó el jefe: «No dejes ese camión. Hablaremos el lunes». —Para entonces, J. R. ya había decidido dejar de conducir para inscribirse en la escuela de enfermería—. Siempre me vi como técnico de emergencias médicas. Cuando era niño, mi asignatura preferida era Salud, y me encantaba la serie *Emergencias*.

A pesar de desviarse muchas veces, incluso de tomarse un año para cuidar de su esposa, que enfermó mientras estaba embarazada de su tercer hijo, por fin se graduó como el mejor de su clase.

—Pensé que estaba muy bien para un chico al que nunca le había ido bien en la escuela. —Cuando un hospital en Oregón le ofreció el triple de lo que ganaba en Alabama, no lo dudó—. Para ser honesto, no tenía tiempo para pensar en ninguna crisis de la mediana edad, solo intentaba darle una vida mejor a mi familia. —Además, su madre se había vuelto entrometida, él y su esposa atravesaban un momento difícil en el matrimonio, y la hija mayor tenía problemas sociales—. Estábamos listos para iniciar un cambio.

En los cinco años siguientes, J. R. pasó por un tsunami de cambios. Después de haber cambiado de profesión y de región, cambió de afiliación religiosa: de bautista a cristiano multidenominacional. Cambió de orientación política. Se inscribió en la unión de enfermeros y ayudó a dirigir la campaña en Oregón en favor de la financiación del sistema de salud. Pero el cambio más difícil fue el de su estilo de paternidad.

—Antes, era de la clase de padre que decía «mamá y papá mandan y debes hacer todo lo que decimos o te daremos un azote». Pero queríamos tener una relación más colaborativa con nuestros hijos. —La idea les sirvió cuando su hija de quince años, Zoe, se quedó embarazada—. Al principio, me quedé impactado. De haber estado en su lugar, mi padre me hubiera golpeado. Pero ella era mi hija mayor. No dejaba de pensar en la época en que era una pequeña sentada en mi regazo. Entonces, me dije: «La amo. Pensaremos qué hacer a partir de ahora».

Zoe decidió tener al bebé, luego comenzó a salir con una mujer y, después, volvió a vivir con sus padres. Con sus cuarenta años, J. R. y su esposa se convirtieron en los principales cuidadores de su nieto. La primera consecuencia de toda esa agitación fue física.

—Sentía cierta ligereza. Mi esposa se sentía libre al haber dejado el sur; mi hija podía amar a quien quisiera; yo podía dejar de intentar complacer a los demás. —Y eso afectó el modo en que veía la vida—. Supongo que será una experiencia común, pero siento que el tema de mi vida cambió. Se remonta a las nueve escuelas diferentes a las que fui, a la armada, a trasladar a mi familia a la otra punta del país. Y ahora me doy cuenta: el cambio es vida. Es lo que la mantiene interesante.

EL EFECTO MARIPOSA

El momento considerado como el origen de la ciencia moderna (el big bang de la vida moderna, por así decirlo) llegó en 1583, cuando un estudiante de la Universidad de Pisa llamado Galileo usó su pulso para medir el tiempo de la oscilación del péndulo de una lámpara de la catedral. El momento considerado como el origen de la ciencia posmoderna (el big bang de la vida no lineal) llegó en 1961, cuando un meteorólogo del MIT de mediana edad llamado Edward Lorenz observó el patrón irregular de las nubes fuera de su oficina.

Lorenz intentó cuantificar el fenómeno usando los tubos de vacío de su computadora. No lo logró, y eso lo llevó al aún más sorprendente descubrimiento de lo que más tarde llamó «el efecto mariposa». La idea es que el tiempo no es regular y periódico; es irregular y no periódico. Mínimas influencias en una parte del sistema pueden transformar el resultado en otras. Como la memorable pregunta de Lorenz en un artículo de 1972: «¿Puede el aleteo de una mariposa en Brasil producir un tornado en Texas?».

Él no fue el primero que notó esas irregularidades; Da Vinci habló del misterio del curso del agua varios siglos antes. Pero el descubrimiento de Lorenz dio inicio a una nueva carrera para explorar complejidades de la ciencia ignoradas hasta entonces; desde la trayectoria de los rayos, las vueltas de la crema en una taza de café, hasta la conexión de las neuronas en el cerebro. Todos estos fenómenos son lo que los matemáticos llaman sistemas *no lineales*.

El pensamiento lineal, escribe el físico F. David Peat, ve el mundo en términos de cuantificación, simetría, mecanismo; el pensamiento no lineal nos libera de esos confines. «Comenzamos a imaginar al mundo como un flujo de patrones aderezados por giros repentinos, espejos extraños, relaciones sutiles y sorprendentes». Como escribió James Gleick, un cronista precoz de esta nueva ciencia del caos: «La no linealidad implica que el acto de jugar a un juego incluye un modo de cambiar las reglas». Es como caminar por un laberinto cuyos muros se mueven con cada paso que das.

Como en avances anteriores de la ciencia, después de que los observadores identificaran un fenómeno como la no linealidad en el mundo, el resto de nosotros comenzaremos a reconocerla en nuestras vidas. Ya ha comenzado a suceder. Una tras otra de las personas con las que conversé describieron sus vidas como «fluidas», «variables», «maleables», «adaptables». Pero, por algún motivo, no surgió una expresión unificada que expresara esa variabilidad.

Ha llegado el momento de solucionarlo. Ya que nuestro mundo es no lineal, debemos reconocer que nuestras vidas son no lineales también. Como la *vida cíclica* fue reemplazada por la *vida lineal*, la *vida lineal* es reemplazada por la *vida no lineal*.

Una vez que se identifica que la vida no es lineal, los ejemplos se ven donde sea: Lin-Manuel Miranda escoge al azar la biografía de un Padre Fundador olvidado en una librería de Manhattan. Lana Turner es descubierta en un restaurante de Sunset Boulevard. Waylon Jennings deja su asiento en el avión fletado de Buddy Holly en el último minuto. J. R. McLain cambia de trabajo, de hogar, de iglesia, de ideología y de estilo de paternidad; todo en el curso de tres años.

La no linealidad sugiere que, en lugar de resistirnos a alteraciones e incertidumbres, debemos aceptarlas. Tu vida no es la única que parece seguir su propio curso inescrutable. Las de todos son iguales.

Es más, la no linealidad ayuda a explicar por qué todos nos sentimos tan sobrepasados todo el tiempo. Como estamos entrenados para pensar que nuestras vidas se desarrollarán en una serie de capítulos predecibles, nos confunde cuando esos capítulos llegan cada vez más rápido, con frecuencia desordenados o uno junto a otro. Pero la realidad es que todos somos como las nubes que flotan sobre el horizonte, la crema que da vueltas en el café, el rayo dentado. Y eso no nos convierte en aberraciones; somos como todo lo demás.

Reconocer esta realidad es a la vez una reprimenda a siglos de pensamiento convencional que imponía un orden inexistente a nuestras historias de vida y una invitación a observar el aparente azar de los patrones de nuestras vidas diarias, que son mucho más emocionantes de lo que hubiéramos imaginado. El ingrediente fundamental de esos patrones (la unidad de base de la vida no lineal) son los eventos diarios que dan nueva forma a nuestras vidas. Yo los llamo «disrupciones». Y la revelación más impactante: son mucho más frecuentes de lo que cualquiera puede esperar.

LA BARAJA DE DISRUPCIONES

Comencemos por una definición. Una disrupción es un evento o experiencia que interrumpe el curso diario de la vida. Elegí la palabra «disrupción» para oponerla a «causa de estrés», «crisis», «problema», o cualquier otra etiqueta que pudieran haber recibido con el paso de los años, porque el término es más neutral. Muchas disrupciones como, por ejemplo, adoptar un hijo o comenzar un nuevo trabajo, no se consideran negativas tradicionalmente, pero no dejan de ser disrupciones. Incluso los eventos que suelen considerarse más negativos, como perder una pareja o ser despedido, algunas veces son catalizadores para reinventarse. Las disrupciones son simples desvíos de la vida diaria.

Analicé las doscientas veinticinco historias para crear una lista de los eventos que redireccionaron las vidas de las personas de forma significativa. Los eventos variaban entre contraer matrimonio, cuidar de un padre anciano, ser despedido, sufrir acoso sexual, tener fama de la noche a la mañana y ser humillado públicamente. La cantidad total de disrupciones fue de cincuenta y dos. Hacer un paralelismo con una baraja de cartas fue irresistible, así que llamé a la lista: la «baraja de disrupciones».

Luego dividí la lista en las cinco tramas que surgieron como una red compartida de identidad individual. Ordenadas por la cantidad de disrupciones, las tramas son: *amor, identidad, creencias, trabajo y cuerpo*. Con un treinta y cinco por ciento, el amor, definido como la mayor esfera de la familia y las relaciones, tiene una clara mayoría de disrupciones. Todas las demás rondan entre el diez y el veinte por ciento.

La analogía más cercana a esta lista es la escala de estrés de Homes-Rahe, creada en 1967 por los psiquiatras Thomas Holmes y Richard Rahe. Ellos identificaron cuarenta y tres *unidades de cambio vital* y las midieron según el estrés que provocaban. Las más estresantes fueron la muerte de una pareja (100) y el divorcio (73); las menos estresantes fueron las festividades importantes (12) y una violación menor de la ley (11).

Las diferencias entre su lista y la mía, recopilada cincuenta años después, son fascinantes. La mayoría de los elementos son similares, pero hay ciertos fastidios de la vida diaria (días festivos, reuniones) que no tuvieron muchas menciones en mis conversaciones. Tienen solo una categoría relacionada a la religión (cambio en la actividad eclesiástica), mientras que yo tengo tres (cambio de práctica religiosa, cambio de afiliación religiosa, vocación), lo que creo que refleja la fluidez de la identidad religiosa de hoy en día.

En cuanto al surgimiento del espíritu emprendedor, Holmes y Rahe tienen ocho categorías relacionadas al trabajo, las cuales incluyo, pero ninguna acerca de comenzar un negocio propio o una organización sin fines de lucro. Incluyen el divorcio, pero no luchas por la custodia de los hijos, algo que, por supuesto, se ha vuelto más frecuente. Y lo más sorprendente es que ninguno de los detonantes de enfrentamientos sociales de nuestros días aparece en la lista. No incluyen acoso sexual o violencia doméstica; no hay enfermedades mentales o humillación pública, que se ha extendido por el uso de Internet. Todos fueron temas dominantes y emotivos del Proyecto Historia de vida.

Dado que las disrupciones son la base para todo lo que sigue, me gustaría detallar la variedad de cambios vitales que las personas sufren hoy en día. Mi conclusión es que la variedad de disrupciones está en aumento, que la cantidad de tiempo de vida que ocupan está en aumento y que los datos sin procesar están en aumento. Comencemos por la variedad.

BARAJA DE DISRUPCIONES

AMOR

Contraer matrimonio
Inicio/cese de trabajo de la pareja
Divorcio/fin de relación
Problemas reproductivos
Nuevo integrante de la familia
Enfermedad de un hijo
Hijo con necesidades especiales
Cambio en la custodia de un hijo
Un hijo deja el hogar
Traumas sexuales de la infancia
Violencia doméstica
Divorcio de los padres
Muerte de la pareja
Muerte de un familiar cercano
Suicidio de un ser amado
Adicción de un ser amado
Cuidado de un familiar enfermo
Cuidado de un padre anciano

IDENTIDAD

Cambio en la situación de vida
Mudarse de país
Cambio en las prácticas sexuales
Cambio de identidad de género
Cambio económico significativo
Intento de suicidio
No tener hogar
Humillación pública
Ser víctima de un crimen
Ir a prisión

CREENCIAS

Comenzar/terminar la escuela
Educación para adultos
Despertar político/social
Descubrir la vocación
Cambio de práctica religiosa
Cambio de religión/espiritualidad
Viaje personal extenso
Cambio de hábitos de servicio a la comunidad
Evento colectivo (guerra, tormenta, protesta)

TRABAJO

Cambio en la responsabilidad laboral
Cambio de trabajo
Perder el trabajo/Renunciar
Cambiar de carrera
Iniciar un negocio o una organización sin fines de lucro
Acoso sexual/Discriminación
Reconocimiento público (dar una charla TED, recibir un premio)

CUERPO

Accidente/Dolencia
Enfermedad crónica
Enfermedad mental
Adicción
Recuperación de una adicción
Problemas de peso
Cambio de los hábitos de salud

AMOR

La variedad de formas en las que nuestras relaciones interpersonales pueden pasar por una disrupción es vasta.

Tiffany Grimes nació en una familia muy religiosa en un antiguo pueblo que vivió la fiebre del oro en las colinas de California. Su madre y su padre tenían siete hermanos cada uno.

—Tengo treinta y seis primos hermanos, así que las Navidades y cumpleaños eran multitudinarios —dijo.

Tiffany se matriculó en la Universidad Estatal de Oregón del Sur (Southern Oregon State College).

—En mi primer mes de universidad conocí a un chico y me enamoré profundamente.

Después de graduarse, ella y su novio, Eric, viajaron como mochileros por Sudamérica. Tras regresar a Oregón, se casaron y comenzaron a construir una casa ecológica con aislamiento de paja. Pero Tiffany nunca se mudó allí.

—Mientras se estaba construyendo, me di cuenta de que me atraían las mujeres. Había crecido en un hogar cristiano, así que no conocía a ninguna persona gay. Pensamos en seguir juntos y no volver a tener sexo, porque nos amábamos. Pero, al final, Eric se mudó a la nueva casa y yo me quedé en la vieja. —Tiffany aceptó su nueva condición—. Salí con las cinco lesbianas que había en Oregón —admitió. Un día, fue a un evento llamado Les Get Together en el salón de bolos y conoció a una electricista—. Era muy machona, con las uñas sin pintar, pero también era muy femenina. —También provenía de una familia religiosa y acababa de divorciarse. Además, hasta compartían el nombre: Tiffany—. Nos reímos mucho de eso.

Dos años después, las dos Tiffany se casaron en Tailandia. Tiffany 2 se cambió el nombre a Dade para evitar las confusiones. Tiffany 1 comenzó a buscar un embarazo.

—Estábamos enamoradas y queríamos tener hijos.

Unas semanas después de la luna de miel, la pareja estaba viendo una película en la que había un personaje transgénero y Dade comentó: «Qué interesante». No volvieron a hablar del tema pero, seis meses después, Dade fue a buscar a Tiffany al trabajo, la llevó a cenar y le anunció que era hombre.

—Estaba tan molesta —dijo Tiffany—. Me sentí engañada y le grité: «No puedo estar con un hombre. Dejé a un hombre para estar con una mujer, ¡y ahora esa mujer me dice que quiere ser hombre!».

Entonces, ella hizo su propio anuncio: «O conservas el cuerpo femenino y seguimos casadas, o cambias a un cuerpo masculino y nos separamos». Durante los ocho meses siguientes, ninguna de las dos volvió a mencionarlo.

—Yo estaba paralizada por mis propios miedos —explicó. Al final, encontraron a un terapeuta, que les dijo: «Tiffany, tienes que callarte lo suficiente como para poder escuchar. Dade, tienes que alzar la voz hasta ser escuchada»—. Entonces tuve una epifanía. Mi esposa estaba muerta en esencia, y tenía a una nueva persona frente a mí que intentaba ser ella misma.

El fin de semana siguiente fueron al lago Tahoe. La primera mañana, Dade salió al balcón con una taza de café y lanzó una piedra al agua.

—Fue un momento tan visual —afirmó Tiffany—. Y recuerdo que sentí: «Esto no es todo. Lo amo. Amo todo en él». Así que le dije que no me iría a ningún lado.

A la semana siguiente, Dade comenzó a tomar hormonas. La pareja tuvo que volver a casarse ante la ley cuando él se convirtió en hombre de forma oficial. Y, pronto, Tiffany quedó embarazada.

—Todo parecía tan grande y tan rápido. Hasta que, un día, mi cuerpo se había transformado por completo con la maternidad, y el suyo se había transformado por completo para ser un hombre, y nos dijimos: «Ahora tenemos que emprender otro camino para descubrir cómo amarnos como somos».

Le pregunté a Tiffany cómo se definía hoy en día: como gay, heterosexual o algo diferente.

—Tengo cuarenta y tres años, estoy felizmente casada y soy madre de dos hijos. Más allá de eso, ¿a quién le importa? —respondió.

Lo destacable de la historia de Tiffany es lo común que es en muchos sentidos. El mundo de la familia y de las relaciones se encuentra en un período de profunda volatilidad. Unas pocas estadísticas ilustran el punto. El matrimonio es menos relevante que en los últimos quinientos años. Desde 1950, las tasas de matrimonio han caído dos tercios, y se ha visto reemplazado por convivencia, relaciones abiertas, poliamor y demás. Poco menos de la mitad de los hogares estadounidenses están dirigidos por parejas casadas.

Toda esta volatilidad ha puesto de cabeza a la familia tradicional. Un cuarto de los niños son criados por padres solteros; el triple que en 1960. La mitad de los niños tendrán padres divorciados, que, en su mayoría, tendrán un segundo matrimonio. El número de adopciones se ha disparado, al igual que el de familias gay o triparentales. Además, una gran cantidad de jóvenes adultos vuelven a vivir con sus padres. Por primera vez, son más los adultos entre los dieciocho y los treinta y dos años que viven con sus padres que los que viven con parejas románticas.

Algunos ejemplos de las disrupciones amorosas que escuché:

- Allen Peake, un legislador conservador de Georgia, tuvo una relación extramatrimonial consentida de larga duración con una mujer que conoció en la página web Ashely Madison. La situación arruinó su carrera más adelante, cuando se filtró una lista de los usuarios de la página web.
- Rosemary Daniel, poeta y novelista, se casó a los dieciséis con un hombre agresivo que intentó ahogarla en su luna de miel; su segundo marido confesó un oscuro secreto familiar en la luna de miel; su tercer marido le pidió tener una relación abierta; su cuarto matrimonio duró treinta años.
- Kacie Case, novena generación de maestras méxico-tejanas, supo que su hijo mayor tenía un problema en la sangre que le dificultaría ir a la escuela, así que ella y su marido vendieron la casa, se mudaron a una caravana y educaron a sus hijos en la carretera.

IDENTIDAD

Las historias de disrupción de identidad son igualmente diversas y también se multiplican.

Lev Sviridov nació en la Unión Soviética, en la cumbre de la Guerra Fría, hijo de una madre soltera, periodista, que estaba en la lista negra y que había crecido bajo el régimen de Joseph Stalin.

—A mi madre no le gusta que lo diga, pero yo era un bastardo.

Cuando Lev tenía cinco años, el sistema de abastecimiento se colapsó; cuando él tenía diez, el país se colapsó. Cuando tenía once, viajó a Nueva York con su madre, con dos maletas y un juguete para el bebé de seis meses de un conocido. El día en que tenían planeado volver a Moscú, se desató un golpe de estado. Mientras viajaban al aeropuerto, Lev le suplicó a su madre que se quedaran.

—Ella aceptó, pero quedarnos nos convirtió en indocumentados y, además, en indigentes. —Durante el año y medio siguiente, Lev y su madre vivieron en las calles de Manhattan—. Ella decía: «¡Somos turistas! ¡Estamos viendo la ciudad de noche!». —Por las noches, iban a una biblioteca o a una estación de autobús a asearse y dormir la siesta, luego buscaban una esquina tranquila o un sofá—. Tuve neumonía, así que caminamos al hospital Coronell porque teníamos miedo de llamar a una ambulancia. Tuve neumonía un total de siete veces.

Su madre encontró a una organización de derechos humanos que la ayudó a conseguir una subvención como periodista. Se mudaron a un apartamento en el Bronx y Lev comenzó a estudiar en la escuela pública. Al principio, él no encajaba en absoluto en su nueva vida.

—No tenía ninguna base para relacionarme con mis iguales. Crecí con dos cosas: *Los Simpson* y *El precio justo*. —Sin embargo, también había desarrollado un profundo amor hacia los Estados Unidos—. Todo el concepto de mi vida es que este país es un gran privilegio. Estábamos totalmente desamparados, pero tuvimos acceso a la sanidad y a una buena educación. Así comienzas a entender lo increíble que es la idea de los Estados Unidos.

Lev ha dedicado su vida a pagar esa deuda. Dejó de lado la Liga Ivy para matricularse en la Universidad de Nueva York, donde lo eligieron presidente estudiantil. Ganó una beca Rhodes, hizo un doctorado en química y regresó a su *alma mater* para llevar a cabo un programa de ayuda para que la nueva generación pueda asegurarse un lugar en el «sueño americano». Lo más destacado de su vida: poder comprarle el primer apartamento a su madre cerca del estadio de los Yankees.

Hasta hace poco, la mayoría de las personas aceptaban la identidad con la que nacían; su comunidad, religión, sexualidad, género y clase eran estáticos. Ahora todo se puede elegir. La mayoría cambian alguna de estas categorías; muchas cambian más (cuatro de ellas se ubican en «identidad»; la religión en «creencias»).

En comunidad, una persona promedio cambia 11,7 veces en su vida; dos tercios de nosotros vivimos en una comunidad diferente a la que nacimos. En cuestiones de sexualidad y género, ha surgido todo un nuevo alfabeto; además de L (lesbianas), G (gay), B (bisexuales), ahora hay T (transgénero), A (asexuales), Q (queer), P (pansexuales) y K (*kink*). En género, Facebook tiene setenta y una opciones de género diferentes, que incluyen andrógino (una persona que no se identifica ni como hombre ni como mujer), género fluido (cuyo género va más allá de lo binario), o dos espíritus (nativos americanos que tenían atributos masculinos y femeninos). En clase, el treinta y seis por ciento de los estadounidenses ascienden en la escala social; cuarenta y un por ciento, descienden.

Algunas de las disrupciones de identidad que escuché:

- Linh Nguyen estaba en el penúltimo helicóptero para salir de Saigón en 1975. Su familia tenía el apoyo de la Iglesia Episcopal y fue reubicada en Carolina del Sur, en donde se convirtió en un refugiado que no sabía inglés. Cinco años después, fue admitido en Yale.
- Chavie Weisberger fue criada en una familia ortodoxa de Nueva York, tuvo un matrimonio pactado a los dieciocho y pronto dio a luz a dos hijos. Pero también sentía atracción hacia las mujeres. Más tarde, se declaró, rechazó el judaísmo y ganó un caso icónico por la custodia de sus hijos.
- Sal Giambanco tomó votos de pobreza para convertirse en jesuita a los veintitrés años, pero abandonó una década después, hizo fortuna en Silicon Valley y, desde entonces, ha tenido tres matrimonios con hombres.

CREENCIAS

Nuestro sistema de creencias puede ser incluso más fluido que nuestras identidades.

Brittany Wilund nació en 1994 al oeste de Columbia, Carolina del Sur, de padres que habían fundado una iglesia juntos cuando estaban en la universidad y que educaban a sus hijos en casa. Brittany creció con una «narrativa cristiana muy, muy conservadora». Era perfeccionista y le gustaba seguir las reglas, lo que la ayudaba en su entorno; también era rebelde e inconformista de género, lo que no ayudaba.

—Cuando tenía ocho años, me echaron de un baño de mujeres por accidente porque tenía el cabello corto. Solo usaba ropa de mi hermano y gritaba cada vez que tenía que usar un vestido para Pascuas. —Luego inició la escuela secundaria y comenzó a cuestionar sus creencias—. Tenía que definir si era cristiana o no —dijo. La idea del infierno le resultaba particularmente inquietante—. Esas llamas y fuego no parecían tener nada que ver con lo bueno que uno fuera. —Y por la idea de que sus amigos que no creían en Jesús estaban condenados—. No tenía sentido y no me parecía justo. Había tantos otros puntos de vista, y yo quería escucharlos.

También sentía atracción por las mujeres.

—Cuando era más joven, era homófoba, porque todos los que conocía lo eran. Pero también era un poco lesbiana, y eso era confuso.

Poco a poco, Brittany se alejó de su familia tras empezar la universidad para estudiar arte. Comenzó a canalizar sus emociones en obras audaces, como una caja de metal, en cuyo interior reproducía una grabación de todas las cosas degradantes que había escuchado o pensado sobre sí misma.

—Mis padres eran maravillosos y no quería lastimarlos. Pero, al final, tuve que enfrentarme a ellos y decirles: «Lo siento, ya no soy cristiana. Esto no es lo que creo». Les pedí que aceptaran mi decisión y ellos dijeron que iban a seguir rezando para que encontrara la verdad.

Después de graduarse, Brittany se mudó a Hawái para iniciar una nueva vida. Decoraba exhibidores para Anthropologie, comenzó a salir con un surfista (hombre), y ambos experimentaron con la vida en caravana. Al final se mudaron a un antiguo autobús escolar que ella convirtió en su taller de cerámica. Junto con algunos amigos, se acercó a los dueños de un molino de azúcar abandonado para proponerles convertirlo en una cooperativa artística. No había perdido la conexión con la historia de la fundación de la iglesia de sus padres, y su distanciamiento comenzó a ablandarse. Cuando le pregunté por su sueño para el futuro, me dijo: «Reconectar con mi familia a través del arte».

Estamos en un período de agitación de las creencias sin precedente en Estados Unidos. Parte de esas creencias es la fe. La mitad de los estadounidenses cambiarán de religión en el curso de sus vidas; cuatro de diez tenemos un matrimonio interreligioso. Hoy, un cuarto de los ciudadanos dicen no tener afiliación religiosa. Las creencias políticas también son sorprendentemente maleables. Cuatro de cada diez estadounidenses se identifican como independientes hoy en día, lo que hace décadas eran tres de cada diez. La mitad de los *millennials* han cambiado de afiliación política. Los viajes contribuyen a esta amplitud. Uno de cada cuatro ciudadanos viajan fuera del país una vez al año, un número que se ha cuadruplicado en los últimos veinte años.

Algunas de las disrupciones de creencias que escuché:

- John Mury nació de un padre militar estadounidense y una madre coreana, que se divorciaron cuando él tenía nueve años. El divorció lo dejó enojado, amargado y dividido entre dos mundos. Hasta que atravesaba un puente a los diecinueve años, cuando sintió la llamada de Dios para convertirse en predicador para la juventud.
- Jocelyn Wurzburg era un ama de casa refugiada en Menfis, que se conmovió por el asesinato de Martin Luther King Jr. y construyó una red de comedores de mujeres blancas y negras unidas.
- Mark Lakeman dejó su firma de arquitectos de Portland tras descubrir prácticas inmorales y pasó un año viajando por comunidades

nativas del mundo. Luego regresó a su hogar para crear una organización no lucrativa que construía casas de té al aire libre en intersecciones muy transitadas de la ciudad.

TRABAJO

Ningún aspecto de la vida está más cargado de cambios sorprendentes que el trabajo.

Brian Wetch nació en Nueva Jersey en una pareja interreligiosa. Su padre tenía una tienda de artículos militares y disfrutaba yendo a Las Vegas a ver a Elvis y a Sinatra. Brian amaba la escuela, en especial Matemáticas y Ciencias, pero también el saxofón y el piano del jazz.

—Gran parte de mi identidad se formó por haber sido un niño gordo al que maltrataron la mayor parte de su infancia —dijo—. Recuerdo no tener muchos amigos.

Brian se especializó en matemáticas y en música, luego escogió composición de jazz. Pero cuando su novia se mudó a San Diego, lo dejó y se inscribió en un programa de física teórica en la Universidad de San Diego. Seis meses después, la relación fracasó; seis años después, él obtuvo su doctorado. Cuando resolvió un problema de toda la vida sobre la teoría de las cuerdas («la simetría R superconforme exacta de cualquier 4d SCFT»), se convirtió en una estrella internacional y ganó becas de investigación en MIT, en Harvard y en el Instituto de Estudios Avanzados de Princeton, Nueva Jersey. Luego le ofrecieron un trabajo inimaginable: un cargo vitalicio como profesor titular de física de partículas en Londres. Estaba hecho.

Pero...

Brian nunca perdió el interés en la música. Conoció a su esposa mientras tocaba para un grupo de improvisación. Luego comenzó una banda cómica con su amigo Dan llamada Ninja Sex Party.

—Temía que me jugara en contra en mi entrevista en la universidad porque me vestía como un ninja y cantaba sobre pollas y erecciones.

Cuando llegó a Londres, los vídeos de la banda ya se habían vuelto virales. Lloró al teléfono con Dan, ¿debían intentar convertir su pasatiempo en un trabajo? Brian y su esposa ya tenían una hija y la decisión parecía absurda. «No puedes renunciar», le dijo su consejero en física. «Eres el único de mis estudiantes que consiguió trabajo». Su esposa lo apoyaba, pero le dijo que no podía decidir por él. «Si me arriesgo y falla, podría arruinar todo mi futuro por esta rara carrera en YouTube», pensó. «Si no me arriesgo, miraré atrás cuando tenga setenta y diré: "Maldición, debí haberlo intentado"», se dijo por otro lado. Finalmente, se decidió. «Prefiero vivir con miedo y fallar, que con seguridad y arrepentirme».

Brian y su familia se mudaron a Los Ángeles. Cuando lanzaron el siguiente álbum de la banda, Ninja Sex Party fue presentada en *Conan*, reseñada en el *Washington Post*, y llegó a estar entre los mejores veinticinco en el ranking de *Billboard*. Hicieron una gira nacional con localidades agotadas, hasta en el Brooklyn Bowl de Las Vegas.

El mundo del trabajo está en un gran período de agitación. Un trabajador promedio pasa por doce trabajos diferentes antes de los cincuenta años. Quienes tienen mayor nivel educativo pueden llegar a cambiar quince veces de trabajo y modificar sus habilidades tres veces. El empleo típico de hoy en día dura cuatro años; en personas menores de treinta y cinco se reduce a tres años. Se dice que la mitad de los trabajadores de Estados Unidos están en riesgo de perder sus empleos por la automatización. No es sorprendente que el noventa por ciento de los trabajadores no se comprometan con sus trabajos y que seis de cada diez elegirían otra ocupación. O que cuatro de cada diez tengan un *negocio secundario*. En resumidas cuentas: los estadounidenses ven sus carreras menos como un *camino* y más como un *portafolio*.

Algunas de las disrupciones de trabajo que escuché:

- Amy Cunningham vivía en Brooklyn, era escritora independiente para revistas de mujeres y madre de niños adolescentes. Hasta que el funeral de su padre en Carolina del Sur la conmovió tanto que empezó a estudiar funebrería y se convirtió en directora de una funeraria respetuosa con el medio ambiente.

- Gena Zak, veterana de la Guardia Costera y exvendedora de 1-800 Flowers, dejó un trabajo seguro en Verizon a los cincuenta para abrir un negocio de estilo de vida en Maine para el cuidado de segundas viviendas.

- A Michael Mitchell le resultó tan difícil adaptarse a la jubilación al terminar una carrera distinguida como urólogo pediátrico que se inició en la docencia, fue mentor de jóvenes doctores y le pidió a su esposa que le diera extensas listas de tareas para compensar su ausencia cuando sus hijos eran pequeños.

CUERPO

La última categoría de disrupciones (el cuerpo humano) es igual de cambiante.

Randy Riley nació un viernes trece que «de algún modo condicionó su vida».

—Crecí en una familia trabajadora. Era una niña lista. Terminé la escuela; no tuve problemas de salud ni nada. —Jugó para el equipo de softbol campeón del estado de Indiana y fue reina del baile de graduación—. Era muy feliz.

Tras su primer año en Purdue, comenzó a subir de peso.

—Pensé que era lo normal como estudiante de primer año, pero corrí muchas carreras de cinco kilómetros ese verano, se me hacían magulladuras con mucha facilidad y tenía muchos dolores de estómago. —Un fin de semana, vomitó sangre. «¿Tienes problemas de hígado? Tus ojos están muy amarillos», le preguntó una amiga.

Su novio la llevó al hospital, y los análisis mostraron que tenía una enzima hepática demasiado elevada, pero los médicos no sabían por qué. Cuando su cuerpo comenzó a fallar, la llevaron en avión a la Universidad de Chicago, en donde le diagnosticaron la enfermedad de Wilson, un trastorno autoinmune de la sangre muy poco frecuente que provoca que se acumule cobre en el cuerpo. Tenía el hígado arruinado, los pulmones llenos de líquido, y se encontraba a horas de la muerte.

—Sentía que mi corazón se estaba ahogando.

Randy tuvo su primer trasplante de hígado tres meses después. Volvió a la universidad, se graduó como enfermera y se casó. También le pusieron ocho *stent* pancreáticos durante los dos años siguientes.

—Me prescribieron analgésicos como para matar a un burro —afirmó. En apariencia, Randy era normal. Trabajaba en un laboratorio, estaba felizmente casada, criaba a su hija e hijo—. Era completamente funcional. Era casi escalofriante. Porque junto con todo el dolor crónico venía la dependencia a los analgésicos. Era adicta a los opioides por completo. —Luchó por reducir esa dependencia, pero cuando necesitó un segundo trasplante de hígado, y luego un tercero, volvió a caer—. Mira, si no me conocieras, nunca dirías que fui una adicta. Hablo muy bien; tengo dos hijos pequeños; voy a la iglesia los domingos. Soy una típica ciudadana del medio oeste. —Tampoco es gánster—. Las personas no comprenden que los médicos a veces prescriben medicamentos en exceso, y que es muy fácil caer en la adicción. Te ocurre a ti o a alguien que conoces, y entonces se vuelve real muy, muy rápido.

Podría pensarse que la medicina moderna hace que el cuerpo esté menos predispuesto a las disrupciones, sin embargo, cada avance parece estar acompañado por una horda de preocupaciones nuevas. Hoy en día, los estadounidenses experimentan la pubertad a una edad más temprana, la menopausia más tarde, y un final de la vida más prolongado. También sufrimos una epidemia sin precedentes de depresión, ansiedad y suicidio. Por primera vez desde la Primera Guerra Mundial, la expectativa de vida ha tenido una caída prolongada desde finales de la década de 2010. Seis de cada diez personas padecen al menos una afección crónica como enfermedad coronaria, colesterol alto, artritis o diabetes; cuatro de cada diez padecen más de una. Un tercio de nosotros contraeremos cáncer; un cuarto, trastornos de ansiedad; un quinto, dolor crónico. Todos estos problemas empeoran con la edad, y cada vez somos más las personas mayores.

El porcentaje de habitantes mayores de sesenta y cinco años ascendió de cinco por ciento en 1920 a dieciséis por ciento en la actualidad. Se espera que el número ascienda casi hasta un setenta y cinco por ciento para 2050.

Algunas de las disrupciones del cuerpo que escuché:

- Jeffrey Sparr era jugador de tenis en su primer año en la Universidad Estatal de Ohio, cuando tuvo un caso de hongos genitales que no pudo ignorar. Comenzó a revisarse decenas de veces al día y así comenzó su trastorno obsesivo compulsivo, que hoy trata con medicación y terapia.
- Leigh Wintz ya padecía apneas del sueño y diabetes por viajar tres mil kilómetros al año con su organización sin fines de lucro, cuando descubrió su propio tumor de ovario. La situación la animó a divorciarse, contratar a un entrenador y perder treinta kilos.
- Carolyn Graham, sobreviviente de acoso sexual por parte de una líder scout, estaba tan debilitada por la enfermedad de Lyme que mezcló una dosis letal de antidepresivos en su batido de McDonald's y caminó hacia el océano Atlántico en Cabo Cañaveral. Ese fue el primero de dos intentos de suicidio, antes de que recurriera a terapias alternativas que la sanaron.

Las réplicas conjuntas de todas estas formas en las que nuestras vidas se alteran constituyen la primera regla de las disrupciones: se están volviendo más frecuentes. La segunda regla es que ocurren en un período de tiempo más amplio.

EL CAMBIO DE CUANDO SEA

Desde un principio, el concepto de la crisis de la mediana edad era arriesgado. La idea de que todas las personas de la cultura pasarían por la misma crisis, que comenzaría en el mismo momento (¡entre los cuarenta y cinco y los cuarenta y cinco años y medio!), debió haber parecido absurdo a primera vista. De hecho, a los académicos no les llevó muchos años desbancar la idea. Y para ser claro, lo que descubrieron (y, con certeza, lo que yo descubrí con el Proyecto Historia de vida), no es que algunas personas no experimentan transiciones en ese período, sino que ese período es solo uno entre decenas de momentos en los que ocurren transiciones.

La idea de la crisis de la mediana edad tiene tres fallas fundamentales. Primero, los datos empíricos no muestran evidencia al respecto. *Las crisis de la edad adulta* dio pie a una oleada de estudios. El más extenso se llamó «Midlife in the United States» (La mediana edad en los Estados Unidos), llevado a cabo en 1995 por trece académicos y con siete mil sujetos de estudio entre veinticinco y setenta y cuatro años. Su conclusión fue: «existe relativamente poca evidencia de que la mayoría de los estadounidenses experimenten una crisis de la mediana edad o, en términos más generales, un curso de vida universal con períodos esperables de crisis y estabilidad». Solo un cuarto de los participantes declaró haber tenido desafíos durante ese período, y los atribuyeron a eventos, no a desesperanza o mortalidad. En contraste, se observó que las personas eran más felices al pasar de la mediana edad a la tercera edad. El *The New York Times* lo presentó de este modo: «Un nuevo estudio descubre que la mediana edad es la plenitud de la vida».

Segundo, el término «mediana edad» en sí mismo se ha vuelto tan elástico que perdió el sentido. Como la adolescencia se ha vuelto más temprana y la tercera edad más tardía, el período de la mediana edad se ha hecho más extenso. Los estudios demuestran que los jóvenes ven la mediana edad entre los treinta y cinco y los cincuenta y cinco, mientras que los mayores la ven entre los cuarenta y los setenta. ¡Igual que con la clase media, hoy todos son de mediana edad!

Tercero, eventos que grandes segmentos de la población solían experimentar en momentos similares (como contraer matrimonio, comprar una casa o tener hijos) ahora se dispersan en distintas décadas. Por ejemplo, muchos aún tienen hijos en la veintena, mientras que otros esperan hasta principios de los cuarenta, y algunos vuelven a tener hijos incluso después. Mientras tanto, eventos que solían estar asociados exclusivamente a la mediana edad (como cambiar de trabajo o de pareja) ahora ocurren durante la vida adulta.

Este último punto merece más atención, ya que es la esencia de la vida no lineal. Todos vivimos cambios todo el tiempo. Es más, estamos programados para eso. La primera generación de psicólogos remarcó que terminamos de desarrollarnos a los veintiún años. Esa noción ya murió. Un estudio reciente sobre el cerebro humano demostró que somos capaces de cambiar a cualquier edad. En palabras de un neurocientífico: «El cerebro se remodela a sí mismo a lo largo de la vida».

La conclusión de todo esto es que debemos enterrar la idea de la crisis de la mediana edad y reemplazarla por una más cercana a la realidad: *la crisis de cuando sea* o, para ser más precisos, *el cambio de cuando sea*. Les pregunté a todos mis entrevistados por un punto alto, un punto bajo y un punto de quiebre. Hice una gráfica con todas las respuestas, y lo que descubrí fue abrumador: los eventos significativos de la vida están distribuidos de forma pareja a lo largo de la vida.

Consideramos el punto bajo como la analogía más cercana a la presunta «crisis de la mediana edad». Las personas en la treintena dijeron que sus puntos bajos estaban divididos de modo bastante equitativo cada media década de sus vidas adultas; las personas en la cuarentena mostraron una diversidad similar. Aquellas en la cincuentena mostraron puntos bajos más prevalentes entre los treinta y los cuarenta, pero aún altos en los cincuenta; mientras que aquellas en la sesentena mostraron la distribución más desordenada. Los puntos de quiebre están aún más dispersos.

Puntos bajos y puntos de quiebre
Personas en la treintena

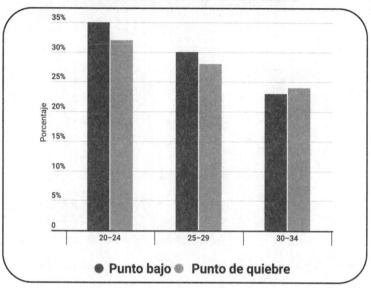

Puntos bajos y puntos de quiebre
Personas en la cuarentena

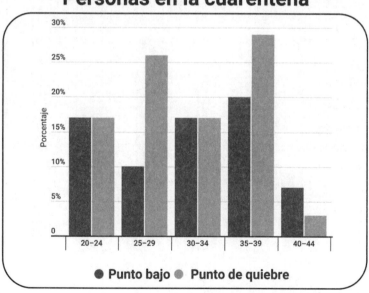

Puntos bajos y puntos de quiebre
Personas en la cincuentena

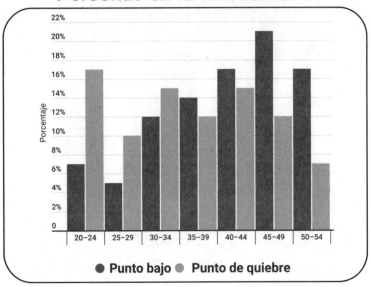

Puntos bajos y puntos de quiebre
Personas en la sesentena

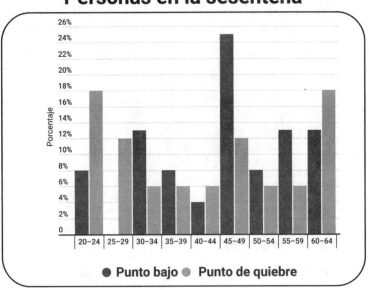

Luego llevé este análisis a un nivel más profundo. Para sacar la edad de la ecuación, tomé la edad que tenía cada persona en el momento de su mayor punto de quiebre, luego dividí ese número por la edad que tenía en el momento de la entrevista. El resultado representa en qué momento de la vida de la persona fue el punto de quiebre, independientemente de la edad. Descubrí que era notable lo pareja que era la distribución de esos puntos bajos.

En resumen: no encontré ninguna evidencia de un aumento de las grandes disrupciones entre los treinta y cinco y los cuarenta y cinco. En cambio, dichas disrupciones ocurren *cuando sea*.

Así es cómo se presenta el cambio de cuando sea en la vida real.

Algunas personas son concebidas en medio de un momento de confusión. Amy Cunningham nació de un «vientre de luto». Su hermano mayor había fallecido a los trece meses y su madre había anunciado que quería otro bebé de inmediato. Will Dana fue la última de cuatro hijos de una pareja que ya tenía problemas y que pronto se divorció. «Nací en medio de una tormenta de la que no tenía conocimiento».

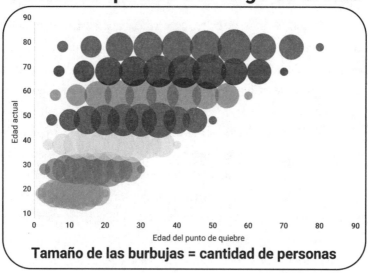

Puntos de quiebre a lo largo de la vida

Tamaño de las burbujas = cantidad de personas

Otros experimentan traumas en la infancia que los define. La madre de Liz McGuire enfermó de gravedad cuando ella era adolescente, lo que llevó a Liz a una espiral de soledad al tener que cuidar de su madre en silla de ruedas. Buddy Casey nació al final de una calle de tierra en Carolina del Norte, en una casa que no tenía agua corriente, con padres que no tenían educación, y fue violado por otro chico cuando tenía seis años.

Muchas personas tienen experiencias difíciles en la veintena. Seth Mnookin comenzó a consumir drogas cuando estaba en la escuela, se graduó de Harvard, pero cayó tan profundo en la heroína en la veintena que se alejó de su familia para vivir en su coche. El momento decisivo de su vida fue quedar limpio en su cumpleaños número veintiséis. Jill Cameron Michel sintió la llamada de Dios cuando era adolescente, sirvió en una iglesia de Misuri mientras estaba en la universidad y se casó a los veinticuatro. Dos semanas después, su marido le dijo que era gay.

Otros pasan por grandes cambios más adelante. Shirley Eggermont era una madre de siete hijos de Minnesota, que trabajaba dócilmente junto a su marido de cuarenta y un años en el negocio de máquinas de flíper. Hasta que descubrió que él tenía un amorío hacía diez años, lo que la obligó a salir de su cascarón. Durante casi cincuenta años, John Smitha vivió con la culpa de haber asesinado a cuarenta personas en Libia como parte de una operación militar de EE. UU., hasta que descubrió a Dios y encontró la paz ayudando a veteranos con discapacidades.

Los despertares sexuales son ejemplos perfectos de cómo operan los cambios de cuando sea. Adam Foss se volvió adicto al sexo a los catorce años. Xanet Pailet se sentía tan desconectada de su cuerpo tras la muerte de su padre y el colapso mental de su madre cuando ella tenía tres años, que no tuvo una relación sexual significativa (ni siquiera con su marido) hasta los cincuenta años; ahora es instructora de sexo tántrico. Sean Collins supo que era gay a los cinco años, pero se unió a un monasterio benedictino a los dieciocho para ocultar su sexualidad; lo abandonó cinco años después al darse cuenta de que «el celibato no era la respuesta».

Las disrupciones son hechos de la vida, de todas las décadas de la vida. No se ajustan a ningún reloj biológico, social o artificial. Siguen su propio esquema.

¿CUÁNTAS DISRUPCIONES TENDRÉ QUE VIVIR?

Entonces, ¿cuántas disrupciones vamos a vivir? La respuesta es la última regla de las disrupciones: más de las que creemos.

Hice dos aproximaciones para calcular este número. Primero, hice un recuento de toda la información disponible públicamente. Por ejemplo, conocemos la cantidad de trabajos por los que pasa una persona promedio (13), la cantidad de veces que se muda (11,7), la cantidad de accidentes que sufre (3). También sabemos el índice de personas que se casan (7 de 10), que engañan (1 de 5), que se divorcian (1 de 5). La mitad de nosotros tendremos un ataque al corazón; un cuarto nos volveremos adictos; un tercio de las mujeres sufrirán acoso sexual, al igual que un sexto de los hombres. Ni siquiera consideré la cantidad de dietas (55), o personas con problemas económicos (1 de cada 3), porque es muy difícil cuantificar cuándo estas variables son disruptivas de verdad.

En resumen, concluí que la cantidad total de disrupciones que experimenta un adulto promedio es de entre treinta y cuarenta.

Luego observé mis entrevistas y conté la frecuencia con la que los individuos describían eventos disruptivos. Por supuesto que no supe de cada mudanza, ruptura o cambio de trabajo. Aun así, los patrones eran claros. Las personas experimentan un promedio de tres docenas de disrupciones a lo largo de sus vidas adultas.

Cuando combiné los dos valores, surgió una nueva regla de oro, clara y concisa:

LA PERSONA PROMEDIO ATRAVIESA UNA
DISRUPCIÓN CADA 12-18 MESES

Cuando compartí este descubrimiento, reaccionaron con una mezcla de sorpresa y resignación. «Vaya», seguido de: «Sí». Y hay que recordar que estas son las disrupciones más comunes, no las que nos desestabilizan de verdad (llegaremos allí en el capítulo 3). Lo más significativo es que cuando comienzas a aceptar que todos somos azotados por los vientos cruzados de la vida contemporánea («¡Esperad! Aún no terminé de lidiar con esta situación de porquería y ya tengo una nueva»), entiendes que es lógico que estas disrupciones se presenten en momentos inconvenientes. Cómo nos sentimos cuando eso sucede es una parte clave del malestar general moderno. Estamos molestos, confundidos, exhaustos.

Lo que creo es que, en realidad, estamos acechados por el fantasma de la linealidad.

Programados para esperar que nuestras vidas sigan un camino predecible, nos desconcierta cuando no lo hacen. Tenemos expectativas lineales, pero realidades no lineales. Incluso quienes son lineales en un aspecto (que tienen una carrera estable, por ejemplo, o un matrimonio duradero), son no lineales en otros (tienen problemas de salud recurrentes o cambios frecuentes en sus identidades religiosas). Casi todas las personas que entrevisté dijeron que al menos un aspecto de sus vidas estaba «fuera de lo previsto», «fuera de curso», «fuera de sincronía», «fuera del orden».

Todos nos comparamos con un ideal que ya no existe y nos castigamos por no alcanzarlo.

Vivir la vida fuera del orden significa cosas diferentes para las diferentes personas. Para Loretta Parham, de sesenta y tres años, fue verse obligada a criar a dos nietas cuando su hija murió en un accidente de tráfico. Para Sarah Cooper, de veintinueve años, fue tener que volver a vivir con sus padres tras el fracaso de su primer matrimonio en solo tres meses. Para Fred Schloemer fue declararse gay a los cincuenta. Para Wendi Aarons fue ser incapaz de socializar cuando estaba en la veintena porque era la única de sus amigas que estaba casada. Para Sarah Holbrooke fue volver a tener citas cuando tenía un recién nacido tras descubrir que su marido había tenido una aventura mientras ella estaba embarazada. Para Katrina Alcorn fue comprar una casa con su segundo marido cuando todavía estaba casada con el primero.

Para mí fue tener un cáncer pediátrico a los cuarenta y tres años de edad y un hijo recién nacido.

La buena noticia de vivir la vida fuera del orden (de sobrevivir a la selección de cartas de una desquiciada baraja de cincuenta y dos disrupciones) es que estamos libres de las cadenas de las expectativas, ya sean de nuestros padres, vecinos o de nosotros mismos. El tren del *debería* ha bajado la marcha. Cada uno puede tomar sus propias decisiones y elegir qué le da paz.

La mala noticia es que puede ser más difícil. Frente a opciones sin límite, no elegimos ninguna. Tenemos un bloqueo de escritor al intentar escribir nuestra propia historia. La diferencia entre éxito y fracaso (entre una vida de frustración y una de plenitud) está en cómo manejas el desafío de darle sentido a tu vida. Por suerte, cada vez existe más conocimiento que ayuda a facilitar el proceso.

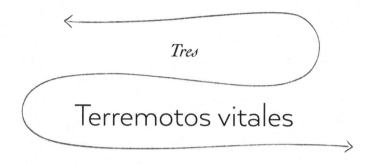

Tres

Terremotos vitales

Qué pasa cuando llega un gran temblor

La idea de que hay decenas de disrupciones acechando en cada esquina de nuestra existencia es una característica bastante inquietante de la vida no lineal. Pero tiene otra característica que es aún más desconcertante. Ocasionalmente (y con más frecuencia para algunos de nosotros), somos golpeados por una fuerza de cambio más explosiva y desafiante. Son los eventos clave que dan forma o, más precisamente, nueva forma, a nuestras vidas. Con frecuencia de modos que no podemos imaginar y con una intensidad que no podemos controlar.

Son los lobos que alteran nuestro cuento de hadas.

En la superficie, esos eventos parecen sui géneris; una inundación en cien años, una enfermedad extraña, la casual confluencia de dos sucesos que no tienen relación. Pero al mirar suficientes de esos eventos, surgen ciertos patrones. ¿Cuáles son y qué pueden enseñarnos acerca de cómo atravesar esos momentos? Estas son preguntas que ocupan al Proyecto Historia de vida.

«EL MIEDO A QUEDARME ERA MAYOR QUE EL MIEDO A IRME»

Consideremos a Lisa Ludovici.

Lisa era la menor de tres hijos nacidos en Pittsburgh de padres alcohólicos, que se divorciaron cuando ella tenía tres años.

—Siento que me crie a mí misma —dijo—. Mi padre no pagaba la manutención. Mi madre llamó a mi puerta cuando yo tenía doce y gritó: «¡Consigue un trabajo!». Le dije que tenía doce años, qué podía hacer. «Ve a ayudar a otras madres». —Además de todo, Lisa tenía diecisiete episodios de migrañas al mes desde el día en que su padre se marchó—. Pasaba toda la noche despierta, gritando y vomitando con la cabeza en el retrete, mientras me rasguñaba los ojos para arrancármelos. Perdí exámenes, días de brujas, toda clase de festividades. Así fue mi infancia. Para cuando llegué a la Estatal de Pennsylvania, ya podía controlar las náuseas, pero aún sentía el dolor. Leía un párrafo, luego comenzaba a tener migraña y tenía que parar.

Se graduó con un promedio de C y ningún miembro de su familia se molestó en ir a la ceremonia. Trabajó como buscadora de localizaciones a media jornada en Pittsburgh y, como estaba ahogada por deudas de gastos estudiantiles y médicos, vivía en su Mazda Protegé. En un momento dado, consiguió trabajo en publicidad radial, lo que la llevó a una entrevista con una empresa emergente llamada America Online. Tras once reorganizaciones, nueve jefes, tres mudanzas, un matrimonio fallido y siete años, Lisa se convirtió en ejecutiva de marketing digital en Manhattan. Ganaba buenas comisiones y tenía clientes prestigiosos (Pfizer, Kimberly-Clark, Walmart), pero trabajaba catorce horas diarias y aún padecía migrañas. Además odiaba a su jefe, que menospreciaba a sus empleados, y lloraba todas las noches sobre su escritorio.

Un día, ingresó a una videoconferencia unos minutos más temprano y escuchó que sus compañeros estaban hablando de ella (de su impulso implacable y de su terrible amargura). Cuando regresó a su apartamento de una habitación, revisó los gastos de su tarjeta de crédito y se preguntó cómo podía reducirlos. Sumó sus ahorros y concluyó que si eliminaba la televisión por cable, dejaba de comer fuera y no compraba más ropa, podría mantenerse durante dieciocho meses. Al día siguiente, entró a la oficina de su jefe y dimitió.

—Hice algo sobre lo que había leído durante décadas y que siempre consideré un gran concepto: «Salta y la red aparecerá».

Le pregunté de dónde sacó el valor para hacerlo y su respuesta fue casi igual a la de Brian Wecht: «El miedo a quedarme era mayor que el miedo a irme».

Dos semanas después, Lisa estaba sentada en su sofá viendo la televisión pública (había dado de baja el cable), cuando apareció una mujer en pantalla hablando sobre el poder del subconsciente. Ella también había abandonado el mundo corporativo y ayudaba a las personas a descubrir sus seres internos. Lisa rastreó a la mujer y la molestó con una llamada telefónica.

—Para cuando colgué el teléfono, me dije: «Esto es lo que haré con mi vida. Ayudaré a otros a vivir mejor». —Un mes después, se inscribió en una escuela de coaching de Santa Fe—. En mi décimo día de clases, el 10 de febrero de 2010, a las diez treinta de la mañana, estaba sentada en mi silla con la cabeza apoyada en las manos, cuando la directora se acercó y me preguntó qué me pasaba. —Ella le explicó que tenía migraña, que no era gran cosa, las había tenido cada ciertos días durante cuarenta y un años. La mujer le dijo que fuera a su oficina y se sentara en un sofá. Luego la hipnotizó y la guio por un ejercicio para redescubrir a su ser sano y sin dolor al que no veía desde los tres años—. Ese fue el último día que tuve migraña. Cuando llegamos a la séptima semana del curso y comenzamos a aprender acerca de cómo absorbemos las emociones y pensamientos de nuestra madre al estar en el útero, cómo había estado cargando con el estrés y la ansiedad de los problemas de mis padres incluso antes de haber nacido, supe que ese era el comienzo de mi vida como sanadora.

Dos meses después, Lisa comenzó a estudiar hipnosis. Una década más tarde, era la hipnotista certificada más reconocida de la ciudad de Nueva York y había trabajado con pacientes de Parkinson, cáncer, daño cerebral traumático, dedos torcidos, «y algunas de las cosas más increíbles que he oído». Da clases en escuelas de medicina en todo el mundo. La contrataron de una organización de veteranos de guerra para que tratara a veteranos de Vietnam que aún sufrían por heridas de disparos cincuenta años después de la guerra.

—Soy la primera hipnotista contratada por el gobierno de los Estados Unidos para trabajar en el sistema de salud más grande del mundo, y publicamos un estudio que demuestra un cincuenta por ciento de éxito en la erradicación del dolor crónico, cuando ningún otro recurso demostró más de un treinta por ciento de éxito.

Había hecho una transición de ejecutiva de marketing digital a hipnotista. Cambió el tema de la trama principal de su vida de trabajo a cuerpo. Y cambió su vida de una consumida por el dolor y el miedo a una iluminada por el perdón y la sanación.

—Esa es la definición del alma. Y el objetivo de mi vida es que todos podamos comprenderlo lo mejor posible.

«MONSTRUOSAS BOLAS CURVAS»

Los episodios truculentos como los que hemos recorrido no son nada nuevos. Beethoven tenía treinta y un años y ya era el virtuoso compositor de su primera compañía cuando supo que se quedaría sordo. F. Scott Fitzgerald era el autor récord de ventas de *El gran Gatsby* a los treinta y ocho, y sufría de problemas matrimoniales, dificultades económicas, alcoholismo y tuberculosis cuando se retiró a las montañas de Carolina del Norte y tuvo lo que él llamó una «crisis nerviosa». Mark Felt tenía cincuenta y nueve años cuando Richard Nixon no lo consideró para convertirlo en jefe del FBI, lo que lo impulsó a colaborar en la caída de Nixon como el espía anónimo Garganta Profunda.

Estos momentos reciben muchos nombres. Max Weber acuñó el término «metanoia» para nombrar un cambio radical en la perspectiva de una persona. William James los llamó «reordenamientos mentales».

A Hollywood le gustan los «puntos de quiebre». Los emprendedores, como mi esposa, los llaman «puntos de inflexión». Otros han propuesto «pivote», «giro de ciento ochenta grados», «cruce de caminos», «crisis». Todos estos términos tienen virtudes y debilidades.

Algunos de mis entrevistados utilizaron sus propias expresiones. El escritor de tiras cómicas Bob Hall, cocreador de *Los Vengadores de la Costa Oeste* y dibujante de *Spiderman* durante un tiempo, los asemejó con el «¡pum!» de las historietas. «Es un cambio de una acción a otra. Pero no en un sentido gradual, sino abrupto». Kate Milliken, quien creció en una familia pudiente, blanca y protestante de Connecticut, y tuvo tres experiencias como estas (no lograr ingresar a Dartmouth, la ruptura de su compromiso y el diagnóstico de esclerosis múltiple a los treinta y cuatro años), los llamó «monstruosas bolas curvas». Lev Sviridrov los llamó «ampersand». «Ingresas por una punta, atraviesas un intrincado garabato, luego sales por otra punta».

Yo los llamo «terremotos vitales» porque la magnitud con la que sacuden nuestras vidas es exponencialmente peor que la de cualquier otra disrupción del día a día. Los terremotos vitales suponen un cambio fundamental en el significado, propósito o dirección en la vida de las personas. Yo los considero momentos a. e. c. / e. c. (o a. C. / d. C. en la antigua costumbre), en los que la historia de vida de una persona se divide en un antes y un después. Una década después de que me diagnosticaran cáncer, aún utilizo esa experiencia para demarcar el tiempo: «No he ido a ese restaurante desde que enfermé». Mi esposa hace lo mismo con el nacimiento de nuestras hijas, mi hermana con la Gran Recesión.

Aun así, el simple hecho de atravesar tales experiencias no es suficiente para que sean terremotos vitales. Debes asignarle un significado que no tendrían de otro modo; debes ser consciente de que se está produciendo un cambio y aceptar que dará paso a alguna clase de transición. Entrevisté a incontables personas que pasaron por lo que otros podrían considerar cataclismos (un divorcio, la pérdida de un trabajo, la muerte de un ser amado) y que no fueron alcanzadas por los rayos. Mi madre tuvo cáncer de mama dos veces, pero, a diferencia de las mujeres que se ponen lazos rosas, se unen a marchas y a movimientos, ella siguió el tratamiento, volvió a su rutina y les dejó claro a todos que estaría encantada de no volver a hablar del tema.

Mi definición: un terremoto vital es una fuerte corriente de cambio en la vida que da paso a un período de alteración, transición y renovación.

¿A cuántos te enfrentarás en tu vida? Todas las personas con las que hablé, incluso aquellas en la veintena, habían atravesado uno o dos; nadie mayor de cuarenta había atravesado menos de tres; algunas personas habían atravesado seis o siete. Calculamos que el promedio es de entre tres y cinco en la vida. Esto da origen a una fórmula interesante: una de cada diez disrupciones se convierte en un terremoto vital.

¿Qué tienen estos eventos en común? Identifiqué dos variables esenciales: personal contra colectivo y voluntario contra involuntario.

Personal es algo que le sucede a alguien de forma individual (cambio de carrera, problema de salud, pérdida del hogar); mientras que colectivo es un evento que le sucede al individuo junto a muchos otros, que pueden ser vecinos, miembros de la misma comunidad, ciudadanos del mismo país, o llegar a una mayor escala (como en recesiones, guerras o desastres naturales). Descubrimos que el ochenta y siete por ciento de los terremotos vitales eran personales y trece por ciento, colectivos. Lo notable en este descubrimiento es que los eventos colectivos o compartidos cada vez afectan menos a las personas. Si hubiera hecho las entrevistas en el siglo veinte, en el que se sucedieron dos guerras mundiales, la Gran Depresión, el reconocimiento de los derechos civiles y de las mujeres, la cantidad de eventos colectivos seguramente hubiera sido mayor.

Voluntario significa que la persona dio inicio al cambio (tener una relación, cambiar de trabajo, cambiar de religión); involuntario significa que es algo que le sucedió (la pareja tuvo una relación, la casa se incendió, fue despedida). Cuarenta y tres por ciento de los terremotos vitales registrados fueron voluntarios y cincuenta y siete, involuntarios.

Terremotos vitales:
Personales vs. Colectivos

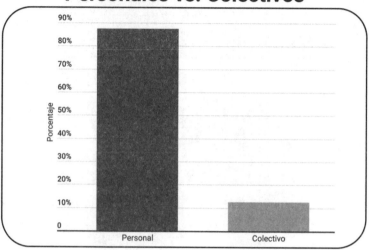

Terremotos vitales:
Voluntarios vs. Involuntarios

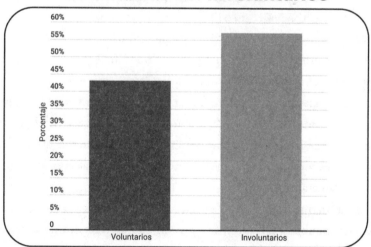

Al superponer las dos variables, creé la «matriz de terremotos vitales»:

Matriz de terremotos vitales

«TENÍA LA SENSACIÓN DE QUE EL MUNDO ME HABÍA DECEPCIONADO»

Los terremotos vitales personales e involuntarios son la categoría con mayor porcentaje: casi cincuenta por ciento.

Lisa Porter nació en Vermont de padres miembros del Cuerpo de Paz, que pronto se mudaron a Saipán, una pequeña isla entre Japón y Filipinas. Sus padres se separaron y Lisa se quedó allí con su madre.

—Crecí en la cultura cerrada y comunal de una isla asiática —relató—. Sentí que mi programación cultural era honrar a los mayores, ser parte de una comunidad, hacerse notar lo menos posible. En consecuencia, cuando nos mudamos a Cambridge, Massachusetts, cuando era adolescente, me sentía abatida y quería volver.

A los quince años, Lisa entró a una clase de teatro y, de pronto, descubrió la comunidad que había anhelado tener.

—Había encontrado a mi familia. Mi familia de sangre era pequeña y solitaria, pero allí me sentía querida y escuchada.

Durante toda la escuela secundaria y la universidad, Lisa formó parte de los grupos de teatro. Luego se especializó en dirección artística, se casó, divorció, volvió a casar y, al final, a los treinta y cinco años, tenía la familia adulta que había estado buscando. Estaba felizmente enamorada, había aceptado un trabajo prestigioso en la Universidad de California en San Diego, y acababa de dar a luz a una hija, Daisy.

—Tenía vínculos; era determinada; con esfuerzo, había logrado salir de muchas cajas oscuras y sentía que la vida era una constelación. —Pero algo andaba mal con Daisy. Tenía problemas en la vista, no había gateado y había empezado a caminar casi a los dos años—. Nadie podía decirnos qué estaba pasando —comentó Lisa. Al final, intervino un trabajador social, que sugirió con delicadeza que había un centro cercano para niños con necesidades especiales y que, tal vez, podían llevar a Daisy a conocerlo—. Yo estaba desconcertada. Era uno de esos momentos en los que alguien intenta decirte algo que no quiere mencionar. —Resultó que Daisy tenía un desorden neurológico del espectro autista y el impacto para Lisa fue muy fuerte—. Sentí que estaba otra vez dentro de esa caja oscura. Tenía la sensación de que el mundo me había decepcionado. Había superado al universo, a mi extraña crianza, a padres que no estaban listos para serlo. Pero estaba pasando todo otra vez.

Pero Lisa y su marido decidieron no dejarse llevar por la autocompasión. Anders accedió a cambiar el guion y se quedó como cuidador principal de la niña. Por su parte, Lisa se adentró en la ciencia de los niños con alteraciones neurológicas.

—Leí mi primer libro sobre el cerebro. De pronto, tenía la necesidad de aprender acerca del sistema nervioso, integración sensorial, plasticidad. Aunque amaba enseñar más que a nada, tenía que convertirme en estudiante. Daisy se convirtió en maestra de una clase sin programa.

El hecho de que los terremotos vitales personales e involuntarios sean los más frecuentes nos recuerda que la vida no lineal es, en esencia, algo que la mayoría de las personas no buscan. Preferimos pensar que controlamos la trayectoria de nuestras vidas; la realidad, por desgracia, es mucho más endeble.

Mientras indagaba en la variedad de estas experiencias, la razón se hizo más clara. La categoría más extensa se centraba en el tema del cuerpo. Un tercio de los terremotos vitales personales e involuntarios involucraban enfermedades, heridas o algún otro suceso médico. Más allá de nuestra ilusión de progreso, aún tenemos un control limitado de nuestra salud. Las otras categorías incluyen la muerte de un ser querido, el fin de una relación o problemas económicos. Mi propia experiencia confirma estos patrones: dos de mis terremotos involuntarios involucraron la salud (mi cáncer y la crisis médica de mi padre), dos las finanzas (la Gran Recesión y descubrir que un empleado en el que confiaba me había robado).

Otros ejemplos de terremotos vitales personales e involuntarios que escuché:

- Eric Westover era un exluchador en la secundaria, de un metro noventa y cinco, que conducía un montacargas en Costco y pasaba sus fines de semana conduciendo su motocicleta por las dunas cercanas al lago Michigan. Hasta que, un día, chocó con un Jeep y perdió la pierna derecha por encima de la rodilla y la izquierda por abajo.
- Nisha Zenoff estaba sola en su casa del norte de California una noche de sábado, cuando llamaron a su puerta sin parar. Eran dos oficiales de policía, que le informaron que su hijo Victor había caído de una montaña en Yosemite esa tarde y que había fallecido.
- Gina Bianchini, nativa de California, con dos títulos de Stanford y experiencia en el Congreso y en Goldman Sachs, era la singular directora ejecutiva de una nueva empresa de tecnología dentro del universo masculino de Silicon Valley. Hasta que el cofundador, el icónico Marc Andreessen, la despidió y la convirtió en una paria en su propia comunidad.

«BOB DYLAN ESCRIBIÓ MUCHAS CANCIONES GENIALES QUE SOLO TENÍAN TRES ACORDES»

La segunda categoría era la de terremotos vitales personales y voluntarios. Casi cuatro de cada diez encajan en esta descripción.

Elisa Korentayer nació en Long Island de padres israelíes-americanos que se mudaban con mucha frecuencia. Ella asistió a seis escuelas primarias diferentes, desde Pennsylvania hasta Nueva Zelanda.

—De algún modo, eso determinó el resto de mi vida. Definió mi amor por el cruce de culturas, mi fuerte necesidad de generar empatía, mi deseo de respetar las diferencias.

Elisa repitió su estilo de vida combinado en la universidad, donde probó diferentes especialidades y, en la veintena, cuando se mudó a Israel para promover la coexistencia con los palestinos, a Londres para trabajar en un fondo de protección y, luego, a Massachusetts para iniciar Geekorps, «Cuerpo de Paz para *geeks*». A los veinticinco ya estaba agotada y tenía problemas con sus cofundadores, cuando una amiga de la escuela le prestó una copia de *El camino del artista*, de Julia Cameron, una guía paso a paso para descubrir la creatividad interior.

—Hay un ejercicio en el que debes responder: «Si pudieras ser lo que fuera en este momento, ¿qué sería?». Y las dos cosas que se me ocurrieron fueron cantautora y directora de teatro. Pegué las respuestas en la pared y pensé: «Bueno, nunca he escrito mis propias canciones. Solo sé tocar algunos acordes en la guitarra, pero, oye, Bob Dylan escribió muchas canciones geniales que solo tenían tres acordes. Yo sé al menos tres». —Elisa escribió una canción y, unas semanas después, la cantó en una noche de micrófono abierto en Nueva York. Al público le encantó—. Pensé: «¡Esto es increíble! Renunciaré a mi trabajo y me dedicaré a ser cantautora».

Se presentó a diecinueve programas de residencia para artistas; todos la rechazaron. Su última solicitud fue para el Centro Cultural regional New York Mills, en el condado de Otter Tail, Minnesota.

—Tuve que abrir un mapa para encontrar este lugar en medio de la nada. —La aceptaron. Tras averiguar que la mejor actividad del noreste de Minnesota era ir a acampar en canoa en la región de Boudary Waters, se acercó al centro para pedir que le recomendaran un guía. Sin embargo, cuando llegó a la excursión, el guía, Christopher, le informó que todos los demás participantes habían cancelado. «¿Estás segura de que quieres ir?», le preguntó él—. Hice el análisis en mi mente. ¿Sería un asesino?

Un año después, estaban casados. Ella empaquetó todas sus pertenencias y a su gato, y se dispuso a convertirse en habitante del medio oeste.

—Supuse que no tendría dificultades —afirmó—. Había estudiado en Londres, vivido en Tel Aviv, trabajado en Ghana. Es decir, ningún problema, ¿verdad? Pero pronto me quedó en claro que la zona rural de Minnesota era el lugar más aburrido en el que había estado. Y tenía que hacer las transiciones más difíciles al mismo tiempo (cambiar de trabajo, perder a mis amigos, iniciar una relación).

El hecho de que cuatro de cada diez personas afirmen que han iniciado sus propios terremotos vitales demuestra lo íntima y necesaria que se ha vuelto la vida no lineal. Puede que la mayoría de los cambios sean involuntarios, pero también nos gusta alterar el *statu quo* por nosotros mismos. Una variedad de terremotos vitales personales e involuntarios, treinta y siete por ciento, involucran el trabajo (cambiar de carrera, renunciar al trabajo o jubilarse); dieciséis por ciento involucran terminar un matrimonio; el resto de la categoría se divide entre cambiar de religión o de afiliación política, mudarse, recuperarse de una adicción y cambiar de género.

Un enorme ochenta y siete por ciento de estos terremotos vitales incluyen dejar o rechazar una condición estable, ya sea una carrera, una familia, una visión del mundo o un hogar. Esto sugiere que la amplia atmósfera de la no linealidad les ha dado a las personas permiso para darle la espalda a algo seguro en favor de la búsqueda de una mayor satisfacción personal.

Otros ejemplos de terremotos vitales voluntarios que escuché:

- Eric Haney provino de una larga línea de montañeses de los Apalaches combinada con luchadores de Cherokee. Fue miembro de la primera clase de la Fuerza Delta (participó de la misión de rescate de rehenes iraníes abortada y de las invasiones de Granada y Panamá), y luego la dejó para iniciar una empresa de seguridad paramilitar (entre sus clientes se encontraban la princesa saudí, el presidente de Haití y empresarios del petróleo que fueron rehenes en Latinoamérica). Pero a los cuarenta, Eric pasó de ser un «hombre de acción» a ser un «hombre de letras», y escribió sus memorias, *Inside Delta Force* (La Fuerza Delta por dentro), que vendió un millón de copias, seguidas por una serie de novelas de espías.

- Coco Papy estaba deseando escapar de su infancia opresiva en Savannah, que no encajaba con su forma de maldecir, su arte corporal ni su liberalismo. Se marchó a una escuela de arte en Atlanta, luego a Manhattan, luego a Brooklyn para ser una «artista muerta de hambre». Hasta que la madre de su novio criticó el sur una noche y ella se dio cuenta de que lo extrañaba y de que quería volver a casa.

- Lester Johnson nació en una familia de clase media de católicos afroamericanos, en la era de los derechos civiles en el sur. Se volvió loco por las Naciones del Islam en la escuela secundaria, pero lo rechazó, y en la universidad se convirtió en musulmán sunita devoto, se dejó crecer la barba, cambió la dieta, y se convirtió en abogado en favor de la justicia social.

«AH, ADIÓS A LA CASA»

Los terremotos vitales colectivos e involuntarios ocupan la siguiente categoría, aunque afectaron a menos del diez por ciento de los participantes.

Kate Hogue consideraba que su vida era lineal y directa. Sus padres eran novios desde la escuela y vivían en Joplin, Misuri. A los ocho años, Kate era una jugadora de fútbol machona; a los diez, participaba en concursos de belleza. A los trece, sintió la llamada de Dios.

—Era presbiteriana desde la cuna, y había un pastor de la juventud que nos animaba a escuchar a Dios.

Kate dio su primer sermón sobre el amor cuando todavía estaba en la escuela. Luego se matriculó en la Estatal de Misuri, en donde trabajó para el ministerio del campus y conoció a su futuro marido en la primera semana de clases. Planearon casarse durante la Navidad en su último año de universidad. Ese verano, ella fue a casa, planeó la boda y fue como voluntaria a la iglesia. La mañana del domingo 22 de mayo, afirmó que estaba abierta al cambio.

Aquella tarde, Kate estaba viendo una maratón de *Harry Potter* con sus padres, cuando comenzó a sonar la alerta de tornado.

—El plan siempre fue que mi padre vigilara el clima, mientras que mi madre y yo nos escondíamos en el sótano, que debía tener un metro y medio de altura, suelo de grava, un catre y un foco de luz. También servía como la bodega de mi padre, porque era vinicultor. —Sin embargo, en esa ocasión, su padre se unió a ellas en cuestión de minutos—. Fue la primera vez en mis veintiún años que él bajaba al sótano. Llevó dos hieleras para vino y mi madre le preguntó para qué eran. «Ponedlas sobre vuestras cabezas», dijo él. —Kate tragó saliva y obedeció—. Tres minutos después, las luces comenzaron a parpadear y se escuchó como si pasara un tren de carga. El sonido más fuerte que había escuchado. Luego, los vidrios estallaron. Mi padre dijo: «Ah, adiós a la casa». Yo estaba allí sentada, sin saber qué hacer, así que repetía la oración «Dios, acompáñanos. Mantennos a salvo».

Para cuando cesó el ruido, el calentador de agua se había derrumbado y les había bloqueado la salida. Había un escape de gas y caía agua.

—Me preocupaba la posibilidad de morir en ese espacio que acababa de salvarnos la vida —recordó Kate—. Mi padre dijo: «Hemos sobrevivido al tornado, no moriremos así». —Entonces, sus vecinos aparecieron—. Habían asumido que todos estábamos muertos, porque la casa se había desplomado. Era como una pila de cerillas. —El padre de Kate ató una chaqueta a un tubo de PVC y la agitó como una bandera—. Fue mi abuelo de ochenta años quien lo vio. Había llegado con el coche lo más cerca posible, luego corrió hasta donde estábamos. Mi padre le explicó la situación y le dijo que teníamos herramientas en el garaje. Mi abuelo miró alrededor y respondió: «No tenéis ninguna herramienta».

Pero un vecino sí tenía, así que, tres horas después, la familia quedó libre. Habían sobrevivido al tornado más devastador que había azotado a los Estados Unidos en setenta años, el séptimo más letal de todos. Ciento cincuenta y ocho personas murieron, otras mil ciento cincuenta salieron heridas. Los daños ascendieron a 2,8 millones de dólares.

En la década siguiente, Kate se obsesionó con el clima. Sufría pesadillas recurrentes y estrés postraumático. Usó su puesto como pastora para convertir su experiencia en rituales conmovedores que ayudaran a otros a adaptarse a los traumas. Pero aquella tarde de domingo, tenía otra cosa en mente. Tras recorrer el lugar devastado, pensar en su vida fracturada y sus recuerdos perdidos, los ojos de Kate se posaron en un árbol que seguía en pie en lo que solía ser el jardín de su casa. «Milagro de milagros»: en las ramas, había una percha y, en ella, el vestido de bodas de Kate, que se mecía con la brisa.

En una serie de libros influyentes en los últimos cuarenta años, Glen Elder describe el impacto a largo plazo de los eventos colectivos como la Gran Depresión y la crisis agropecuaria de 1980. Mis datos sugieren que es posible que esa clase de eventos compartidos ya no tengan un impacto similar en la vida de las personas. Puede ser que sean menos o que los individuos prefieren pensar que sus vidas son únicas y que no están sujetas a las mismas influencias que las de los demás. De lejos, el evento colectivo más mencionado fue el 11S, que ocupó un lugar fundamental en una gran cantidad de terremotos vitales; desde cambios de carrera hasta matrimonios disueltos. Otros incluyeron la Gran Recesión, el movimiento por los derechos civiles, la Guerra de Vietnam, el movimiento #MeToo y, en el caso de Allen Peake, representante republicano por el estado de Georgia, la publicación de la lista de adúlteros del sitio Ashley Madison.

Otros ejemplos de los terremotos vitales colectivos e involuntarios que escuché:

- Doc Shannon nació en el mismo pueblo que Jim Nabors, actor de Gomer Pyle, y se convirtió en oficial de rentas, hasta que fue reclutado y lo enviaron a Vietnam. Allí vio cómo asesinaban a dos de sus compañeros en un operativo de drogas. Quedó tan traumatizado que se convirtió en agente de narcóticos internacional y pasó el resto de su vida vengando sus muertes.
- Gayla Paschall dejó la universidad en San Antonio para cuidar de su hermano menor y comenzó a vender bienes de consumo. Pero, cuando la bolsa cayó en 1987, vio cómo se evaporaban fortunas y cómo lloraban hombres adultos, y la inquietó tanto que renunció para hacer un doctorado en psicología clínica.
- Naomi Clark nació en Seattle con un cuerpo masculino. En su adolescencia, vivió en Japón y comenzó a pensar que era mujer. Reprimió esos sentimientos durante años, hasta que estuvo a pocas calles del 11S y se vio frente a frente con la muerte. «Solo tengo una vida. Prefiero arriesgarlo todo antes que morir sin haber sido yo misma», pensé. Poco después, comenzó la transición.

«ERA UNA ABSOLUTA PERRA CORPORATIVA»

La menor categoría de terremotos vitales es la de colectivos y voluntarios, pero sí existen.

Shannon Watts ha tenido tres fases diferentes en su vida adulta. Primero, su compromiso consigo misma. Nacida en Nueva York de una madre que nunca fue a la universidad y un padre empresario, fue una adolescente difícil con problemas de aprendizaje sin diagnosticar.

—Era ambiciosa y competitiva a pesar de tener dificultades en la escuela —explicó—. Y estaba obsesionada con Watergate, por lo que deseaba ser periodista.

Shannon estudió periodismo en la Universidad de Misuri, se escapó para casarse a los veintitrés años, a los treinta ya tenía tres hijos, y se había convertido en una avasallante ejecutiva de comunicaciones corporativas.

—Soy una persona muy tipo A, y estaba a cargo de comunicaciones críticas, un trabajo que no solo duraba de nueve a cinco, sino todo el fin de semana. Era una absoluta perra corporativa. Tenía talento y un buen salario, pero no era gratificante.

Su matrimonio tampoco lo era. Y en un clásico terremoto vital personal y voluntario, renunció al trabajo, dejó a su marido y se convirtió en ama de casa, todo en un período de dos años. Volvió a casarse algunos años después y se convirtió en madrastra de dos niñas más. Esos fueron los años que le dedicó a la familia, y fueron un desafío. Era una madre cariñosa y un tanto frenética; una esposa amorosa y compañera; una voluntaria entusiasta, aunque un poco frustrada.

—Fue un cambio de rol absoluto. Había sido el sostén principal del hogar. Intentaba hacerlo todo bien, pero había demasiadas lágrimas. No estaba muy segura de qué hacer conmigo misma.

Luego llegó el tiroteo en la escuela primaria Sandy Hook, en el que veintiocho personas fueron asesinadas y dos salieron heridas. Fue el ataque más funesto a una escuela primaria en la historia de los Estados Unidos.

—Recuerdo que la noticia me molestó y alteró mucho, pero que también me entristeció —comentó Shannon—. Había estado yendo a clases de yoga (que se me daba muy mal), y fui a la cocina y les dije a mi marido y a mi hijastra que pensaba abrir una página en Facebook. «¿Estás segura?», preguntó él. Creo que presintió lo que podía pasar. —Y él tenía razón—. Para cuando me fui a la cama, ya había recibido mensajes amenazantes de personas que habían visto mi información en Internet. Pero también recibía llamadas de mujeres que estaban tan furiosas que decían: «Sabes, creo que voy a compartir esto».

Shannon llamó a su grupo *Moms Demand Action for Gun Sense in America*. (Madres en favor del control de armas en los EE. UU.). En unos pocos años, había reunido a cinco millones de voluntarios y trescientos millones de donantes. En menos de una década había pasado de dedicarse al trabajo, luego a su familia, luego a iniciar un movimiento social. Pronto se convirtió en una de las principales defensoras del uso responsable de armas, que consiguió reconocimiento e influencia a nivel mundial, pero también duras críticas y el dolor de perderse momentos importantes de su familia. La «perra corporativa» se había convertido en una «mujer activista más considerada y brutal».

El hecho de que los terremotos vitales colectivos y voluntarios tengan un porcentaje mucho menor (cinco por ciento) es otra evidencia de que las personas en estos días están más centradas en sus propias historias de vida, en lugar de pensar en convertirse en parte de narrativas sociales más amplias. Aunque aún se involucran en causas. Surgen movimientos como Black Lives Matter, Lean In, Tea Party, o relaciones interreligiosas, pero ya más como disrupciones de la vida diaria que como reorientaciones definitivas. Para bien o para mal, vivimos en un tiempo en el que la mayoría de las historias comienzan por «Yo» y no por «Nosotros».

Otros ejemplos de terremotos vitales colectivos y voluntarios que escuché:

- Ann Imig era una ama de casa, actriz de comedia musical frustrada, que vivía en Madison, Wisconsin, cuando se convirtió en líder iniciadora del movimiento de madres blogueras. En busca de un modo de elevar las voces de las mujeres, comenzó el fenómeno viral *Listen to your mother* (Escucha a tu madre), un ciclo de extensión nacional de sesiones de lectura para que las madres compartieran sus experiencias reales.
- Dawan Williams creció sin padre en las calles de Filadelfia, fue arrestado por primera vez a los dieciséis y fue a prisión por robo a mano armada a los veintidós. Como padre de tres hijos, se unió a un movimiento voluntario de terapia para padres encarcelados llamado *Fathers and Children Together* (Padres e hijos unidos). La experiencia fue tan transformadora para él que después de terminar su sentencia fue a trabajar para la organización que administraba el programa.

- Adam Foss, hijo de una víctima de violación en Columbia, que se convirtió en fiscal de Massachusetts, se alarmó tanto por el modo en que trataban a los jóvenes criminales afroamericanos en su oficina que dimitió para unirse a un movimiento comunitario para reformar el sistema de justicia criminal. Después de que John Legend le pidiera que se uniera a la campaña *Let's Free América* (Liberemos EE. UU.), Adam dio una charla TED, consiguió un contrato para publicar un libro y conoció a cuatro presidentes.

CÓMO SE CONVIRTIERON LAS DISRUPCIONES EN TERREMOTOS VITALES

Lo que estas historias de vida tienen en común, más allá de su clasificación, es que relatan un evento, episodio o momento que redirecciona toda una vida. Pero, teniendo en cuenta que atravesamos cerca de una docena de disrupciones a lo largo de la vida, pero solo de tres a cinco terremotos vitales, ¿qué hace que un suceso rutinario ascienda al nivel de rehacer nuestra historia? Encontré tres factores principales.

El primero es el momento en que ocurren. Algunas veces, una disrupción llega en un período de vulnerabilidad, cansancio o frustración particulares, y produce suficientes chispas como para encender un cambio significativo. Dwayne Hanes estaba casado con su novia de la escuela y trabajaba para rehabilitar a delincuentes sexuales en Detroit, pero cuando lo pasaron por alto para un ascenso, se enfadó tanto que engañó a su esposa y arruinó su matrimonio. Leigh Wintz había pasado años probando distintas dietas para enmascarar su infelicidad, pero un susto con su salud por fin la motivó a tomar medidas y perdió casi treinta kilos. Eso le dio la confianza para divorciarse, cambiar de carrera y volver a casarse. El primer hijo de Kelle Milheim no supuso un gran cambio, ella se adaptó y siguió trabajando como analista de inteligencia. Pero luego de tres abortos espontáneos mientras buscaba a su segundo hijo, rompió a llorar en el aparcamiento de la CIA. «Recuerdo pensar: "De acuerdo, Dios, ya no puedo soportarlo. Me pongo en tus manos"». Se unió a un grupo de estudio de la Biblia, se quedó embarazada y luego renunció para dedicarse a su pasión: entrenar a perros rescatados.

El segundo factor es que el evento llega al final de una larga cadena de disrupciones, es el último eslabón. Deb Copaken llevaba un tiempo hundiéndose entre las tensiones económicas de su familia y la frustrante comunicación con su marido, hasta que sintió un dolor penetrante en el abdomen y necesitó una apendicectomía. Cuando un colega con el que estaba hablando por teléfono le preguntó quién la llevaría al hospital, respondió que nadie. «¿Y tu marido?». «Nunca se me ocurrió llamarlo», había respondido. Al año siguiente, se divorciaron. Richard Sarvate reprimió su sueño de convertirse en comediante durante años. En su lugar, trabajaba en una empresa de correo de voz para complacer a su estricto padre hindú-americano, hasta que quedó atrapado en las aguas revueltas del mar en Puerto Rico y casi se ahoga. «No puedo morir sin haber subido a un escenario», pensó. A la semana siguiente, actuó en su primera noche de micrófono abierto (su chiste de apertura «Ah, ¿pueden imaginar a Gandhi como instructor de boxeo?»), al año siguiente se mudó a Hollywood.

Pero el tercer factor por el que algunas disrupciones se convierten en terremotos vitales fue algo que no esperaba. Las disrupciones parecen agruparse. Hay una confluencia de eventos desestabilizantes que forman, colectivamente, aún más inestabilidad. Justo cuando te despiden, tu suegra contrae cáncer; en cuanto comienzas a cuestionar tu fe, tu coche queda destrozado y descubres que tu hija es anoréxica. Tuve problemas para nombrar este fenómeno, hasta que, un día, vi un fragmento de una película antigua en la que un Ford T destartalado chocaba contra otro y luego otro coche se sumaba a la cadena, luego otro. «¡Eso es lo que se siente!», pensé.

Es un «choque en cadena».

Como en las películas, un coche choca con el otro: el duelo de Amy Cunningham por la muerte de su padre la llevó a renunciar al periodismo para convertirse en funebrera. Jan Boyer y su esposa discutían tanto por cómo tratar a su hija adolescente adicta al alcohol y a las drogas que su matrimonio acabó. Henry Ferris tuvo dos choques en su vida: en la veintena, se enteró de que necesitaba un trasplante de riñón mientras su esposa estaba embarazada de mellizos; en la cincuentena, lo despidieron de su trabajo como editor justo antes de que su esposa lo dejara por otro hombre.

Hay choques en cadena de tres eslabones: Amber Alexander perdió a su novio en un accidente de tráfico, a su abuelo por una apoplejía y a su tía por sobredosis, todo en un período de seis meses. Ivy Woolf Turk estaba cuidando de su padre en el hospital después de que sufriera un grave ataque al corazón y de su madre, que estaba muy afectada por la situación, cuando regresó a casa y descubrió que su marido la había desmantelado por completo. Bob Hall estaba llegando a los cincuenta y dibujaba tiras cómicas en Nueva York, cuando su matrimonio fracasó, volvió a casa en Nebraska y descubrió que era adoptado.

Incluso existen choques en cadena de cuatro eslabones o más: Khaliqa Baqi era capellana de un hospital mental, llegó a la menopausia, se divorció, volvió a estudiar y comenzó un nuevo trabajo, todo en unos pocos años. Erik Smith, joven ministro de Virginia, dio el sermón del funeral de su padre y del de su madre, abandonó la iglesia para convertirse en docente de educación especial, tuvo pensamientos suicidas, se volvió adicto a los analgésicos y perdió treinta kilos; todo en dos años.

Algunas de estas concurrencias son accidentales. Un diagnóstico, una muerte, un tornado, solo ocurren de forma casual en un momento de vulnerabilidad. Pero he llegado a creer que son más las que están conectadas. Es como si nuestro sistema inmune quedara afectado por una disrupción, de modo que cuando una, dos o tres más la siguen, toda nuestra identidad contrae gripe.

Algunas veces, somos incluso nosotros mismos los que iniciamos el choque en cadena. Will Dana llevaba doce años en un matrimonio sin amor ni sexo, cuando perdió su trabajo como director editorial de *Rolling Stone* después de que se demostrara que un artículo acerca de una violación en la Universidad de Virginia no era fiel a la verdad. Un mes después conoció a una mujer en una conferencia e iniciaron lo que describió como un «loco romance». «Pensaba "¿Por qué no mandar todo al garete de una santa vez?"». Finalmente, su matrimonio se disolvió, su hijo adolescente lo culpó y tuvieron un doloroso distanciamiento.

Los terremotos vitales son grandes, desordenados y, con frecuencia, penosos. Llegan en momentos inconvenientes que los vuelven más inconvenientes. Se acumulan. Pero también hacen algo más: dan inicio a un período de autorreflexión y reevaluación personal. Ponen en movimiento una serie de réplicas que nos llevan a repensar nuestra identidad. Nos fuerzan a preguntarnos lo que no nos preguntamos lo suficiente: «¿Qué es lo que me da sentido y cómo influye en la historia de mi vida?».

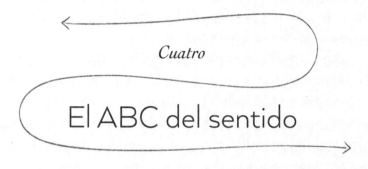

Cuatro

El ABC del sentido

¿Qué forma tiene tu vida?

Mientras que la promesa principal de la vida lineal era la regularidad, el principal resultado de la vida no lineal es la irregularidad. En lugar de tachar ciertos eventos predeterminados de una lista, cada uno de nosotros es bombardeado por nuestra propia variedad única de explosiones, fracasos, íes griegas, signos de exclamación, monstruosas bolas curvas, golpes de suerte y cualquier otro vuelco o giro de la vida imaginable.

Uno de los primeros efectos secundarios de tanta volatilidad es la inquietud; un ligero estado de anticipación y temor, una sensación de ansiedad persistente por saber si lo que pasará a continuación será bueno o malo. «¿Cómo he acabado en esta situación?». «¿Por qué me siento tan intranquilo?». «¿Qué hago ahora?». Es como si toda la turbulencia generara una especie de agitación existencial.

En estos días, probamos muchas soluciones a esta condición: trabajo, alcohol, pornografía, hierba, plegaria, meditación, comida, ejercicio. Muchas funcionan por un tiempo breve, algunas funcionan mejor. Pero, tarde o temprano, una crisis existencial exige una solución existencial. A todos nos llega el momento de responder a las preguntas definitivas: *¿Qué clase de persona quiero ser? ¿Qué historia quiero contar? ¿Qué me da sentido?*

Afortunadamente, tenemos un cuerpo de conocimiento cada vez más extenso que puede ayudarnos a responder a estas preguntas. Un siglo después de que la búsqueda del sentido ocupara el centro del pensamiento moderno, hemos logrado tener más claridad respecto a lo que cada uno puede hacer para dar forma a su definición de lo que más nos importa. Una generación después de que la importancia de la identidad narrativa se abriera paso hacia el corazón de la psicología moderna, percibimos mejor el hecho de que cada uno de nosotros tiene una historia personal (o, más precisamente, una recolección de historias personales) que usamos para nutrir nuestro bienestar.

Pero mis conversaciones sugieren que existe una conexión entre las dos líneas de pensamiento que podríamos haber pasado por alto. Nuestras variadas fuentes de sentido y múltiples historias personales están más alineadas de lo que percibimos. Es más, los bloques del sentido y las historias de vida surtidas también se conectan con una noción que ha penetrado en la sociedad durante milenios: qué forma describe mejor nuestras vidas. Comprender las conexiones entre lo que nos da sentido, las historias personales que enfatizamos en un momento dado y la representación visual de los pilares de identidad fue una parte desafiante y, en última instancia, emocionante del Proyecto Historia de vida.

En este capítulo, revelaré los resultados.

«ESO ES LO QUE QUIEREN HACER LOS COMUNISTAS Y LOS JUDÍOS»

Comencemos por alguien que tiene una forma de vida no tradicional.

Christian Piccolini nació de inmigrantes italianos que se mudaron a Chicago a mitad de la década de 1960, abrieron un salón de belleza y pasaron por dificultades.

—Solían ser víctimas de prejuicios —relató. Luego lo enviaron a vivir con sus abuelos en los suburbios, donde se sentía fuera de lugar—. Me escondía en el armario de mis abuelos para ver a los otros niños por la ventana paseando en bicicleta, y deseaba poder jugar con ellos. Me sentí solo durante los primeros catorce años de mi vida.

Cuando cumplió catorce años, estaba parado en un callejón fumando hierba, cuando un Pontiac Firebird del 68 pasó a toda velocidad, levantando grava y polvo.

—El coche se detuvo de golpe frente a mí y bajó un hombre, tenía la cabeza afeitada y usaba botas. Me arrancó el porro de los labios, me dio un golpe en la cabeza y dijo: «Eso es lo que los comunistas y los judíos quieren que hagas». Yo era solo un niño, no tenía ni idea de qué demonios era un comunista o un judío. Pero él continuó: «Eres italiano. Tus ancestros eran grandes guerreros, pensadores y artistas. Es algo de lo que debes estar orgulloso». De pronto, quería ser igual que él. Parecía tener lo único que yo había estado buscando toda mi vida: una comunidad.

Ese hombre era Clark Martell a sus veintiséis años, el fundador de los Skinhead de Chicago, uno de los principales grupos neonazis de los Estados Unidos. De la noche a la mañana, Christian se convirtió en un fanático. Se tatuó de pies a cabeza con esvásticas y águilas nazis; participó en ataques en grupo a negros y judíos; creó una banda musical con la que escribía canciones de odio. «El Holocausto fue una maldita mentira porque seis millones de judíos nunca pueden morir».

—Tenía un propósito por primera vez en mi vida —continuó—. Y era salvar al mundo. Creía que cualquiera que no pensara como yo era un idiota y que yo cargaba su peso muerto sobre mis hombros.

Cuando Martell fue encarcelado dos años después, Christian se convirtió en el líder de los neonazis de Estados Unidos. Creó nuevas ramas desde Minneapolis hasta San Francisco. Gracias a su buena apariencia y a su habilidad para reclutar, se convirtió en el rostro internacional del movimiento. A los diecisiete ya estaba en la CNN. A los diecinueve, se presentó frente a cuatro mil skinheads en Alemania. Después, organizaron una revuelta.

—En ese momento comencé a reconocer el impacto de mis letras. Nunca me había dado cuenta de la responsabilidad que tenía sobre las ideas que lanzaba al mundo. —De regreso en Chicago, algunos

adolescentes negros entraron al McDonald's que él frecuentaba—. Me
mostré agresivo y les dije que ese era mi maldito McDonald's y que no
tenían derecho a estar allí. —Christian y sus secuaces los ahuyentaron.
Luego uno de los adolescentes sacó un arma y comenzó a disparar,
pero el arma falló—. Comencé a golpearlo. Le di patadas en el rostro,
que tenía hinchado y cubierto de sangre. El chico abrió uno de los
ojos y nos miramos. «Podría ser mi hermano, mi madre, mi padre»,
pensé. Fue mi primer momento de empatía.

Christian tenía una tienda de discos que se especializaba en música
de supremacía blanca, pero también tenía hip-hop y punk.

—Comenzaron a venir afroamericanos, judíos, gays. Al principio no
los quería, pero aceptaba encantado su dinero. No dejaban de venir, así
que comenzábamos a conversar y las charlas se volvían personales. —Él
también se enamoró—. Mi novia odiaba el movimiento. Tuve que supli-
carle que saliera conmigo. —Finalmente se casaron y tuvieron un hijo—.
Estaba en la sala de partos, con mi hijo en brazos por primera vez, y era
tan inocente. Entonces me di cuenta de que podía ser manipulado y
que, tal vez, yo lo había sido también. De pronto comencé a tener otra
identidad, otra comunidad, otro propósito.

Comenzó a alejarse del movimiento. Cerró su tienda de discos. Tuvo
otro hijo. Su esposa pensó que cambiaba demasiado lento, así que lo
dejó y se llevó a los niños con ella. Para cuando Christian dejó el movimiento por completo (siete años después de haberse unido), había perdido su fuente de ingresos, a su familia, a su comunidad. Durante los
cinco años siguientes cayó en la depresión, bebió en exceso y tomó cocaína. Casi no salía de la casa más que para ver a sus hijos.

Al final, uno de sus amigos lo animó a presentarse para un puesto
de servicio técnico para IBM. Todavía no era la era de Internet, así
que era más fácil ocultar su identidad y consiguió el trabajo. Su primer
trabajo fue instalar ordenadores en una escuela secundaria de la que lo
habían echado, dos veces. La última vez lo habían sacado esposado y le
habían puesto una orden de restricción por haber atacado a un guardia
de seguridad afroamericano, el señor Holmes. Al volver allí, Christian
lo siguió al estacionamiento y le tocó el hombro.

—Él se dio vuelta y dio un paso atrás, horrorizado. Todo lo que pude pensar en ese momento fue en decir: «Lo siento». Conversamos. Logré encontrar más palabras y le expliqué por lo que había pasado en los últimos cinco años y él me abrazó. Me dijo que me perdonaba y me pidió que me perdonara a mí mismo. También me animó a que contara mi historia.

Luego, Christian generó doscientos cincuenta millones de dólares en ventas para IBM. Se casó con su supervisora y comenzó a dar discursos sobre su pasado. Más adelante, colaboró en la fundación de una organización llamada *Life After Hate* (La vida después del odio) que ayudaba a antiguos extremistas a dejar atrás la violencia; desde supremacistas blancos, a fundamentalistas del Islam.

—Comienza por la compasión —afirmó—. Todos buscamos una comunidad de identidad y podemos caer en baches por el camino. Esos baches pueden ser traumas, abandono, ver el suicidio de un padre. Las personas tienen miserias, pero no tienen compañía. Y, algunas veces, encuentras aceptación en lugares negativos. Mi trabajo es llenar los baches. Mi lema: «Tratar al niño, no al monstruo».

Después de tantos años, seguía siendo el niño que miraba por la ventana, anhelando amor. Y esa necesidad de crear conexiones es la que define quién es. Cuando le pedí que eligiera una forma que representara su vida, escogió un cuenco.

—Un cuenco es un lugar donde las personas vuelcan sus entrañas. Un lugar para llenar con tus pensamientos, tus demonios, tus dramas. Es el lugar que estaba buscando cuando era un niño sentado en el armario de mis abuelos. Y es el lugar que ayudo a brindar hoy en día, en donde tomas a las personas en tus manos y las ayudas a sentir que pertenecen.

EL MOVIMIENTO DEL SENTIDO

El padre del movimiento del sentido moderno, Viktor Frankl, tenía cuatro años en 1909 y vivía en el número 6 de la calle Czeernin, Vienna, a unas calles de donde Johann Strauss compuso «El Danubio azul». Una noche antes de dormir, lo azotó un terrible pensamiento: «Yo también tendré que morir». Más tarde, escribió:

«Lo que me perturbaba en ese momento, como lo ha hecho durante toda mi vida, no era el miedo a morir, sino el preguntarme si la naturaleza transitoria de la vida destruiría su significado».

Su respuesta guiaría las vidas de decenas de millones de personas en el siglo venidero: «En algunos aspectos, es la muerte misma lo que le da sentido a la vida».

Viena era la cuna del sentido. Freud dio vida al psicoanálisis allí; Hitler se mudó allí cuando era adolescente; Frankl creció allí y dio origen a una revolución. A los dieciséis años dio su primer discurso «*On the Meaning of Life*» (Sobre el sentido de la vida). A los veintiocho formó la Tercera escuela de psicoterapia de Viena. Su idea central: no debemos preguntar cuál es el sentido de la vida, porque es a nosotros a quienes nos lo están preguntando. Cada uno es responsable de encontrar sus propios motivos para vivir.

En muchos sentidos, Frankl fue la última iteración de un siglo de conversaciones acerca de lo que significaba llevar una vida plena. Aristóteles describió la tensión entre el hedonismo (la búsqueda de la felicidad) y la eudaimonía (la búsqueda de dignidad, autenticidad y lo que llegó a llamarse sentido). Frankl se convirtió en el destacado campeón moderno de la idea de que la búsqueda del sentido es la principal motivación de los humanos y la clave para la supervivencia.

En 1941, Frankl estaba terminando un libro sobre sus ideas, cuando los nazis comenzaron a implementar su Solución Final de forma sistemática. Como médico, Frankl podía entrar a los Estados Unidos, pero le angustiaba dejar a sus padres. Al volver de buscar su visado, tapó la estrella de David de su abrigo y entró a una catedral a rezar en busca de una señal de Dios. Cuando llegó a casa, su padre estaba llorando mientras observaba un trozo de mármol sobre la mesa de la cocina.

—¿Qué es eso? —preguntó Frankl.

—Hoy los nazis han quemado nuestra sinagoga. —El trozo de mármol era lo único que quedaba de los Diez Mandamientos sobre la *bimah*—. Hasta puedo decirte de qué mandamiento es. Solo uno tiene estas letras.

—¿Y cuál es?

—Honrarás a tu padre y a tu madre.

Frankl rompió su visado en ese instante. Al año siguiente, toda la familia fue enviada a un campo de concentración y el padre de Frankl murió en sus brazos. Dos años después, su esposa y su madre fueron enviadas a Auschwitz, donde murieron en la cámara de gas. Frankl fue sometido a trabajos forzados, a dormir con otras diez personas en una cama y comer solo migajas. Una noche, vio que un hombre tenía una pesadilla, pero no lo despertó. «Ningún sueño, por malo que sea, puede ser más horrible que la realidad del campo».

A pesar de todo, lo que le permitió sobrevivir fue su compromiso con el sentido, dijo después. Había pegado la única copia de su libro en su chaqueta, pero la habían confiscado y destruido. Por las noches, se mantenía ocupado repitiendo fragmentos en su mente. Cuando lo liberaron en 1945, se sentó a escribir sobre su experiencia. Le llevó nueve años. Al principio, lo escribió de forma anónima, pero sus amigos lo instaron a que le pusiera su nombre.

El libro fue publicado en 1946 y se convirtió de inmediato en un libro definitorio del siglo. *El hombre en busca del sentido* vendió doce millones de copias. El mensaje de Frankl fue que, incluso en momentos de inimaginable desolación, los humanos pueden encontrar esperanzas. «No es necesario sufrir para aprender, pero si no aprendes del sufrimiento, entonces tu vida realmente carece de sentido». La clave, según decía, es imaginar un tiempo mejor, tener una *razón* para vivir. También citó a Nietzsche: «Quien tiene un por qué para vivir, puede soportar casi cualquier cómo».

El libro de Frankl llegó entre las ruinas ardientes de Hiroshima y del Holocausto, en un tiempo ampliamente considerado como una epidemia de falta de sentido. Él la llamó «la enfermedad del siglo». Carl Jung la llamó «padecimiento». «La falta de sentido impide vivir con plenitud», escribió. «El sentido hace que muchas cosas, quizás todas, sean soportables».

Desde esta base, comenzó a elevarse un movimiento moderno del sentido, que creció para incluir la filosofía, la psicología y la neurociencia. Si los síntomas de la falta de sentido eran alienación y vacío, el remedio era la plenitud y la búsqueda de sentido personal. El «concepto central de la psicología es el *sentido*», escribió Jerome Bruner. Y la tarea principal de cada individuo es crear su propio sentido. No hay una fórmula única.

Pero hay líneas de guía. Setenta y cinco años de pensamiento e investigación han dado lugar a un robusto cuerpo de ideas acerca de lo que significa tener una vida con sentido. En nuestras sesiones de codificación, cruzamos esas ideas con las palabras, frases y expresiones que las personas usaban con más frecuencia en las conversaciones.

Al final, identificamos tres ingredientes clave de una vida bien equilibrada. Los llamaremos «El ABC del *sentido*». La A es *agencia*; autonomía, libertad, creatividad, control, la creencia de que podemos tener un impacto en el mundo que nos rodea. La B es *pertenencia* (belonging); las relaciones, comunidades, amigos, las personas que nos rodean y nutren. La C es la *causa*; vocación, misión, dirección, propósito, un compromiso trascendental superior a uno mismo que hace que la vida valga la pena.

Estas tres ideas esenciales, por más poderosas que sean, no son los únicos recursos que usamos para vivir con armonía, plenitud y dicha. Se relacionan con otro grupo de herramientas: las tres ramas de nuestra identidad narrativa. La primera es la *historia del yo*, en la que somos el héroe, el agente, el creador; en donde actuamos y, a cambio, nos sentimos plenos. La siguiente es la *historia del nosotros*, en la que somos parte de una comunidad, una familia, un equipo; pertenecemos a un grupo y, a cambio, nos sentimos necesitados. La tercera es la *historia del ellos*, en la que somos un ideal, una fe, una causa; nos entregamos a los demás y, por extensión, nos sentimos parte de una causa más grande.

Resulta que todos tenemos el ABC del significado en nuestro interior, y las tres historias personales también. Es más, estamos evaluando y reevaluando estos elementos en respuesta a los eventos de la vida. Somos como la Dama de la Justicia en ese sentido, pero con una balanza de tres lados en lugar de dos. Cuando nuestras fuentes de sentido están en equilibrio, nuestras vidas también lo están.

También aprendí algo más: tendemos a priorizar un elemento por encima de los demás. Todos tenemos lo que podemos considerar como primera base, un «constructo central», como lo llaman los psicólogos. Primero somos agentes en primera persona, pertenecemos en primera persona o tenemos una causa en primera persona. También tenemos una prioridad secundaria y una terciaria. «En este modelo yo sería ABC, mi esposa CAB).

Existe otra forma de comprender y visualizar esas fuentes de sentido que se relaciona con la última pregunta que les hice a mis entrevistados.

LAS FORMAS DE NUESTRAS VIDAS

Una curiosidad sobre la ciencia del caos es que los investigadores que intentan definir cómo funciona el mundo en realidad siguen recurriendo a las formas. En medio del orden, encontraron caos; pero luego, en medio del caos, encontraron orden. La agitación del agua produce remolinos y espirales complejas; las nubes van y vienen en cúmulos o corrientes; desde arriba, el perímetro de un país se ve como las líneas que vemos en un mapa, pero al acercarse, se comienza a ver una variedad de picos, curvas, caletas y bahías. El caos dio origen a nuevas palabras para nombrar formas que describieran este fenómeno: fractales, intermitencias, difeomorfismos de toalla doblada, diagramas de fideos blandos, atractores, curvas torcidas, vórtices, metatemblores (*metawobble*), el andar del borracho.

Fue la fascinación de la ciencia por las formas lo que me inspiró a preguntarles a las personas por las formas de sus vidas en primer lugar. Las respuestas iniciales me desconcertaron porque parecían muy inconexas. Incluían una casa, una sierra, una espiral, un corazón, una puesta de sol, un camino serpenteante, el puente de Brooklyn, un círculo y, para Brian Wecht, un investigador del caos antes de convertirse en estrella de YouTube, una variedad de Calabi-Yau. Comenzaba a parecer un juego de fiesta sin mucho sentido.

Pero no dejé de preguntar, en parte porque las respuestas eran muy vívidas, pero más porque las explicaciones de las respuestas eran muy reveladoras. Era evidente que las personas tenían opiniones fuertes y que las formas representaban algo esencial acerca de cómo se veían a sí mismas. Decir que tu vida es un gráfico de bolsa y no un corazón o Jesús en la cruz, comunica algo poderoso acerca de lo que es más importante para ti.

Pero ¿qué comunica exactamente? Lo último que quiero hacer es liberar a las personas de sus celdas del pasado, solo para encerrarlas en celdas nuevas. Pero en un tiempo en el que las formas del pasado han quedado atrás (los ciclos, escaleras y flechas de progreso que supieron dominar), explorar si surgirán categorías que las reemplacen parece valer la pena. Estas formas son indicios sobre las prioridades de las personas.

Finalmente, las formas encajan en tres moldes. El primero incluye las que reflejan alguna clase de trayectoria. Este grupo de personas caracterizaron sus vidas como movimiento a lo largo del tiempo, subidas y bajadas, con frecuencia en respuesta a sus éxitos o fracasos personales. Yo hubiera elegido esta forma, que además es la más popular. Algunos ejemplos son: un río, un camino serpenteante, un zigzag, una cadena montañosa. Dada la naturaleza lineal de esta categoría, llamé a este molde «líneas».

Por más obvia que pueda parecer esta forma (¡en especial para quienes la eligieron!), no era la única, en absoluto. El segundo molde incluye formas de naturaleza más espacial. Son formas cerradas, que tienen bordes, contornos, muros u otras características que puedan contener elementos, normalmente seres queridos. Dos de cada cinco personas seleccionaron una forma de esta categoría. Los ejemplos incluyen un corazón, una casa, una canasta, entre otras. Christian Picciolini escogió un cuenco. Dado el modo en que estas formas sugieren la unión de las personas, nombré al molde «círculos».

Auto-caracterización

Agencia

Todo
Nuevo Mejor
Confianza
Verdad Cambio Riesgo Descubrimientos
Vivir
Respuesta **Trabajo** Yo
Resiliente Confianza
Adversidad Don Llegar Amor
Dificultades Constante Hacer
Soñar
Bien Miedo

Pertenencia

Cómodo Poderoso Familia
Fuerte
Conexión
Música **Relaciones**
Rodeado
Equilibrio **Amor** Dejar ir
Ser Marido
Mejor Caos Persona
Yo mismo
Identidad Madre Mujer
Crear Infancia
Personas
Todo

Causa

Solucionar problemas
Diferencias Fuerte
Ejemplo Trabajo Objetivos Muerte
Liderar Amor
Mejor Dios Cuidado
Mundo Personas
Bien Hermoso
Evolución Otros Vida Descubrimiento
Proceso Valiente Propósito
Alzar la voz

El último molde incluye formas que son alguna clase de objeto. Quienes escogieron esta categoría consideraron *forma* como símbolo, icono, logo, que representaba un principio o compromiso que guiaba sus vidas. Tres de cada diez personas se ubicaban en esta categoría, incluida mi esposa, que maneja una organización sin fines de lucro en apoyo a emprendedores de alto impacto, y que eligió un foco de luz como representación de su interés en las nuevas ideas y los momentos de iluminación. Otros ejemplos incluyen un globo terráqueo, una cruz; por el modo en que las personas se ven como estrellas polares, llamé a este molde «estrellas».

Como puede verse, los moldes se correspondieron con el ABC del sentido y con las tres historias principales que nos contamos a nosotros mismos. Quienes escogieron líneas tienden a estar más enfocados a la agencia, más orientados hacia el trabajo y los logros. Su *historia del yo* está primero. Quienes escogieron círculos tienden a estar más enfocados a la pertenencia y más orientados hacia las relaciones. Su *historia del nosotros* está primero. Quienes escogieron estrellas tienden a estar más enfocados a las motivaciones, más orientados hacia sus creencias, salvar al mundo o servir a los demás. Sus *historias del ellos* están primero.

Para ver una demostración visual de las palabras que las personas en cada categoría usaron para describir sus vidas, por favor, remítase a la obra de arte de la página anterior.

Que una persona elija una forma, no significa que no valore a las demás. Todos tenemos múltiples fuentes de identidad. Lo que eso sugiere, según creo, es que durante ciertos momentos de nuestras vidas ponemos en primer plano a una de esas formas. Todos estamos familiarizados con esta idea. Todos conocemos a alguna persona que construye su identidad alrededor del trabajo, o que sacrifica sus propias ambiciones para criar a sus hijos o cuidar de un pariente enfermo, o que renuncia a una carrera con un buen salario para dedicarse a la enseñanza, a difundir la palabra o a salvar al medioambiente.

Lo que pienso que aún no llegamos a apreciar es que tomar esta decisión implica priorizar un pilar de sentido diferente, enfatizar otra historia personal y valorar otra forma de vida. En lugar de la singular definición de una vida con sentido que nos enseñaron a esperar, ahora tenemos múltiples definiciones.

Echemos un vistazo a estas diferentes fuentes de significado y a cómo las priorizan las personas.

A ES AGENCIA

Deb Copaken creció en una casa de dos niveles al estilo *La tribu de los Brady* en Potomac, Maryland, que estaba cargada de tensiones.

—No había aceras y no había escapatoria —afirmó. A los catorce años, conducía el coche de sus padres solo para alejarse. A los diecisiete voló a Japón para enseñar inglés y vendió su primer artículo periodístico a la revista *Seventeen*—. Pensé: «Sí, puedo hacerlo. Puedo viajar, vender artículos y hacer que alguien pague por ello».

Luego volvió a casa, tuvo una aventura con un chico que salía en la cubierta de la revista *Tiger Beat* y se matriculó en Harvard. Allí, un experimento con LSD le abrió nuevos mundos.

—Por fin vi quién era. Y quería explorar a esa persona en lugar de a la que otros querían que fuera. —Dejó su especialización segura para dedicarse a la fotografía, y canalizó la ira por un intento de violación a través de un trabajo audaz y desafiante para el que se aventuró en vecindarios difíciles y tomó retratos descarnados—. Me sentía como una presa, así que me convertí en el cazador.

Y el trabajo la atrapó. Se mudó a París para convertirse en fotógrafa de guerra. Estuvo en Israel, Afganistán, Zimbabue, Rumanía.

—Mi vida ya era una guerra porque soy una mujer en el mundo —afirmó—. Así que, ¿por qué no ir a la guerra? Tenía que volverme proactiva.

Pero después de siete años se cansó del sexo vacío y del acoso descarado. Estaba tendida sobre el lodo en Moscú, con balas que pasaban sobre su cabeza durante un golpe de estado (el mismo que hizo que Lev Sviridov acabara en las calles de Manhattan), cuando se dio cuenta de que ya no quería eso. Se casó, se mudó a Nueva York y tuvo tres hijos. Incluso entonces, ella era la principal proveedora. Cuando su matrimonio fracasó después de quince años, fue ella la que se marchó.

—Había llegado al punto en que no podía vivir en una relación que no me ofrecía amor a cambio del que yo daba. —Golpeada por un aluvión de problemas de salud (cáncer de mama, histerectomía, problemas cardíacos), tuvo una relación fugaz con un hombre más joven y, una vez más, canalizó su rabia en arte: fotografía, prosa, pintura.

Deb soñaba con círculos (aún anhelaba una relación estable), pero en el fondo ella era una línea.

—Imagino una hoja cuadriculada, hay tiempos buenos y malos, una onda sinusoidal que sube y baja y vuelve a subir.

La agencia es el primer, y tal vez principal, ingrediente de una vida con sentido. «En el corazón del sueño americano yace una creencia en la agencia individual», escribe el historiador Steven Mintz. La mitad de las personas a las que entrevisté escogieron una forma que indicaba que priorizaban esta categoría. Esos números tenían una ligera diferencia de género: cincuenta y un por ciento de hombres y cuarenta y siete por ciento de mujeres.

Formas de vida

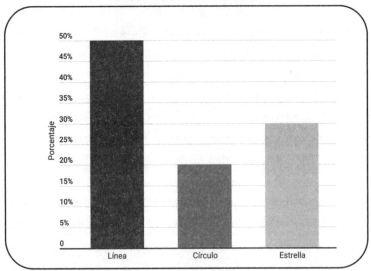

El psicólogo Bessel van del Kolk define la agencia como la «sensación de estar a cargo de tu vida; saber dónde te encuentras; saber que tienes poder de decisión sobre lo que te ocurre; saber que tienes cierta capacidad de definir tus circunstancias».

La agencia es tan importante que incluso convencerse a uno mismo de tenerla puede mejorar la vida. Tan solo comprender un problema, incluso sin poder hacer nada al respecto, nos da una sensación de control. Al obligarte a saber lo que te está pasando, llegas a aceptarlo. Te vuelves agente de tu propia creación de sentido. Como alguien que encaja en esta categoría, puedo dar testimonio de esto. Siempre que me enfrenté a una crisis, fuera el embarazo de riesgo de mi esposa o mi propio cáncer grave, me convertí en el planificador, el investigador, el relator.

El trabajo es el campo principal en donde se expresa la agencia. Al igual que Deb, las personas de líneas a las que conocí tendían a ser definidas por sus trabajos: constructores, creadores, hacedores, «personas de acción», como las hubiera llamado Aristóteles. Una horda de estudios contemporáneos ha reforzado esta conclusión. Los trabajadores que sienten que tienen más autonomía y control trabajan con más entusiasmo y determinación. Los que pueden decorar sus espacios de trabajo son más felices y productivos. Es más probable que los que reciben más libertad con sus horarios acepten un trabajo y permanezcan en él.

Pero la agencia no se limita al trabajo. En 1950, el general Mills descubrió que hacer que su preparación para pasteles Betty Crocker fuera tan fácil desanimó a las cocineras. Un grupo de psicólogos descubrió que hacer que se requiriera añadir tan solo *un huevo* les dio una sensación de realización. Dan Ariely y sus colegas descubrieron lo mismo respecto a los muebles de Ikea. El hecho de montar el producto les provocaba más satisfacción a las personas. Los residentes de hogares de ancianos a los que les daban un mínimo de control personal, como cuidar de una planta, son más felices y saludables, y viven más tiempo.

Desde el trabajo hasta el hogar, la agencia es la fuente de sentido dominante para aquellos que ven sus vidas como líneas que siguen ciertos ascensos y descensos, quienes tienen una narrativa personal oscilante.

Son personas como Henry Ferris, quien escapó de una familia difícil en Georgia, sobrevivió a un trasplante de riñón y se convirtió en editor en Nueva York (editó *Los sueños de mi padre*, de Barack Obama), antes de perder el trabajo y su matrimonio el mismo año. «Veo la narrativa de mi vida como una línea con picos y valles».

Antonio Grana, hijo de la cultura del rave gay de San Francisco, que tenía un amante alcohólico violento, ingresó en un programa de doce pasos, se casó con una mujer, y luego creó una empresa de tecnología. La forma de su vida: Serpientes y Escaleras. «Tienes que aceptar que aparece un signo de puntuación en tu vida y que, entonces, debes volver atrás y tomar otro camino».

John Evenhuis, ejecutivo de IBM en la bahía de San Francisco. Después de criar a sus hijos junto a su esposa en una comunidad estresante, sugirió que cambiaran su estilo de vida de club campestre y se mudaran a las afueras del Parque Nacional de los Glaciares en Montana, desde donde trabaja a distancia y pasa los fines de semana en la naturaleza. Su vida, según dijo, era un palo de hockey. «Todo marchaba bien, luego *zas*, todo cambia y se vuelve fenomenal».

Y Serena Stier, cuyo marido se suicidó cuando tenían tres hijos menores de ocho años, pero luego obtuvo un título avanzado en psicología y otro en derecho, escribió varias novelas y se convirtió en mediadora. «Mi vida es como olas en el océano. Hay tiempos espumosos y tiempos tranquilos, pero en conjunto, es hermosa».

Las personas movidas por la agencia son feroces, determinadas y les gusta tener el control. Tienen ideas claras sobre sus historias del yo. Pero no siempre son las más centradas en sus relaciones. Dicha característica corresponde al segundo grupo.

B ES PERTENENCIA

Michelle Swaim nunca tuvo familia. Su padre dejó a su madre cuando estaba embarazada; su madre le demostraba muy poco interés.

Mientras crecía en Massachusetts, a veces esperaba horas hasta que su madre la recogiera de la escuela.

—Creo que eso definió mucho mi vida y que hizo que me casara pronto y no fuera un individuo completo. —Michelle conoció a su futuro marido cuando tenía quince años—. Pienso que estaba buscando un padre porque nunca había tenido uno. Él era el héroe de nuestra relación.

Iban juntos a la Universidad William and Mary y se casaron cuando ella tenía veintiún años.

—Mi madre no me habló durante la boda porque no quería que la dejara. Además, la intimidad me resultaba muy difícil. La luna de miel fue terrible.

Durante la década siguiente, la carrera de Dave prosperó y se convirtió en pastor de una iglesia en crecimiento de Boston. Mientras tanto, Michelle caía en el ensimismamiento. Se volvió una corredora obsesiva y anoréxica. Apenas comió en nueve años.

—Cuando no eres capaz de conectar con las personas y te avergüenzas de ti mismo, el único poder que tienes es sobre tu propio cuerpo. No podía hacerme escuchar, así que ese era el único modo de poder tener una verdadera influencia sobre mí misma. —Apenas comía media manzana al día. La anorexia también la había vuelto infértil. Intentó quedarse embarazada durante siete años, pero no lo logró. Hasta que un día resbaló en el hielo mientras corría, voló por el aire y cayó de espaldas. En el hospital, tuvo una visión de Dios: «Yo te hice esto», le dijo. Al día siguiente, su marido entró y le dijo que también había visto a Dios. «Me dijo que te había hecho esto a propósito». En ese momento (entre lágrimas y de acuerdo, por fin), acordaron cambiar sus vidas.

Al año siguiente, adoptaron a un niño de Corea. Durante la siguiente década, adoptaron a diez niños más. Llegaron a tener ocho niños y tres niñas. Algunos eran estadounidenses, otros, refugiados. Eran negros, blancos, mestizos, ugandeses, irlandeses, mexicanos. La niña que esperaba horas a que su madre la recogiera de la escuela, ahora conduce tres horas de ida y de vuelta a la escuela de sus hijos.

La forma de su vida: una furgoneta abollada. Es la forma que mejor representa su vida como madre.

—Cuando era niña me sentía sola y esa ha sido una gran motivación en mi vida. Todo lo que siempre quise fue sentirme amada y, hoy en día, solo quiero que estos niños se sientan amados.

Pertenencia (la sensación que surge de crear y conservar relaciones personales cercanas) es el pilar de sentido que más han reforzado las investigaciones recientes. En un estudio acerca de lo que nos da sentido, ochenta y nueve por ciento de los involucrados citó una relación interpersonal. En el estudio de ochenta años de Stanford sobre mil quinientos niños, se descubrió que los que tenían conexiones sociales más profundas tuvieron vidas más largas. George Vaillant, quien dirigió el estudio de setenta años de Harvard sobre doscientos sesenta y ocho hombres (John F. Kennedy era uno de ellos) concluyó: «Lo único que realmente importa en la vida son las relaciones con otras personas».

En mis conversaciones, una de cada cinco personas escogió una forma que reflejaba la importancia de la pertenencia. Esto incluía una gran brecha de género: sesenta y un por ciento de mujeres y treinta y nueve por ciento de hombres.

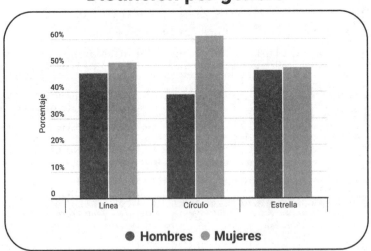

Forma de vida:
Distinción por género

El motivo por el cual la pertenencia no es central para el sentido es que nuestros cerebros son órganos culturales. La esencia del ser humano son las emociones, conexiones e ideas compartidas. Descubrimientos que se remontan años atrás sugieren que tener lazos sociales positivos mejora la salud mental y física. Los pacientes de cáncer se recuperan mejor en comunidades de apoyo, al igual que las personas con alzhéimer, alcohólicos, víctimas de traumas o de estrés postraumático. Los niños que vivieron el Blitz en Londres junto con sus padres lo pasaron mejor que aquellos a los que enviaron con familiares fuera de la ciudad.

No solo la familia y los grupos de ayuda dan un sentido de pertenencia; también los vecinos, los compatriotas e incluso los compañeros de trabajo pueden brindarlo. Las personas que tienen conexiones más fuertes en sus trabajos están más abiertas al crecimiento, son mejores compañeras y más resilientes. También ascienden más rápido. Los nuevos empleados que reciben bienvenidas cálidas son más productivos nueve meses después; los empleados que entablan relaciones de confianza con sus gerentes aceptan las críticas de forma más eficiente. Los trabajadores cercanos a sus compañeros usan «nosotros» más que «yo» en sus correos electrónicos; quienes son despedidos lo usan con menos frecuencia.

La pertenencia es un sentido definitorio para muchos.

Individuos como Ellen Shafer, quien creció en una granja en Dakota del Norte y se mudó a la gran ciudad a trabajar para Target y General Mills, pero, cuando su marido perdió el trabajo, volvió a Fargo para estar cerca de su familia y creó una comunidad en encuentros mensuales de un club lujoso. «Mi vida es de esa clase de formas que dibujas con un espirógrafo, en el que encajas un bolígrafo dentro de un círculo y se convierte en una flor. No es una línea, ¡qué aburrido sería!».

Jen DeVore, atleta estrella de Seattle, conoció a su marido en Yale y se convirtió en una determinada ejecutiva del *The New York Times,* pero dimitió para criar a sus tres hijos varones, apoyar a su marido e investigar a sus ancestros. La forma de su vida es una casa. «Espero haber tenido un impacto en mi comunidad y haberle hecho un bien al mundo. Pero, más que nada, quiero hacerle bien a mi familia».

Lisa Heffernan, nieta de refugiados del Holocausto que les dio la espalda a sus padres a los diecisiete años y crio a dos hijos varones, luego le preocupó tanto que la dejaran que cofundó un popular grupo de Facebook para padres con el nido vacío. «Mi misión era crear un árbol familiar. Mi marido y yo tuvimos padres con los que no podíamos contar, así que nuestro objetivo era que nuestros hijos siempre pudieran recurrir a nosotros».

Y Amber Alexander, quien creció en un parque de caravanas muy unido en Gary, Indiana, sufrió la muerte de tres seres queridos en la veintena, se convirtió en directora de la YMCA local, y luego la devastó el tumor cerebral de su hijo de dos años. «Veo mi vida como un corazón porque Dios me bendijo con amor, incluso en tiempos de dolor y desafíos».

El amor es la emoción dominante entre quienes ponen las relaciones en el centro de sus vidas. Son las formas más pacíficas de las tres clases que encontré. Sus *historias del nosotros* están antes que sus *historias del yo*. Pero no son los más apasionados, esa característica pertenece al tercer grupo.

C ES CAUSA

Tami Trottier creció en la reserva indígena Turtle Mountain en la frontera de Dakota del Norte con Canadá. Como la menor de cuatro niñas que asistían a escuelas católicas, era dolorosamente tímida.

—Mi timidez era tan debilitante. Mi rostro, mi mandíbula y mi boca se movían, pero no podía hablar. Mis hermanas no querían llevarme a ningún lado. «¡Nos da vergüenza!».

Ella fue la única hermana que decidió no quedarse en el almacén de su familia. En su lugar, se inscribió en la Universidad Estatal Minot para estudiar periodismo. También comenzó a investigar su herencia nativa, que sentía que le habían arrancado en la reserva. Fue a cabañas de sudar, comenzó a bailar y adoptó un nombre ojibwa, Red Wine Woman (mujer del vino rojo).

—Se trataba de entablar relaciones con otros nativos. Nuestro trauma era haber sido atacados. —Por ese interés en el trauma, hizo un doctorado en psicología—. Siempre quise ser médica. Quería ser motivo de orgullo para nuestra gente.

Se casó con un compañero de la tribu, tuvo un bebé y luego intentó tener otro. Pero los problemas aparecieron. Rodeada de hombres blancos en el trabajo, comenzó a dudar de sí misma. Perdió dos embarazos.

—Viví dos años con angustia y ansiedad. Perdí casi treinta kilos. Era un cascarón vacío. —Luego tuvo una revelación: la medicina occidental nunca iba a sanarla. Se sumergió en el estudio de la medicina nativa, de los poderes sanadores de los animales, y formó un nuevo cuerpo de conocimiento al que llamó *Turtle Medicine* (Medicina tortuga)—. Un día anuncié: «Voy a enseñarles a las personas a sanarse a sí mismas».

Trasladó a su familia de regreso a la reserva y cofundó una clínica para mujeres y niñas. Es la primera clínica en tierras indígenas dirigida únicamente por mujeres.

—Me preguntaban si lo lograría, si me iría bien económicamente. Pero nunca lo dudé porque hay una diferencia entre una vocación y una llamada. Una vez que descubrí lo que debía hacer, supe que nada podía detenerme. —La forma de su vida refleja su pasión: es un caparazón de tortuga—. Como las tortugas, aprendí que a veces tienes que meterte en tu caparazón para protegerte, pero no puedes vivir allí. Tienes que tener un propósito. El mío es ser consciente, vivir a un ritmo lento y estable, y cuidar de mi caparazón, pero también de mi gente.

Tener una causa, una *historia del nosotros*, es el tercer pilar para vivir una vida con sentido. Una causa es algo en lo que crees que es más grande que tú. Es servir a Dios, cuidar la ecología, ser consejero, participar en marchas, ser cuidador y hacer proselitismo. Apoyar una causa da la sensación de tener un propósito y de hacer un sacrificio personal. Y es bueno para el individuo. Quienes son voluntarios tienen mayores niveles de felicidad y viven más tiempo.

Pero también es difícil. Cuatro de cada diez personas decimos que no tenemos causa, y una de las razones puede ser que las fuentes están cambiando. Pocos la vemos en la religión y somos más los que la buscamos en el trabajo. Pero solo un tercio decimos que el trabajo nos da sentido, quienes tendemos a hacer trabajos que reducen el sufrimiento, mejoran el mundo o generan dicha. En un famoso estudio, Jane Dutton y sus colegas descubrieron que incluso quienes hacen los trabajos más pequeños de un hospital, como cambiar las sábanas, pueden encontrar más sentido en sus ocupaciones si creen que están mejorando la vida de los pacientes.

El cuidado es otra área que proporciona una causa a muchas personas. Ayudar a quienes lo necesitan lleva a tener una mejor salud y más bienestar, no solo a quienes reciben la ayuda, sino a quienes la dan. Los pacientes que ayudan a otros recién diagnosticados con la misma condición se recuperan mejor. Incluso aplica para aquellos que padecen una enfermedad terminal. Mientras la enfermedad de mi padre avanzaba, él solía pensar en lo difícil que era para mi madre. Cuando me diagnosticaron cáncer, creé un Consejo de padres para mis hijas. Una vez más, aunque no lo sabía en ese momento, ahora veo cómo ayudó tanto a A como a B y a C: agencia, «¡Estoy haciendo algo!»; pertenencia, «Estoy profundizando los lazos con mi familia y amigos»; causa, «Estoy ayudando a mis hijas con *su* dolor».

Tener una causa era la principal fuente de sentido (y la forma dominante) para tres de cada diez de mis entrevistados.

Personas como Brin Enterkin, que reunió treinta y cuatro mil dólares para construir una escuela para niñas en Camboya mientras aún estaba en la secundaria, luego se mudó a Uganda en la veintena para trabajar en desnutrición, luego viajó por el mundo para entrenar a emprendedores sociales. La forma de su vida es una espiral de Fibonacci. «Veo mi vida como un amor a las personas que comenzó siendo pequeño, pero que se expande para servir cada vez más».

Wali Ali nació en Starkville, Misisipi, siendo judío de nombre Melvin Meyer. Quemó una cruz en su jardín para respaldar la integración mientras estudiaba en Alabama, fue internado por consumo de

LSD y luego se convirtió al islam y se volvió maestro sufí. Su forma es el corazón alado de la Orden Sufí

Daisy Khan nació en una familia musulmana tradicional en Pakistán, con libertades limitadas para las mujeres, asistió a la escuela en Long Island; fue a Wall Street; luego se casó con un imám liberal y creó una organización sin fines de lucro para fomentar la igualdad para las mujeres musulmanas. La forma de su vida: guantes de boxeo. «Soy una luchadora. Siempre desafié los límites. Y tomaré estos guantes y se los entregaré a la siguiente generación que los necesite».

Joson Doig, jamaiquino-estadounidense, estrella de la Liga Nacional de Hockey, se retiró con sobrepeso y desdichado. Luego se volvió vegano, hizo una desintoxicación de azúcares y se convirtió en evangelizador de la vida saludable. La forma de su vida: un toro (figura geométrica). «Es una fuente de energía con forma de rosquilla que fluye constantemente».

Un siglo después de que Viktor Frankl nos cargara con el peso de determinar qué nos da sentido, tenemos más herramientas que nunca para responder a esa pregunta. Tenemos tres palancas principales que activar: agencia, pertenencia y causa. Tenemos tres historias principales que contar: yo, nosotros, ellos. Tenemos tres formas de vida prevalentes que escoger: líneas, círculos y estrellas. Y, esporádicamente, si nuestra vida da un vuelco, podemos alterar estas prioridades según lo deseemos. Llamo a este proceso «cambio de forma», y es un poderoso modo de crear sentido en tiempos de cambio personal.

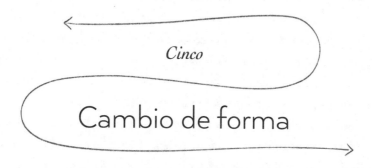

Cinco

Cambio de forma

Cómo crear sentido en tiempos de cambio

El sentido que le damos a nuestras vidas no es estático o estable, fluctúa, oscila y, cada cierto tiempo, se desvanece. Esa sensación de no tener dirección suele aparecer tras un terremoto vital. Imagino esos momentos como aspiradoras del sentido, que absorben el aire de nuestras vidas, de modo que el equilibrio de tendencias, que nos daba agencia, pertenencia y causa, desaparece. Lo que sigue es una serie de réplicas, efectos secundarios de la sacudida inicial, que suelen generar miedo y confusión, pero que pueden ser señales de sanación.

Lo que sigue es un período de cambio de forma.

«AH, ASÍ QUE ME DESPIDIERON»

Jammie Levine recuerda su infancia en Worcester, Massachusetts, como un tiempo de dicha.

—Sin divorcios, sin familiares fallecidos. Vivía despreocupado. —Había tensiones, por supuesto. El molino de su padre cerró y tuvo que reinventarse como florista—. Me causó preocupación por el dinero y temor a no tener seguridad económica.

Pero la situación no hizo que se descarrilara. Era alto, apuesto y ambicioso. Le iba bien en la escuela y participaba en actividades extracurriculares. Esperaba ir a Harvard, pero lo rechazaron.

—Fue la primera vez que recuerdo haber pensado con emoción: «Maldita sea, no he conseguido lo que quería. Será mejor que me reorganice y piense en quién quiero ser». —Decidió que lo que quería era ser muy rico. Fue e Brandeisen donde se especializó en economía, luego estudió un semestre en la Escuela de Economía de Londres—. Quería ser Alex P. Keaton. Era un niño de la era Reagan, que creció con historietas de *Niño Rico (Richie Rich)*. *La ley de Los Ángeles* era un programa popular en el que todos eran ricos y tenían coches de lujo. No creo que sintiera una atracción anormal por el dinero, pienso que muchos sentían lo mismo. Eran los ochenta a gogó. Pero era muy importante para mí.

—¿Eras un cretino?

—Sí, eso creo. No tenía consciencia de mí mismo.

Jamie obtuvo un Máster en Administración de Negocios de la Universidad de Wharton y se presentó a una entrevista de trabajo en la banca de inversiones Goldman Sachs.

—Todos en mi clase querían ese trabajo. Era lo mejor, la élite. Eras lo máximo —afirmó—. Ese era mi billete dorado. Por fin sentí que me redimía por lo que le había sucedido a mi padre y por el rechazo de Harvard. —Se comprometió, trabajó sin parar y comenzó a ascender—. Me había tragado el cuento. Era feliz corriendo en la cinta y si alguien aumentaba la velocidad, corría más rápido. —Lo trasladaron a Londres, donde se casó con una empleada de la empresa, Rebecca, ella se quedó embarazada y compraron una casa cara en Chelsea—. La trayectoria ascendente continuaba.

La vida de Jamie era una línea; la agencia lo había hecho quien era.

Luego tuvieron el control de las ocho semanas de embarazo. El bebé tenía una perforación en la pared abdominal por la que escapaban los intestinos.

—No era algo fuera de lo común y era muy probable que pudiera solucionarse con una cirugía —explicó Jamie—. Pero resultó ser la primera de muchas situaciones en las que había un noventa y nueve por ciento de probabilidades de que pasara algo bueno, pero terminamos en el uno por ciento de que pasara algo malo.

Scarlett nació sin un tercio del intestino, algo tan extraño que ni siquiera los mejores médicos de Londres lo habían visto antes. Permaneció en el hospital durante sus primeros diez meses. Podía comer lo que quisiera, pero el alimento pasaba tan rápido por su cuerpo que no llegaba a absorber los nutrientes. Tendría que estar conectada a un suero cada noche durante el resto de su vida para sobrevivir.

Al principio, Jamie intentó mantener su rutina. Iba al trabajo al amanecer, estaba en el hospital entre las siete y las doce de la noche, luego lo repetía al día siguiente. Unos meses después del nacimiento de Scarlett, lo hicieron socio de la firma.

Pero todo estaba implosionando. Rebecca estaba sobrepasada por el estrés. El matrimonio comenzó a derrumbarse. El nivel de bilirrubina de Scarlett estaba bajando, señal de que su hígado fallaba. La única opción era sacarle el suero intravenoso, pero si lo hacían, moriría por la desnutrición.

—No nos quedaba más que esperar a que muriera —dijo Jamie. Pero, un día, recibieron un correo electrónico de Estados Unidos—. La esposa del hermano de la esposa de mi tío paterno había leído un artículo en el *Boston Globe* acerca de un médico que había encontrado un modo de proporcionar nutrientes por vía intravenosa a los niños sin destruirles el hígado.

Una semana después, Jamie estaba en Boston reunido con el médico. Dos semanas después, Scarlett volaba en avión a Estados Unidos. El cóctel funcionó. La familia se trasladó a Boston, y la pareja tuvo otro bebé, un niño. Todo ese tiempo, Jamie viajó desde Boston hasta la oficina de Goldman en Nueva York. La vida parecía estar en ascenso. Pero la realidad probó que era una ilusión. Cuando la empresa anunció que necesitaban hacer recortes, Jamie supo lo que significaba.

—Ah, así que me despidieron —dijo. De pronto, la cinta para correr se detuvo y con ella el dinero, la inercia y el sentido que brindaba desaparecieron—. Me obligó a reevaluarme, a replantearme.

Pasó un año sin trabajo y cuando consiguió el siguiente no fue en Wall Street, sino en una empresa de biotecnología más pequeña. Cambió su estilo de liderazgo para ser más cercano con los empleados, mostrarse sensible con sus vidas personales y fomentar el tiempo con sus familias. En cuanto a su familia, él y Rebecca comenzaron terapia.

—Creo que el problema de Scarlett fue un gran golpe. De pronto, tuve que olvidar todo el asunto del máster en administración de negocios y tener los pies más sobre la tierra. Teníamos que decidir si nos separábamos o si permanecíamos juntos. Y seguir implicaba hacer que nuestra relación fuera la prioridad. Nos habíamos hundido juntos, teníamos que salir a flote juntos. Nuestro matrimonio estaba arreglado, en cierto modo, y era momento de enamorarnos.

Y lo hicieron. Cuando conocí a Jamie, trece años después de ese control de las ocho semanas, él y su familia estaban viviendo en San Diego. Scarlett llevaba una vida normal durante el día (iba a la escuela, pasaba tiempo con sus amigos, practicaba deporte), pero al llegar a casa por las noches se conectaba un suero intravenoso durante nueve horas. Todas las noches.

Jamie y Rebecca reacomodaron sus vidas en consecuencia. Ella estaba en la junta de la escuela de su hijo; él dirigía una empresa de nutrición. Su vida, que antes se inclinaba hacia sus propios logros, estaba mucho más equilibrada. Estaba menos enfocado en la parte agente de su identidad (en su línea) y más en sus relaciones (su círculo). Sintetizó el cambio de este modo:

—¿Hoy soy un cretino? No lo creo.

EN LA SELVA OSCURA

En 1302, el poeta italiano Dante Alighieri fue exiliado de su hogar en Florencia por un conflicto político. Vagó durante años en Toscana, con el corazón herido y despojado, antes de aceptar que nunca podría regresar a su hogar. Entonces retomó su primer amor y compuso uno de los mayores logros de la literatura occidental: *La divina comedia*. El poema inicia con una de las más famosas descripciones de un terremoto vital.

A mitad del camino de la vida,
en una selva oscura me encontré,
pues el buen camino había extraviado.

El narrador procede a lamentar lo difícil que es describir, en esa densidad, en un bosque tan espeso e intrincado que provoca pánico, una sensación tan amarga «como la muerte es amarga».

Dante compara su estado mental no solo con un camino torcido, sino con la propia muerte. Y él no está solo. La primera, y para mí la más escalofriante, réplica de un terremoto vital es que muchas personas viven su agitación como una muerte. Una cantidad sorprendentemente alta de mis entrevistados (diré que casi un cincuenta por ciento) usaron expresiones tales como: «una parte de mí murió ese día», «estaba muerto y volví a la vida», «renací».

¿Qué puede significar esto?

El miedo a la muerte ha sido tema de historias desde el origen de los campamentos y ha sido un foco de las ciencias sociales desde el nacimiento del método científico. Viktor Frankl identificó que enfrentarse a la propia mortalidad es una de las principales razones por las que buscamos sentido. Ernest Becker, autor de la obra ganadora del Premio Pulitzer *La negación de la muerte* (1973), dijo que los humanos se sienten motivados en gran medida por un esfuerzo inconsciente por escapar y trascender a la muerte. Desde entonces, muchos académicos se han centrado en la evasión de la muerte, la ansiedad ante la muerte, el manejo del terror y otras formas extrañas en las que afrontamos nuestra mortalidad.

Mis conversaciones sugieren que existe otro fenómeno que no se ha analizado tanto. El lenguaje relacionado con la muerte se ha extendido tanto, que las personas lo adoptan para describir otros momentos críticos de sus vidas, desde crisis espirituales hasta reveses profesionales. A pesar de que, obviamente, no son como muertes reales, estas alteraciones cambian tanto la vida que la analogía más cercana a ellas es morir y renacer. Esta cruda comparación es la mayor prueba de lo profunda que se ha vuelto la vida no lineal. Vemos nuestros puntos de inflexión como asuntos de vida o muerte.

Es más, una gran cantidad de estas personas de hecho reciben con los brazos abiertos las muertes metafóricas. Aceptan, incluso abrazan, la idea de que una versión de ellas ha *muerto* y que otra ha *nacido*. La versión fallecida pudo haber sido católica y la nueva, seguidora de Yogananda; la versión fallecida pudo haber estado en un matrimonio infeliz y la nueva, orgullosamente soltera; el antiguo ser pudo haber sido incapaz de hacerse valer, mientras que el nuevo es feroz. La persona que quedó atrás pudo haber sido alcohólica, criminal, carnívora, adicta al trabajo, y la nueva puede ser mejor en todos los aspectos.

No estoy queriendo decir que el miedo al final de la vida ha perdido intensidad, sino que la aceptación de que la vida tiene reencarnaciones periódicas está más extendida de lo que creemos. Y manejar estas reencarnaciones es una parte crítica para crear sentido en tiempos de cambio personal.

Algunos de los entrevistados que usaron esas palabras habían perdido a alguien cercano. Nisha Zenoff, a quien unos oficiales de policía en la puerta de su casa le informaron que su hijo estaba muerto, dijo: «Algo en mí murió para siempre en ese instante. Y algo nació para siempre». Lo que murió, según dijo, fue «la ilusión de que la muerte no podía tocarme, de que mi hijo viviría por siempre, de que moriríamos en orden». Lo que nació fue «la profunda creencia en que hay un alma, energía o espíritu que vive para siempre, incluso después de la muerte del cuerpo físico. Nunca podría haber superado aquellos días, meses, años, sin esa creencia. Dudo llamarla Dios, pero sé que, en ese momento, mi miedo a la muerte desapareció. Tuve cáncer en etapa cuatro y me planteé si tenía miedo a morir, pero, tras la muerte de Victor, sé que la vida es corta y que quiero que siga por un largo tiempo».

Otros perdieron su libertad corporal. Travis Roy, hijo del encargado de una pista de hielo en Augusta, Maine, era el jugador de hockey
número uno del país y reciente miembro de los Terriers de la Universidad Boston, campeones de NCAA (asociación nacional de atletismo
universitario). Hasta que, a los once segundos de su primer tiempo de
juego, después de ganar un enfrentamiento, chocó contra las barreras
de contención y se desplomó sobre el hielo. «Estaba tendido boca
abajo, podía sentir el frío en el rostro, y era tan irreal. Sentía que mis
extremidades se movían, pero no sentía el movimiento. Supe que mi
vida había cambiado para siempre y que el que había sido hasta entonces nunca volvería». Ha pasado los últimos veinticinco años en silla de
ruedas.

Otros hablaron de una versión de ellos que había muerto, pero
que no les agradaba. Maillard Howell nació en Trinidad, consiguió
una beca en Morehouse, luego se mudó a Brooklyn y, poco a poco, se
abrió paso hacia la clase media. Trabajó en ventas, en un banco y co-
mercializando productos farmacéuticos, cada uno con ligeras mejoras
en los beneficios y en el salario. Pero cuando alcanzó los cien mil dólares y se sintió seguro, se dio cuenta de que se había convertido en un
esclavo del esfuerzo corporativo. Dimitió, vació su cuenta con cuatrocientos un mil dólares, y abrió un gimnasio de CrossFit. «Tenía que
salvar mi vida. Mi médico recomendaba que tomara antidepresivos.
Pero yo solía vender esa basura, no quería tomarla. Así que me despedí
para siempre de la parte de mí que corría tras el dinero y me dije que
quería perseguir mi pasión».

Quizás lo más importante es que casi todos los que dijeron que
habían experimentado una muerte en vida mencionaron que eso redujo su miedo a morir de verdad; y, por consiguiente, estaban más dis-
puestos a correr riesgos para vivir con plenitud.

Kristina Wandzilak comenzó a beber cuando tenía trece años y a
tomar cocaína poco después. Pasó por tres programas de tratamiento
antes de los dieciocho. En pocos años, se volvió no apta para trabajar,
estaba en quiebra y sin amigos, y era una joven salvaje que robaba en
casas para saciar su adicción. A los veintidós años, la arrestaron por

alterar el orden público y la obligaron a pasar la noche en un refugio. A la mañana siguiente despertó en el suelo y tuvo lo que describe como una experiencia cercana a la muerte. «No hablo mucho de eso, me pone sensible. No hay palabras que expliquen lo que se siente al estar frente a esa luz. Esa inequívoca y universal sensación de amor, paz y comprensión. Recuerdo pensar que debía sentir miedo. Estaba muriendo. Pero luego la luz comenzó a atenuarse y se alejó de mí. Y escuché (no en palabras, porque allí no hay palabras) que no era mi hora, que tenía cosas que hacer. Luego volví en mí. Estaba en el suelo y supe que nunca volvería a ser la misma. Esa experiencia cambió mi forma de vida. Me generó mucha paz en lo que respecta a la muerte porque sé cómo es. No hay pena ni sufrimiento. No hay nada que temer».

Sea cual sea la causa del terremoto vital, la primera réplica es que la devastación que causa puede parecer mortal, pero resulta ser una forma indirecta de ayudarnos a encontrar un nuevo modo de vida.

UNA OCASIÓN AUTOBIOGRÁFICA

El segundo impacto es que el desvío de lo normal hace que las personas reevalúen sus historias de vida.

En el verano del año 386, el brillante pero hedonista maestro de retórica norafricano Agustín de Hipona caminaba por Milán, cuando escuchó la voz de un niño que cantaba: «¡Recógelo y léelo! ¡Recógelo y léelo!». Tras pensar que se trataba de un juego, pronto se dio cuenta de que debía estar refiriéndose a la Biblia. Buscó un ejemplar y lo abrió por un pasaje que advertía sobre las juergas, las borracheras y la lujuria. Agustín había caído en las tres y, en ese momento, sintió que su corazón se llenaba de luz. Se convirtió al cristianismo, se bautizó y, más adelante, se convirtió en el pensador más influyente de la historia temprana de la Iglesia.

Pero puede que eso no haya sido lo más notable que hizo San Agustín. Incentivado por su conversión, procedió a escribir un relato detallado de su antigua vida de pecado en una salaz y reveladora memoria llamada *Confesiones*. En efecto, fue él quien inventó la autobiografía moderna. Pero ¿por qué? ¿Por qué un reconocido líder cristiano revelaría al público todo sobre su vida privada, desde el primer vello púbico hasta sus erecciones involuntarias? Casualmente, trató esta pregunta sin rodeos en el Libro X: su «sanador interior» lo instó a hacerlo. Su consciencia lo impulsó a compartir su transformación personal para demostrar que somos capaces de superar nuestras malas acciones del pasado.

La conversión de San Agustín fue más que un terremoto vital, en otras palabras, también fue una ocasión autobiográfica.

El término «ocasión autobiográfica» fue acuñado por el sociólogo Robert Zussman para describir los momentos de nuestras vidas en los que nos piden o requieren que hablemos de nosotros mismos. Él mencionó solicitudes para trabajos, universidades y créditos, confesiones religiosas y criminales, reuniones de diversas clases, terapias de varios tipos y diarios. Pudo haber agregado consultas médicas, primeras citas, incluso largos viajes en avión con extraños. Si los relatos de la vida cotidiana son episódicos y situacionales, las ocasiones autobiográficas tienen un espectro más amplio y requieren de esfuerzos por darle sentido a una gran variedad de eventos. «No son solo historias acerca de situaciones; son historias acerca de vidas», escribió Zussman. «Son esas ocasiones especiales en las que nos hacen reflexionar de modos amplios y sistemáticos sobre quiénes y qué somos».

Este término captura lo que le sucede a la mayoría de las personas después de pasar por grandes rupturas en sus vidas. En verdad, toda disrupción importante es una ocasión autobiográfica. En mi propia vida, casarme fue una ocasión autobiográfica, al igual que tener gemelas y, más tarde, cáncer. Mi padre vivió una clara ocasión autobiográfica cuando perdió la capacidad de trabajar, caminar y bañarse.

Una ocasión autobiográfica es cualquier momento en el que nos animan u obligan a reimaginar quiénes somos. Es un evento narrativo en el que nuestra historia de vida resulta alterada o redireccionada de algún modo, lo que nos obliga a revisar nuestra identidad previa y a modificarla para que nuestra vida siga adelante.

Y casi todos pasamos por estos momentos. En mis entrevistas, les pregunté a todos si sus mayores terremotos vitales los habían hecho reescribir sus historias de vida. Tres cuartos de los entrevistados dijeron que sí. Algunos dijeron que en un principio no se habían dado cuenta de que la experiencia dispararía esa clase de reevaluación personal, pero que llegaron a verlo con el tiempo.

Esto sugiere que, a pesar de que los académicos han llegado a comprender que gran parte de la creación del sentido está en adaptar nuestras historias de vida a una nueva realidad, esa parte crítica del proceso aún no es tan reconocida. Debería serlo, ya que es una de las réplicas que más ayuda en la recuperación.

Ocasión autobiográfica

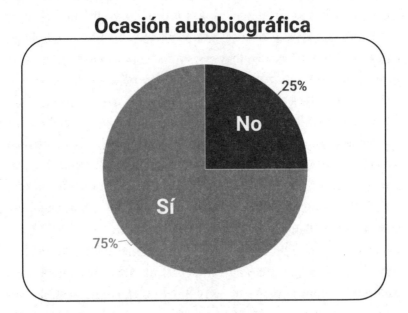

Algunas de las ocasiones autobiográficas que escuché fueron de individuos que se vieron forzados a compartir sus historias públicamente. Carl Bass era un emprendedor e inventor pionero en tecnología, cuya empresa de Ítaca, Nueva York, fue adquirida por Autodesk, un gigante de Silicon Valley. Con el tiempo se convirtió en socio de la firma de software de treinta mil millones, un cambio que le resultó desafiante. «Lo natural cuando te conviertes en director de una empresa pública es que la prensa quiera escribir sobre ti. Quieren saber: "Señor, ¿quién es usted?". Al principio solo dije: "Solo soy un hombre que construye botes". Pero pronto me di cuenta de que debía tener una historia más rica, una que resultara interesante y llamara la atención».

Muchas de las ocasiones autobiográficas replicaban los bloques de la construcción del sentido. Algunos de los cambios de narración fueron actos de agencia. Anna Krishtal era una refugiada de Tashkent que se mudó a Brooklyn a los cinco años y que luego asistió a una escuela secundaria de Nueva Jersey. En la universidad de enamoró de los viajes al exterior, se especializó en español, ruso e italiano, luego se mudó a Israel. Pero cuando su madre enfermó, decidió volver a casa, donde permaneció tendida en la cama durante un año, enojada y mirando televisión. Un día, mientras hacía la postura de la silla en yoga, tuvo una revelación. «Pensé: "Santo Dios, puedo cambiar la narrativa de mi vida reafirmándola". Me veía como víctima de mis circunstancias, algo que hice toda mi vida, y me di cuenta de que tenía que tomar el control». Se mudó de la casa de sus padres, consiguió trabajo y reinició su vida.

Algunos de estos ajustes en las narraciones fueron actos de pertenencia. Naomi Clark, la diseñadora de juegos japonesa-estadounidense, que hizo su transición hacia el género femenino después del 11S, no sabía cómo decírselo a sus padres. Estaba preparada para perder, pero no quería hacerlo. Así que usó una técnica común en las ocasiones autobiográficas: les escribió una carta. «Estaba aterrada e imaginaba toda clase de pesadillas en mi mente. Me tomé bastante tiempo para escribir a mano una carta seria y extensa en la que explicaba mis sentimientos. Luego se la envié». ¿Cómo reaccionaron? «Pienso que ambos se sintieron muy culpables, como si ellos hubieran hecho algo mal. Tuve que sacarlos de su error. Pero ambos acabaron diciendo: "Ah, no sé cómo ignoramos esto durante tanto tiempo. Siempre supimos que eras diferente en tu niñez, pero pensamos que solo eras sensible y amable"».

Algunos cambios de narración fueron actos de causa. Melanie Krause, de Boise, Idaho, según dijo, fue bendecida con unos padres geniales, que eran granjeros por pasatiempo y tenían cuarenta y cinco clases de uvas diferentes. Melanie estudió biología en la Universidad de Washington, se mudó varias veces, luego se trasladó al oeste de Oregón para estar con su futuro marido, Joe. Los únicos trabajos allí eran en reactores nucleares o en plantaciones de vid, de modo que comenzó a trabajar en la industria vitivinícola. Cinco años después, volvió a Idaho con su marido y abrieron Vinos Cinder. El cambio fue más que profesional, como padres de un emprendimiento, necesitaban toda una narrativa para vender lo que estaban haciendo. «Es decir, tuvimos que reevaluarnos y preguntarnos: "¿Queremos que nuestro vino sea pretencioso? ¿Queremos que sea divertido?". Teníamos que descubrir cómo convertir la historia de nuestras vidas en la historia de nuestro vino. Diría que antes de comenzar nuestra empresa, nunca nos habíamos preocupado por contar nuestra historia, pero ahora supone una gran parte de nuestras vidas». Decidieron conectar con la herencia poco conocida de vinicultores del valle del río Snake.

Un terremoto vital es una ocasión para reimaginar la propia historia de vida. Es una ocasión autobiográfica, la segunda réplica significativa.

CAMBIO DE FORMA

La última réplica puede ser la más fuerte de todas. Se llama «cambio de forma».

En 1855, a sus treinta y seis años, con barba entrecana, Walt Whitman publicó la primera edición de su obra maestra, *Hojas de hierba*, en una pequeña tienda de impresiones en la calle Cranberry, del vecindario de Brooklyn Heights, no muy lejos de donde vivo hoy en día. Como gran tributo a la humanidad y a la sexualidad, *Hojas de hierba* tiene pasajes notables, pero ninguno más que un trío de versos en la sección 51:

¿Me contradigo a mí mismo?
Pues sí, me contradigo.
(Soy inmenso, contengo multitudes).

El mensaje de Whitman se convertiría en un tema importante para la psicología del siglo veinte y en una doctrina central de la psicología positiva un siglo después. Contenemos muchas dimensiones y tenemos el poder de cambiar entre ellas para reequilibrar lo que nos da sentido.

Los terremotos vitales son de los principales instigadores de que las personas reevalúen qué importancia le dan a cada elemento del ABC del sentido. Como respuesta directa a un cambio dramático en sus vidas, algunas pueden reducir el valor que le dan a la agencia, aumentar el interés en la pertenencia, prestarle más atención a la causa por primera vez, o, algunas veces, pueden recalibrar los tres elementos. En este sentido, los humanos son iguales al resto de la naturaleza en el modo en que reaccionan al mundo no lineal.

La esencia del caos es la auto-organización. Es lo que hace el curso de un río cuando rodea un peñasco y luego se reforma; lo que hace una bandada de aves cuando despega de un árbol y vuela en formación; lo que hace un sistema climático cuando colisiona con otro, se fusiona y luego sigue su curso; lo mismo sucede con las dunas de arena, con las ráfagas de nieve, las nubes. En todos los casos, la forma original comienza de un modo, atraviesa un período de turbulencia, una especie de mini estado de caos, y luego resurge con una nueva forma, bastante similar a la inicial, pero totalmente diferente al mismo tiempo. El caos es la creatividad de la naturaleza frente al cambio constante.

El equivalente humano de este proceso es la adaptación psíquica. Al igual que el cuerpo tiene la capacidad de corregir desequilibrios, la mente también. Jung llamó a este proceso «compensación de los sesgos». Nuestras vidas se inclinan demasiado hacia un aspecto de nuestra identidad y se alejan demasiado de otros. Todos conocemos estas situaciones. Nos obsesionamos con el trabajo y descuidamos a la familia;

nos preocupamos tanto por cuidar de nuestros hijos que nos descuidamos a nosotros mismos; nos enfocamos tanto en servir a otros, que ignoramos a nuestros seres queridos. Cuanto más tendamos hacia un aspecto, más peligro corremos de descuidar los demás.

Pero, como dijo Whitman, no somos solo una cosa. Somos multitudes. Las investigaciones recientes confirman esta observación. Los académicos de constructos centrales en principio pensaban que cada individuo tenía una serie de rasgos innatos: introvertido o extrovertido, pasivo o asertivo, abierto o cerrado. Pero el pensamiento en esta materia ha evolucionado con el tiempo y, hoy en día, se considera que estos rasgos son en parte estáticos y en parte fluctuantes. En palabras de un líder en investigación sobre la personalidad, Brian Little: «Las gafas a través de las que veías la vida en abril pueden dejar de servir en mayo. [...] Revisas tus predicciones del mundo, pruebas ideas nuevas y, en el proceso, consolidas una nueva serie de constructos personales que funcionan para ti».

Esta fluidez es particularmente acertada en momentos de fuertes rupturas en la vida. La existencia del día a día ya no puede atravesarse del mismo modo. Los puntos de referencia conocidos quedaron de cabeza; los mapas de caminos confiables se volvieron obsoletos. Necesitas nuevas bases, nuevos pasadizos, nuevos constructos.

Uso el término «cambio de forma» para nombrar a este fenómeno porque el corazón del ejercicio incluye reequilibrar el peso relativo que le damos a cada una de las tres fuentes de sentido y a las formas que las representan: agencia (línea), pertenencia (círculo) y causa (estrella). Todos lo hemos experimentado en nuestras propias vidas. Pensemos en el adicto al trabajo que sufre un revés y decide dedicarle más tiempo a la familia; la ama de casa que comienza a hacer trabajo voluntario cuando los hijos empiezan a pasar la mayor parte del día en la escuela; el cuidador que se cansa de atender al demandante paciente y decide retomar un pasatiempo olvidado.

Cambio de forma

Agencia

Pertenencia   Causa

El cambio de forma es la solución a una vida desequilibrada. Sería bueno que tuviéramos los recursos para hacerlo por nosotros mismos, pero, por alguna razón, solemos necesitar que una gran ruptura nos impulse a reevaluar nuestras prioridades. Y esa reevaluación nos lleva en direcciones sorprendentes.

En los últimos años, nos hemos acostumbrado al lenguaje de la resiliencia y a la idea de que, tras una fuerte interrupción, volvemos a la normalidad. Nos *recuperamos, volvemos a nuestras vidas anteriores, volvemos a ser nosotros mismos*. Todas estas expresiones implican que tras una gran alteración en nuestras vidas, acabamos volviendo a ser la persona que éramos antes. Esa clase de recuperación lineal ocurre en algunos casos, pero es más frecuente que nos movamos en nuevas direcciones. En lugar de *volver* a lo que éramos antes, avanzamos hacia un *costado*, hacia *adelante*, o hacia un nuevo lugar. En otras palabras, el cambio de forma es no lineal, al igual que cualquier otro aspecto de la vida no lineal.

A continuación algunos ejemplos de cómo funciona este proceso en la vida real:

LÍNEAS

Las personas que pasaron de estar orientadas hacia sí mismas a estar más orientadas al servicio o a las relaciones representaban la clase más común de cambio de forma en mis entrevistas.

Agencia ➡ Causa

Ann Marie DeAngelo fue bailarina profesional desde que era adolescente y se convirtió en primera bailarina del Ballet Joffrey, pero cuando se lesionó a los cincuenta, se convirtió en coach de vida, centrada en ayudar a bailarines lesionados a insertarse en el mundo real.

Darrel Ross tenía una agencia de seguros en su pueblo natal Grand Rapids, Míchigan, pero el asesinato de un amigo lo alteró tanto que vendió la empresa e inició una organización sin fines de lucro para promover viviendas accesibles.

Agencia ➡ Pertenencia

Jan Egberts se valió de sus títulos en negocios y medicina para convertirse en director de una empresa farmacéutica de capital abierto, pero cuando su esposa, de la que se había distanciado, se suicidó tras una prolongada enfermedad mental, él renunció para cuidar de sus hijos adolescentes.

Wendi Aarons era una joven guionista que trabajaba en estudios de Hollywood, pero le repugnó tanto la cultura del casting de sofá y otras bajezas del estilo #MeToo, que se mudó a Austin, Texas, con su marido y decidió convertirse en ama de casa.

CÍRCULOS

Las relaciones son de las fuentes más ricas de plenitud, pero tienen límites. Lo escuché, en particular, de madres que llegaron al punto de necesitar o verse obligadas a mirar más allá de sus hijos en busca de fuentes de sentido.

Pertenencia ➡ Causa

Ann Ramer se enfureció tanto después de que a su hijo Brent le negaran el acceso a ensayos clínicos porque era menor de dieciocho, que la madre de carácter apacible se convirtió en una defensora de los pacientes de cáncer pediátrico. Dio discursos feroces, presionó al vicepresidente, acosó a la FDA.

A Lisa Hefferman y Mary Dell Harrington, madres del condado de Westchester, Nueva York, las afectó tanto que sus hijos se fueran a la universidad que crearon un grupo de Facebook llamado *Grown and Flown* (Crecen y vuelan) para dar apoyo a padres con síndrome del nido vacío.

Pertenencia ➡ Agencia

Peggy Battin era una estudiante de filosofía en el sur de California que nunca había estado muy comprometida con lo que llamaba «vida de marido, hijos y club campestre», así que cuando se le presentó una gran oportunidad laboral en Utah, dejó a sus hijos con su marido y fue a seguir su carrera.

Shirley Eggermont fue feliz siendo madre de siete hijos y una esposa devota durante cuarenta y un años, pero cuando su marido se fue con una mujer más joven para «buscar la felicidad», se dio cuenta de lo manipulada y controlada que había estado y se convirtió en una «persona diferente», más independiente y confiada.

ESTRELLAS

Encontrar una vocación o llamada es una gran fuente de bienestar y algo hacia lo que muchas personas dirigen sus vidas. Pero algunos individuos que construyen sus vidas alrededor de una causa terminan agotados por haber dado demasiado.

Causa ➡ Agencia

John Austin pasó veinte años dedicándose a la seguridad federal y, con el tiempo, se convirtió en agente especial de la DEA (administración para el control de drogas). Cuando un problema de salud lo asustó, también lo motivó a renunciar a la preciada seguridad laboral y abrir una firma de reducción de riesgos.

Ann Imig, quien creó un movimiento de eventos narrativos en vivo para madres de alcance nacional llamado *Listen to your Mother* (Escucha a tu madre), se agotó tanto por el trabajo no remunerado que se hizo a un lado para centrarse en la escritura.

Causa ➡ Pertenencia

Susan Pierce dedicó su vida a la educación superior y estaba iniciando su segunda década como presidenta de la Universidad de Puget Sound, cuando su marido sufrió dos ataques cardíacos en tres meses, lo que la llevó a rechazar las peticiones de que continuara en el trabajo y se mudó a Florida para cuidar de él.

Matt Wevandt era un joven activista político de Atlanta, el único estudiante blanco de su clase en la especialización en estudios afroamericanos de Emory, y presidente del partido democrático de Georgia, pero su esposa de espíritu libre se cansó de su vida estructurada, así que él renunció y se mudó a Costa Rica con ella.

El cambio de forma es una poderosa herramienta de creación de sentido que nos permite equilibrar nuestras vidas cuando, por la razón que sea, nos inclinamos demasiado hacia uno de los tres pilares del sentido. Esta clase de ajuste puede ocurrir de forma voluntaria o involuntaria, pero suele suceder en respuesta a un terremoto vital. Junto con la visión del terremoto vital como una muerte temporal y su uso como ocasión autobiográfica, el cambio de forma es una de las tres réplicas de las grandes disrupciones de la vida.

Pero por mucho que estas réplicas ayuden, aún son preliminares en comparación con la tarea de reconstruir la vida. Esa reconstrucción involucra un proceso de transición complejo y, con frecuencia, doloroso. A pesar de que el término es bien conocido, la comprensión de los mecanismos en los que opera la transición es vaga. Un motivo importante: no vivimos las transiciones del modo que la mayoría de las personas esperan que lo hagamos.

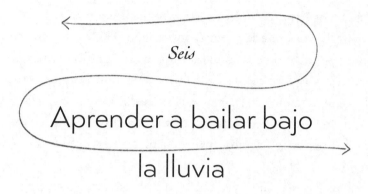

Seis

Aprender a bailar bajo la lluvia

Un nuevo modelo de transición

Volvamos por un segundo a la definición original de terremoto vital: una intensa fuerza de cambio que da paso a un período de alteración, transición y renovación. Hemos hablado acerca del primer elemento; lo que provoca la fuerza de cambio y lo que ocurre tras la alteración. Pero ¿qué hay de los últimos dos puntos, la transición y la renovación? ¿Cómo ocurren?

La respuesta corta: por decisión. La persona que vive la experiencia debe decidir convertir el cambio y la alteración en transición y renovación. La chispa inicial puede ser voluntaria o involuntaria, pero la transición *debe* ser voluntaria. Tienes que crear tu propio sentido.

Comencemos con un ejemplo.

«RODEARÉ TU CUELLO CON MIS DEDOS HASTA QUE DEJES DE RESPIRAR»

Fraidy Reiss era la penúltima de seis hijos de una familia judía ortodoxa de Brooklyn. Su padre cubano era «extremadamente violento y agresivo», según dijo, así que su madre se llevó a los niños para criarlos sola. Fraidy era valiente, pero no era hostil hacia la religión. Usaba calcetines hasta las rodillas debajo de su vestido sin forma.

—Era una tontería («¡Cuidado, mundo, Fraidy está usando calcetines por debajo de las rodillas!»), pero era significativo. Me gustaba cruzar los límites. —Como era niña, no tenía acceso a la televisión, la radio ni el periódico—. Asistía a una escuela de mujeres en donde nos enseñaban a cocinar y a coser. No sabía quiénes eran los Beatles y pensaba que las hamburguesas estaban hechas de jamón.

A los dieciséis años tuvo que firmar un documento en el que prometía no presentarse a los exámenes de nivel. A los dieciocho, entró al mercado matrimonial, pero con padres divorciados y pobres, no la consideraban una buena candidata. Comenzó a tener citas organizadas en las que los candidatos no podían estar a solas ni tener contacto físico.

—Te sientas frente al otro, pides Coca Cola y conversáis sobre cuántos hijos queréis tener. Luego volvéis a casa y tenéis que decidir si pasar el resto de vuestras vidas juntos.

Cuando su primer pretendiente confesó haber probado la marihuana, ella lo rechazó. Su segundo pretendiente fumaba sin parar y tenía decenas de multas por conducción temeraria. En dos de sus tres citas, el hombre se peleó a golpes con extraños en la acera. Como Fraidy había perdido su «única carta de rechazo», aceptó casarse con él. Seis semanas después, eran marido y mujer.

—No se suponía que tuvieras que enamorarte, pero yo me convencí de que era feliz.

Él amenazó con matarla en su noche de bodas. Y no lo dijo de pasada, sino que entró en detalles espeluznantes. «Rodearé tu cuello con mis dedos. Presionaré hasta que des tu último aliento y te miraré a los ojos mientras dejas de respirar». En otra ocasión, le relató gráficamente cómo usaría un cuchillo para desmembrarla.

—Rompía platos, muebles, ventanas y si íbamos en coche, aceleraba hasta ciento cincuenta kilómetros por hora y luego frenaba para que yo saliera volando. —También hacía que dejara la puerta del baño abierta para asegurarse de que no tuviera nada que esconder.

Fraidy no sabía qué hacer. Aunque nunca la había lastimado en realidad, las amenazas eran constantes. Habló con el padre de él, quien se ofendió al oír que su hijo podía tener algo malo. Habló con la madre, quien le dio la espalda y salió de la habitación. Pensó que mejoraría cuando se mudaran a Nueva Jersey y tuvieran hijos, pero se equivocó.

—Era una ama de casa y madre de veinte años, y odiaba mi vida. Odiaba cada minuto. No me hacía feliz ser madre ni cocinar y limpiar para este hombre que llegaba a casa y, en el mejor de los casos, no rompía una ventana. A veces cruzaba al parque de enfrente, me sentaba en un columpio y lloraba durante horas.

Cuando Fraidy tenía veintisiete años, casi una década en esa vida, una amiga le dio el nombre de un terapeuta fuera de la comunidad. Durante la primera entrevista, el terapeuta utilizó la expresión «violencia doméstica» y dijo que ella podía ser candidata para pedir una orden de alejamiento.

—Fue una experiencia asombrosa. Volví a casa y pensé: «Al menos no estoy loca».

Unos días después, estaba cuidando de su bebé recién nacido, cuando su marido llegó y abrió la puerta de una patada. Fraidy tomó al bebé, se subió al coche y condujo hasta la casa de una amiga. Él subió a su camión y la persiguió al grito de: «¡Voy a matarte!». La casa de su amiga estaba en una calle sin salida y cuando estacionó, su marido le bloqueó la salida.

—Fue el lugar más estúpido al que pude haber ido, pero tenía una salida. Llamé al 911. —Fraidy fue la primera persona en la historia de la comunidad judía ortodoxa de Lakewood, Nueva Jersey, en conseguir una orden de alejamiento. Su marido fue expulsado del hogar—. En cualquier otra comunidad podría haber significado la libertad. Pero en la mía, era un pecado. —Al día siguiente, el rabino envió a un abogado hombre a su casa y la llevaron frente a un juez para que retirara la denuncia. El abogado le advirtió que si no lo hacía, nunca volvería a ver a su hijo—. No tuve opción —dijo. Luego añadió—: Pero ese fue el principio del fin.

Fraidy se quedó con su marido durante los cinco años siguientes. Durante ese tiempo, guardó dinero en secreto dentro de una caja de cereales en la despensa. Él le daba dinero para una nueva peluca, ella lavaba la vieja y guardaba el dinero. Cuando llegó a reunir cuarenta mil dólares, se matriculó en la Universidad Rutgers. «No irás a la universidad», le advirtió su marido. «¿Qué harás exactamente para detenerme?», replicó ella.

La universidad no fue fácil con su historial. En el primer semestre, estudió la civilización griega y le impactó saber que había otros dioses. En poco tiempo, dejó de usar la peluca. Consternada por su descaro, su madre guardó Shiva por ella, el ritual judío para llorar a los muertos. Cuando su marido montaba escándalos, Fraidy se encerraba en la habitación con sus hijos. Un Sabbat, cuando él amenazó con entrar, ella fue con sus hijos al centro comercial a ver una película. Los vecinos estaban horrorizados. Cuando volvieron a la casa, su marido no estaba.

—Supe que esa era mi oportunidad, así que cambié las cerraduras. Cuando él regresó una semana después, le dije: «He saboreado la vida sin ti, y es dulce. No puedes volver».

Fraidy solicitó el divorcio. Se graduó de Rutgers con un promedio de excelente, y su clase la eligió para que diera el discurso de graduación. Consiguió trabajo como reportera en el Asbury Park Press (en su primer trabajo, tuvo que preguntar cómo escribir el nombre del artista más famoso de la ciudad, Springsteen). Compró su propia casa. Y, unos años después, fundó una organización que ayuda a las mujeres a escapar de matrimonios forzados. La llamó *Unchained at Last* (Libre de cadenas), por la que considera la forma de su vida: una cadena rota.

Fraidy claramente había vivido un gran trauma y una emocionante recuperación. Le pregunté si esos cambios habían sido voluntarios o involuntarios. Respondió:

—Comenzaron siendo involuntarios porque no tenía más opción que abandonar mi matrimonio. Mi vida estaba en peligro, las de mis hijos también. Pero todo lo que siguió fue voluntario: ir a la universidad, dejar la religión, convertirme en representante de otras mujeres. Tomé una situación involuntaria y la convertí en voluntaria.

«YA QUE FUE MI DECISIÓN, TENÍA QUE ACTUAR EN CONSECUENCIA»

Teniendo en cuenta lo extendida que está la idea de *transición* en la vida contemporánea, es sorprendente la poca cantidad de investigaciones académicas que se han hecho acerca de cómo funciona. La persona que más hizo para centrar la atención en esos momentos de la vida fue Arnold van Gennep. Nacido en Alemania, en 1873, de padres daneses que nunca se casaron, Van Gennep se mudó a Francia cuando tenía seis años. De su historia de cruce de culturas desarrolló su pasión por ese fenómeno. Aprendió a hablar dieciocho idiomas y fue pionero en estudios de egiptología, arameo, religiones primitivas y folclore. Su mayor contribución fue nombrar los episodios periódicos de transformación que marcan la vida de una persona, desde bodas hasta funerales o ceremonias de paso a la adultez. Los llamó «*les rites de passage*» o ritos de paso (aunque sus traductores sugirieron que sería más preciso tomar «*passage*» como «transición»).

Entonces, ¿qué es una transición exactamente? Van Gennep dijo que eran puentes que ayudaban a conectar los diferentes períodos de la vida. William Bridges, el consultor de negocios y autor del influyente récord de ventas *Transitions,* dijo que eran las reorientaciones y redefiniciones internas que una persona atravesaba para incorporar cambios a su vida.

Me gustan estas definiciones, pero les faltan ciertos ingredientes que fueron particularmente conmovedores en mis entrevistas. Por empezar, como trataré en la segunda parte de mi libro, es claro que las transiciones involucran períodos desafiantes de desconcierto y confusión, pero también períodos vibrantes de exploración y reconexión. Además, las descripciones clásicas pasan por alto la naturaleza inventiva de las transiciones, el modo en que las usamos para deshacernos de hábitos de los que nos hemos cansado y para crear nuevos de los que estemos orgullosos. Por último, las definiciones existentes no logran capturar cómo hacemos uso de estos momentos de la vida para reevaluar lo que nos da propósito, conexión y forma.

Mi definición: una transición es un período vital de ajuste, creatividad y renacimiento, que nos ayuda a encontrar sentido tras una gran disrupción.

Pero ¿cómo entramos en este estado misterioso? ¿Sucede de forma inevitable o tenemos que decidir de algún modo? Y, si es así, ¿cómo lo hacemos?

Pasé un tiempo investigando este asunto. En mis entrevistas, hice una serie de preguntas acerca de un cambio significativo que la persona hubiera pasado en su vida. La primera pregunta: «¿Fue una transición voluntaria o involuntaria?». La consistencia de las respuestas fue remarcable. Así hubieran escogido iniciar una disrupción o les hubieran ocurrido de forma involuntaria, veían que las transiciones habían sido su decisión. Tenía agencia sobre su reacción.

Kamran Pasha era un inmigrante pakistaní de clase media que llegó a Nueva York a los dos años. Creció siendo pobre, sin hogar, y marcado por la vergüenza después de que a su padre le diagnosticaran esquizofrenia. Kamran sobrevivió, en parte, por inventar historias de superhéroes que superaban las adversidades, una pasión que lo llevó a ser guionista. Pero no fue hasta que lo despidieron de su trabajo «estable» en un bufete de abogados de Los Ángeles porque estaba demasiado ocupado intentando llegar a Hollywood cuando por fin envió su primer guion a un agente. «La transición fue involuntaria, en el sentido de que fui arrojado al vacío. Pero, una vez que sucedió, me di cuenta de que tenía que dar el gran salto. Es como la maravillosa escena de *Indiana Jones, la última cruzada* en la que tiene que cruzar un cañón, pero no hay puente. Una vez que da un paso al vacío, descubre que había un puente que no podía ver».

Para algunas personas, el paso de una disrupción involuntaria a una transición voluntaria tarda meses. John Tirro era compositor de música campirana en Nasvhille y ya tenía una canción de éxito en su carrera, pero impactó y alteró a su familia al anunciar que había recibido una llamada del ministerio luterano. «No quería hacer ese cambio, pero Dios quería que tuviera una de esas grandes transiciones que necesitamos para tener salud. Al principio me resistí, pero eso te destruye. Al final supe que, dado que era mi elección, debía actuar en consecuencia. ¿Fue voluntario o involuntario? A fin de cuentas, diría que fue voluntario».

Para otros, el cambio lleva años. Chris Shannon era un desertor escolar e ingeniero del misil Titan II. Un día, salió de su base de la Fuerza Aérea en Arizona en su motocicleta, con su esposa detrás. En cuestión de minutos, los arrolló un conductor ebrio y a Chris se le rompió la espalda y el cuello, y perdió la pierna derecha. Lo declararon muerto clínicamente, dos veces. El conductor escapó de la escena, pero no llegó muy lejos porque el fémur de Chris estaba atascado en su radiador. Chris pasó dos amargos años lamentándose por su condición y cuidando de su esposa, cuyas heridas habían sido más leves, pero que estaba más traumatizada. Finalmente, decidió dejarla y seguir adelante. «Tardé todo ese tiempo en darme cuenta de que la mejor manera de hacer algo era tomar la decisión de abrazar la vida, despertar en un día lluvioso y amar el aroma en el aire».

Quizás la mejor descripción que escuché acerca de qué se siente al pasar por un período turbulento y tomar la decisión positiva de superarlo fue la de Deborah Fishman. Deborah creció siendo anoréxica y solitaria, en una familia judía secular de Connecticut. En Princeton, se hizo ortodoxa (aunque no tan devota como había sido Fraidy Reiss) y, después de la graduación, se casó. Al principio, Deborah abrazó el aspecto que proporcionaba sentido de estar en una comunidad cerrada; cocinar, criar niños, observar el Sabbat. La forma de su vida, una trenza, representa el tejido de una comunidad. Pero, con el tiempo, todas las restricciones comenzaron a fastidiarla, y quería pasar más tiempo construyendo la cooperativa de alimentos que fundó. Ella y su marido acordaron divorciarse. «Por un lado, creo que fui la responsable de los cambios. Estaba volviendo a la vida. Pero tenía que presionar el interruptor. No esperé a que las cosas se resolvieran; salí a resolverlas. La vida no trata de esperar a que pare la lluvia; trata de aprender a bailar bajo la lluvia».

POR QUÉ LAS TRANSICIONES SON NO LINEALES

Una vez que tomas la decisión de pasar por una transición, entras en una vorágine que suele parecer caótica y fuera de control. Pero mis conversaciones sugieren que existe un orden sorprendente en esos tiempos; y una considerable cantidad de cosas que se pueden hacer para que transcurran con más facilidad. Comencemos por la estructura general.

Van Gennep introdujo una estructura de las transiciones que pronto se convirtió en la visión por consenso. Su metáfora era de lugar: la persona que pasa por una transición deja un mundo, atraviesa una tierra intermedia y luego entra a un nuevo mundo. Lo comparó con entrar a una habitación, pasar por un pasillo y luego entrar a otra habitación. El cruce de umbrales es crítico, según dijo, es por eso que muchos ritos de paso incluyen puertas, portales y portones, y que muchos umbrales están poblados de dragones, ogros y troles. Sacralizamos lo que provoca miedo.

Profundizando en su analogía, Van Gennep dijo que las transiciones pueden dividirse en fases: *separación,* cuando abandonas las comodidades del viejo mundo; *marginación,* cuando te aíslas en la zona neutral; *incorporación,* cuando vuelves a la vida civilizada al entrar al nuevo espacio. Citó cantidad de ejemplos de ceremonias tradicionales de paso a la adultez (en las que los adolescentes son apartados de sus casas y enviados a la naturaleza), de matrimonios (en las que los prometidos son aislados de sus familias antes de ser recibidos nuevamente como una familia nueva) y de nacimientos (en las que las mujeres embarazadas son expulsadas de la comunidad, para luego ser reintegradas después de dar a luz).

El modelo de Van Gennep ha demostrado ser muy influyente y se reprodujo casi sin dudas durante más de un siglo. El antologista Victor

Turner reafirmó las tres fases en 1960 y a la central le dio el memorable nombre de «entre una cosa y la otra». Willian Bridges, un profesor inglés que no se apoyó en datos empíricos, utilizó la idea como base para su popular modelo de tres etapas. Las transiciones, según dijo, comienzan por *finales*, continúan con *la zona neutral* y concluyen con *el nuevo comienzo*.

Bridges también se hizo eco de Van Gennep en otro sentido crucial. Reflejando la influencia del modelo de vida no lineal de aquellos años, Bridges insistió en que *las tres etapas debían suceder en orden cronológico*. «Se necesitan las tres etapas, y en ese orden, para que la transición funcione», escribió. El final debe estar primero, la zona neutral segunda, el nuevo comienzo lo último.

Uno de los descubrimientos más claros del Proyecto Historia de vida es que el modelo lineal de las transiciones es erróneo. Lo que es peor, es peligroso para quienes creen que se espera que atravieses una variedad de emociones en un orden preestablecido, en un tiempo preestablecido.

En términos simples, no existe una sola manera de atravesar una transición.

Para ser justo, la estructura tripartita ayuda. Existen pasos emocionales absolutamente diferentes involucrados en una transición que se corresponden con dejar el pasado atrás, avanzar dando tumbos hacia una nueva identidad y recibir al nuevo ser. Los nombres que les di a estas tres fases fueron: *el largo adiós, el desordenado intermedio* y *el nuevo comienzo*. Pero la realidad que se hizo fuerte y clara en mis conversaciones es que estos pasos *no suceden en una línea recta*.

Al igual que la vida es no lineal, las transiciones tampoco lo son.

Al igual que las personas viven fuera del orden, experimentan las transiciones fuera del orden.

Mientras que algunas personas experimentan estas fases de forma secuencial, otras lo hacen a la inversa, otras comienzan por la mitad y encuentran la salida. Algunas terminan una etapa antes de pasar a la siguiente, otras pasan a una nueva fase, luego regresan a la que creyeron terminada. Muchas se quedan estancadas en una fase por mucho tiempo.

Una vez que te detienes a pensarlo, esta aproximación variada tiene sentido. Si pierdes a tu marido en un accidente de avión y vuelves a casarte unos años después, eso no significa que hayas terminado el duelo de tu primer marido. Si tienes una aventura, eso suele significar que estás comenzando una nueva relación antes de terminar la anterior. Si eres un padre divorciado que vuelve a casarse, puedes pensar que tendrás un nuevo comienzo, pero es probable que pases mucho tiempo en el desordenado intermedio mientras peleas con tu expareja por la custodia de los hijos, el dinero y las decisiones parentales.

El punto es: las etapas no suelen comenzar y terminar con claridad, y eso es normal. Las personas entran y salen de ellas en patrones bastante idiosincráticos.

Las tres etapas de las transiciones

¿Qué determina el orden que toman las personas?

Como regla general, descubrí que cada individuo es particularmente bueno en una de estas tres etapas y malo en otra. Se podría decir que cada uno tiene un *superpoder* para la transición y una *kriptonita* para la transición. Nuestra investigación sugiere que las personas tienden hacia la fase en la que son buenos y se quedan atascadas en las que son más débiles. Si eres bueno para decir adiós, es probable que lo resuelvas enseguida y que pases al nuevo desafío; pero si evitas el conflicto y no te agrada decepcionar a otros, puede que permanezcas en la situación tóxica mucho más tiempo del que deberías. Lo mismo se aplica para el desordenado intermedio. Algunas personas prosperan en el caos, otras se quedan paralizadas. En cuanto a los nuevos comienzos, algunos reciben las novedades, otros las temen porque les gustan las cosas como están.

El porcentaje de entrevistados al que le disgustaba cada fase me sorprendió. Les pregunté cuál de las tres etapas les resultaba más difícil, esperando que el desordenado intermedio fuera el dominante, pero estaba equivocado. El mayor porcentaje, cuarenta y siete por ciento, dijo que el medio era el más difícil, pero el treinta y nueve por ciento, no mucho menos, dijo que decir adiós era lo más difícil. Catorce por ciento mencionó los nuevos comienzos.

Las tres etapas de las transiciones

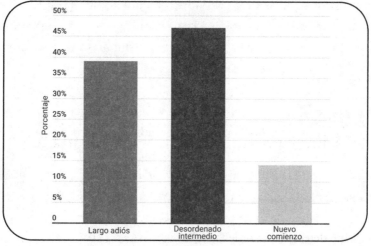

A primera vista, esta información es un recordatorio de que las tres etapas que implica atravesar un gran cambio de vida son difíciles. No eres el único al que todo el proceso le resulta abrumador. Pero en un nivel más profundo, nuestros descubrimientos señalan el hecho de que decir adiós sigue siendo muy difícil para la mayoría y que lo que sigue es aún más difícil. Si hay una noticia alentadora es que, en comparación, comenzar de nuevo nos resulta relativamente fácil a la mayoría.

Veremos cómo operan en la vida real estos superpoderes y kriptonitas.

«AL MENOS SÉ QUE ESTARÁ A SALVO EN LOS BRAZOS DE DIOS»

Para cuatro de cada diez personas en mi estudio decir adiós era lo más difícil. Los psicólogos han identificado muchos factores por los que podría ser así, desde *aversión a la pérdida* hasta la *paradoja de la elección*. Encontramos ciertos elementos en común en nuestro grupo.

Algunos individuos cargan con pesos emocionales del pasado. Gina Bianchini, quien perdió a su padre cuando tenía doce años y el trabajo como directora de la red social Ning a los treinta y seis, dijo: «Soy la peor para las rupturas. Tardé como dos años en superar cada ruptura con cada novio que fue importante en mi vida. No necesitas un título de psicólogo para saber por qué. Nunca estuve triste por mi padre. Nunca terminé de procesarlo».

Otros tienen ansiedad por lo que está por venir. Lisa Ludovici sintió la necesidad de dejar su trabajo en ventas en Internet durante años antes de hacerlo realidad. «Ah, el largo adiós es realmente largo para mí. Estaba aterrada. "¿Qué pensarán de mí? ¿Cómo voy a comer? ¿Qué pasará cuando me llame mi madre porque necesita ochocientos dólares para el alquiler?". Siempre fui esa clase de persona. Temía decepcionar a los demás, hacer algo por mí misma. Nunca me puse en primer lugar, jamás, hasta que renuncié y dije: "Voy a vivir mi vida"».

Algunas personas están devastadas por lo que han perdido. Nisha Zenoff fue a terapia de grupo tras la muerte de su hijo adolescente. Un día, frustrado por la incapacidad de Nisha de seguir adelante, su terapeuta le lanzó una almohada. «Ten, dile adiós a tu hijo», le dijo. «Yo lo miré y dije… Bueno, no diré qué, pero no fue amable. Y continué: "No le diga a un padre que se despida de su hijo o hija. Eso es absolutamente inapropiado. Nunca diré adiós. Siempre diré hola"». Yo sabía lo que la investigación había demostrado. Algunas veces, conservar lazos con lo perdido nos ayuda a seguir con la vida.

A otros les resulta demasiado triste decirle adiós a un tiempo de sus vidas que atesoraron. Evan Walker-Wells fue un alumno modelo de una escuela de élite en Brooklyn, se trasladó para ser voluntario en la campaña electoral de Obama y luego se matriculó en Yale. En mitad de su primer año, los médicos detectaron que tenía una masa del tamaño de un pomelo en el pecho; era un linfoma no-Hodgkin en etapa cuatro. Regresó a casa para someterse a seis meses de quimioterapia. «Unos trece meses después del tratamiento, comencé a tener una sensación extraña en el pecho. Resultó que no era nada, pero entonces caí en la cuenta de algo: "Dios, nunca voy a escapar de esta mierda, ¿verdad?". Tuve que decirle adiós a la idea de que soy invulnerable, de que puedo hacer lo que quiera. Tuve que aceptar que siempre lucharé con un sistema de sanidad al que mis amigos no tendrán que recurrir hasta que tengan sesenta o setenta años. Y odiaba eso».

Mientras que para algunas personas decir adiós es su kriptonita, para otras es su superpoder. Amber Alexander se acostumbró tanto a enterrar a familiares y amigos en una serie de pérdidas cuando tenía veinte años, que, para cuando a su hijo le diagnosticaron un tumor cerebral unos años después, no se lamentó por lo que había perdido. «Cuando diagnosticaron a Eli, me di cuenta de que no tenemos el control sobre nada, algo que es bastante duro para una adicta al control. Pero yo ya estaba acostumbrada. Como dijo alguien más listo que yo: "Al final del día, lo que creo es que Eli es un hijo de Dios". Amo ser su madre terrenal, pero si pasa a otra vida, al menos sé que estará a salvo en los brazos de Dios».

Nina Collins siempre fue precoz. Nacida en Nueva York de padres hippies de distinta raza, consiguió su primer trabajo a los trece años, se graduó en la escuela a los dieciséis, se mudó a Europa a los dieciocho, y volvió a los diecinueve para cuidar de su hermano menor cuando su madre murió de cáncer. Luego tuvo múltiples carreras, múltiples matrimonios y múltiples hogares. «Soy muy decidida a la hora de decir adiós. Recuerdo que cuando mi madre murió, pensé: "De acuerdo, esto está pasando, ahora tengo que actuar". Lo mismo sucede con las mudanzas o al abrir o cerrar un negocio. Lo hago todo el tiempo y en verdad lo disfruto. Una vez, mi terapeuta me dijo que soy demasiado desapegada. Creo que se debe a que mi madre murió joven y a que tengo una fuerte sensación de lo corta que es la vida, así que quiero nuevas experiencias».

«LO PRIMERO QUE HICE FUE SOLTAR UNA PALABROTA»

El desordenado intermedio es problemático para muchos, aunque todos parecen encontrar un aspecto diferente de desorden.

Para algunos, la parte más difícil es encontrarte en una situación que temes no estar preparado para afrontar. Jenny Wynn, nativa de la zona rural de Oklahoma, sobrevivió a dos experiencias cercanas a la muerte. Una cuando tenía seis años y tuvo un paro respiratorio por el asma. Otra cuando tenía veinte y, junto con cuatro familiares, comieron ancas de ranas envenenadas que atraparon mientras pescaban bagres (los médicos estaban tan preocupados que reunieron a la familia y les dijeron que se despidieran). Jenny se convirtió en ministra adjunta de una iglesia en la ciudad de Oklahoma, pero cuando su jefe murió, de pronto se vio frente a una avalancha de desafíos juntos, entre ellos el de si debía aspirar a conseguir el trabajo de él. «Lo primero que hice fue soltar una palabrota. Luego le dije a la congregación que no podía liderarla en ese momento porque estaba de duelo. Pero ellos me necesitaban, así que me encontré pasando de ser adjunta a ser ministra; y la primera mujer. Todo el proceso me llevó dos años. Justo antes de aceptar el trabajo, estaba aterrada, así que me tomé dos meses libres. Necesitaba tiempo para hacer la transición de mi pensamiento y para que la congregación hiciera la transición de lo que pensaban de mí».

Para otros, el desordenado intermedio está lleno de cambios emocionales arriesgados. Kirsty Spraggon creció en el interior de Australia Occidental, donde se burlaban de ella porque era delgada. Ambiciosa y ansiosa por escapar, se convirtió en agente de bienes raíces, se mudó a Sídney, y ascendió hasta convertirse en una de las cien mejores agentes de RE/MAX del mundo. Pero todo ese tiempo escondía un secreto vergonzoso: había contraído una infección de transmisión sexual a los diecinueve años que afectaba a su confianza, la desalentaba a la hora de acercarse a los hombres y la había llevado a tener una serie de relaciones poco sanas. Entonces renunció, se mudó a Los Ángeles para iniciar una carrera en comunicación corporativa y por fin se enfrentó a su pasado. «Debes atravesar esa noche oscura del alma. Cuando me mudé a Estados Unidos, no tenía amigos ni consejeros. No puedes levantar el teléfono y decir: "Oprah, ¿puedes aconsejarme?". ¿Y qué sucedería si AT&T o Pfizer lo descubrían? Es decir, la crisálida es importante para el nacimiento de una mariposa, pero no es divertida para la oruga».

Pero una cantidad alarmante de personas me dijeron que prosperaban en el desordenado intermedio. Rosemary Daniell, una poeta pelirroja de Atlanta, a quien conocimos brevemente en el capítulo dos, era hija de un padre alcohólico y una madre que cometió suicidio. Contrajo matrimonio a los dieciséis años, decidió divorciarse de sus dos primeros maridos, pero el tercero, un intelectual izquierdista de Nueva York, decidió divorciarse de ella. Estaba tan devastada que reaccionó saliendo solo con hombres masculinos (policías, vaqueros, camioneros), trabajando en una plataforma petrolífera y escribiendo un acalorado relato revelador llamado *Sleeping with Soldiers* (Durmiendo con soldados).

Cuando le pregunté a Rosmary por su período de confusión en busca del hombre equivocado (al final se casó con el ganador de la búsqueda, un paracaidista del ejército, y llevan tres décadas juntos), me miró con desdén y desconcierto. «Tú lo llamas período de confusión, yo lo llamo vacaciones de la vida. ¡Y me encantaron!», afirmó ella antes de soltar una carcajada y continuar. «Lo veo como un período de diversión, de nuevas experiencias, de creatividad y de conocer a toda clase de personas que nunca había encontrado. En mi libro hay un párrafo acerca del sueño que tuve en ese tiempo. Trataba de cómo el sexo con todos esos hombres diferentes era bueno para mí. Es decir, hubo algunos momentos de temor en los que creí que podía ser víctima de una violación, pero, en líneas generales, diría que fue excitante. Por primera vez sentí que era independiente y que no tenía que seguir las reglas con las que había crecido».

Para Rob Adams el desordenado intermedio también fue emocionante. Nació en una familia americana modelo de Cincinnati, vivió en Ciudad de México y en Ginebra durante períodos breves de tiempo cuando era niño, luego fue a Dartmouth y a Kellog, escuela de negocios de la Universidad Northwestern. Tuvo una serie de empleos lucrativos en consultoría en Chicago, luego volvió a Nueva Inglaterra con su esposa e hijos para convertirse en presidente de la empresa familiar de cristalería Simon Pearce. Comenzó a trabajar diez días antes de la Gran Recesión. Las ventas bajaron un tercio durante el primer mes. Tras una extensa negociación, le pidieron que dejara el cargo. «Decir adiós fue difícil. Me encantaban las personas, la enseñanza, el entrenamiento. El proceso de separación debió haberse extendido más de lo necesario, pero, una vez que terminó, disfruté del desordenado intermedio. Me encantó el análisis, la investigación, tener que pensar. Hablé con cuarenta personas diferentes acerca de lo que debía hacer a continuación. Soy consultor, solucionar problemas es mi especialidad».

Él y su esposa decidieron mudarse a África durante unos años, en donde él dirigió una organización sin fines de lucro, y la pareja adoptó a un tercer hijo. El desorden lo llevó a revivir una parte de su infancia que atesoraba y a mostrar a sus hijos otra parte del mundo.

«ME ALEGRABA ESTAR SOBRIA, PERO ¿QUÉ DEMONIOS IBA A HACER DESPUÉS?»

Tras la maratón del largo adiós y del desordenado intermedio, se podría pensar que el nuevo comienzo será un alivio bien recibido. Pero para una de cada seis esta es la etapa más difícil.

Peggy Fletcher Stack era reportera para el *Salt Lake Tribute* («Nada mal considerando que mi madre me dijo que era la segunda más tonta de la familia»), y se casó con Mike, el «hombre muy apuesto de cabello rizado» al que contrató en su primer trabajo. Tenían dos hijos menores de dos años y eran «felices, felices, felices».

Luego, Peggy se quedó embarazada de mellizas, una de las cuales, Camille, tenía un problema cardíaco y no esperaban que viviera más de una semana. Mike renunció al trabajo y, durante dos años, vivió entre catéteres, exámenes médicos y plegarias, hasta que una mañana, Camille dejó de respirar.

—Escuché una vocecita en mi cabeza que decía: «Madre, ¿tengo que ser un superbebé? Por favor, déjame ir, por favor, por favor». Mike soltó un grito, como un animal herido, y yo me quedé impactada. Fue horrible, agónico, pero también un poco pacífico. Apagamos el oxígeno y nos sentamos allí a ver salir el sol. —Esos debieron ser los puntos bajos de sus vidas, ¿cierto?—. Básicamente, aún vemos esos años como los más felices de nuestro matrimonio, algo extraño ya que también fueron los más difíciles. No tuvimos ni una noche de sueño completa; no salimos de vacaciones; yo no tuve días de enfermedad. Lo que sucedió fue que surgieron nuestras mejores versiones. Éramos los mejores compañeros en el matrimonio. Los mejores como padres. No éramos gruñones, irritables, no gritábamos ni discutíamos. —Pero, cuando el intermedio terminó, estaban perdidos—. Teníamos que descubrir: «¿Ahora qué clase de personas queremos ser?». Habíamos salido de un lugar y un tiempo sagrados. Solo somos otra pareja con tres hijos. Somos críticos, discutimos y tenemos deudas de sesenta mil dólares sin pagar. Seguimos juntos, pero procesamos las emociones de formas muy distintas. ¿Ahora qué?

Janelle Hanchett también encontró sentido en el caos y el vacío y se encontró algo perdida cuando terminó. Janelle creció en el centro de California, hija de un padre alcohólico ausente y una madre mormona que vendía cuchillos y piezas de arte. Janelle era la «Señorita Responsable» hasta que comenzó a beber y a consumir cocaína, ácido y setas en la universidad. Se quedó embarazada a los veintiuno, se casó con el padre de diecinueve años de su bebé, cayó en depresión y, luego, tuvo otro hijo.

—A los veintiocho años estaba desempleada, era adicta a la cocaína, consumía siete medicamentos psicotrópicos diferentes y padecía esquizofrenia. —Su madre se llevó a los niños, su marido la dejó y ella pasó un tiempo en una institución mental—. Finalmente, una mañana de domingo, dos semanas antes de mi treinta cumpleaños, giré en la cama tras tres días de borrachera y supe que ya no quería ser esclava del alcohol. Quería vivir como una persona libre.

Fue a Alcohólicos Anónimos esa tarde. Un año después, volvió a vivir con su madre y sus hijos. Se reunió con su marido, compraron una casa y volvieron a ser una familia. Pero, por más desordenado que hubiera sido ese período, tenía una estructura; los doce pasos, el objetivo de estar todo un día sobria, una semana, un mes. Como en el caso de Peggy, para quienes nos hemos enfrentado a momentos de vida o muerte, existió una extraña seguridad en ese tiempo. Había un propósito, un sentido.

Y luego, de pronto, ya no hay nada.

—El nuevo comienzo fue, de lejos, lo más difícil para mí —afirmó Janelle—. Me alegraba estar sobria, pero ¿qué demonios iba a hacer después? Tuve otro hijo por ese entonces. La maternidad me aburría muchísimo, no me llenaba y la monotonía y el ritmo soso de cada día me cansaban. Y ya no tenía alcohol, así que no me quedaba más opción que resolver mi vida estando sobria, y eso fue duro.

Las transiciones no son simples ni parejas. No son directas ni rectas. No son predecibles.

LAS TRANSICIONES LLEVAN MÁS TIEMPO DEL QUE CREES

Y una sorpresa más: llevan más tiempo de lo que crees.

A mi pregunta sobre qué había sido lo más difícil le siguió cuánto tiempo había durado la transición. Las respuestas fueron consistentes, pero no las que esperaba. Algunas personas estaban en los límites. Por ejemplo, ocho por ciento dijo que habían tardado un año; nueve por ciento dijo que aún continuaban en la transición. Una de cada cinco dijo que la transición les había llevado entre dos y tres años. Una cantidad similar dijeron entre seis y ocho años. Pero la respuesta más frecuente, la respuesta promedio, fue entre cuatro y cinco años.

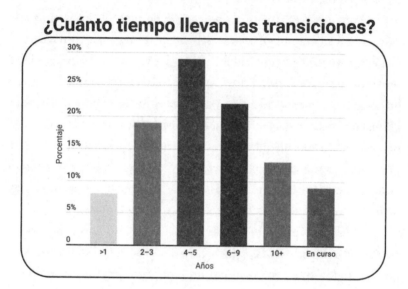

¿Cuánto tiempo llevan las transiciones?

Debo decir que esta información es algo difusa. Algunas veces, para la persona con la que hablaba no habían pasado cinco años de la disrupción original. En cuanto a las que dijeron «en curso», algunas lo hicieron porque creían que «la vida es una larga transición», otras porque aún no habían llegado al final.

Pero el mayor mensaje de este intercambio fue innegable.

El período que tarda una transición es de alrededor de cinco años.

Mi reacción inicial fue: «¡Vaya, es intimidante!». No quisiera ser quien le diga a un ser querido que ha pasado por un cambio de vida: «No te preocupes, lo superarás en media década». Pero, por reflejo, comencé a ver un mensaje diferente en las cifras.

Primero, la falta de discusión general sobre las transiciones nos ha dejado a muchos desprovistos para superarlas. El hecho sencillo es que *tres cuartos* de los cientos de personas con las que hablé dijeron que sus transiciones duraron cuatro años o más. Y muchos mencionaron la cifra en tono de disculpa, como si fueran casos particulares. Pero la verdad es todo lo contrario. Además, cuando supieron que tenían compañía, se sintieron aliviados. Para mí, el asunto no es lo extensas que sean las transiciones, sino cuánto esperamos que duren. Tenemos el peso de adaptar nuestras expectativas.

Segundo, pasamos un gran porcentaje de nuestras vidas en transición. Si consideramos que atravesamos entre tres y cinco terremotos vitales en nuestras vidas adultas, y que cada uno dura cuatro, cinco, seis años o más, eso suma que pasamos treinta años o más en estado de cambio. ¡Es media vida! Este puede ser el mejor argumento para mi afirmación de que debemos sacar el mayor provecho de las transiciones. Si ves las transiciones como momentos de resistencia y resentimiento, estás desperdiciando más años de los que crees. Es preferible sacar lo mejor de esos momentos antes que dejar que saquen lo peor de ti.

Eso da pie a mi lección final. El poeta Robert Graves una vez escribió sobre la vida en las trincheras de la Segunda Guerra Mundial que «el ruido no se detenía ni por un momento, jamás». Eso es lo que se siente al atravesar un gran cambio personal. La vida se vuelve ruidosa, cacofónica, confusa, frustrante; y no se detiene.

La transición es lo que ayuda a acallar el ruido. Es el proceso lento, no lineal y esforzado de convertir el ruido de nuevo en música. Lisa Porter, la profesora de teatro que dio a luz a Daisy, una hija con necesidades especiales, hizo una hermosa analogía entre las transiciones vitales y las teatrales. Son como el mortero entre los bloques de construcción, dijo. «Los bloques son las unidades constructivas de un espectáculo o de la vida; el mortero es lo que los mantiene unidos. Si el mortero no funciona, la construcción se desmorona».

Una transición es un adhesivo y un remedio. Toma algo que está roto y comienza a repararlo. Toma algo que se sacude y ayuda a estabilizarlo. Toma algo amorfo y comienza a darle forma. El proceso, por más intimidante que parezca, puede ser descompuesto en una serie de

herramientas que ayudan a que la transición sea más fácil de sobrellevar y que sea más probable que tenga éxito. La segunda mitad de este
libro explora en detalle esas herramientas y cómo usarlas del modo
más efectivo.

II

REFORMAR
TU VIDA

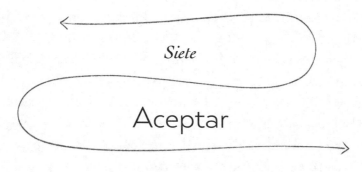

Aceptar

Identificar las emociones

L a icónica expresión «en el comienzo», de la traducción de King James del Génesis 1:1, es una de las frases más reconocidas que se han traducido. Pero hay otra frase en el Génesis 1:2 que recibe mucha menos atención, que puede que sea aún más relevante para las disrupciones periódicas de la vida no lineal. La expresión es «*tohu va-vohu*», que describe el vacío sin forma (el desorden y el vacío) que cubría el mundo antes de la creación. La Biblia hebrea no está sola en esa idea. Religiones desde Mesopotamia hasta África o China describen un estado de desbarajuste en el mundo antes de que hubiera orden.

Mucho antes de que hubiera caos en la ciencia, había caos en la religión.

Y todas esas religiones también comparten otra idea. En varios momentos de nuestras vidas, volvemos a ese caos, volvemos a un estado de desorden y confusión. Y lo hacemos *para volver a crearnos a nosotros mismos*. Como escribió el gran historiador de la religión Mircea Eliade: «El retorno simbólico hacia el caos es indispensable para cualquier nueva creación».

Un terremoto vital representa ese período de caos.

Una transición vital representa el camino hacia adelante.

El peso de todas mis conversaciones en el Proyecto Historia de vida (de las doscientos veinticinco) se centró en cómo experimentaban los entrevistados las transiciones. Como llegué a descubrir, el principal efecto secundario de la vida no lineal es que las transiciones se están volviendo más abundantes. Pasamos la mitad de nuestras vidas en un estado intermedio.

Pero también descubrí algo más: las transiciones vitales son una habilidad. Para ser más específico, son una habilidad que podemos y debemos dominar. Investigaciones sobre diferentes aspectos, desde hábitos hasta la felicidad, han visto que si se descompone un proceso familiar en las partes que lo componen, se puede poner el foco en esos componentes para conseguir un mejor resultado. Comprender cada componente es el principio para hacerlo mejor.

Lo mismo se aplica a las transiciones.

Entonces, ¿cuáles son esos elementos? En mis conversaciones, comenzaron a aparecer indicios fascinantes. Una mujer que había abandonado una orden religiosa estricta me dijo que un extraño en un Shake Shack le dio un consejo que cambió su vida; una exalcohólica me dijo que un extraño en una cafetería le dio trabajo cuando nadie más lo hacía. Una superviviente de cáncer describió que hacerse un tatuaje fue una marca del fin de su tratamiento; un hombre divorciado dijo que ir a una cabaña de sudor marcó el fin de su matrimonio. Decenas de personas me dijeron que en el punto más bajo de sus transiciones comenzaron a cantar, a tejer, a bailar o a cocinar. Recurrieron a la creatividad para ayudar a renovarse.

Por último, descubrí que hay siete grupos de herramientas que ayudan a atravesar las transiciones. Juntas, forman la caja de herramientas de las transiciones. Prefiero caja de herramientas antes que *mapa, plano* u otro ejemplo porque no hay un solo camino para superar una transición. Las siete herramientas son:

- Aceptar: identificar las emociones
- Marcar: ritualizar el cambio
- Mudar: renunciar a antiguas actitudes
- Crear: probar cosas nuevas
- Compartir: buscar la sabiduría en los otros

- Presentar: descubrir el nuevo ser
- Contar: narrar una nueva historia

Algunas observaciones antes de adentrarnos en este proceso.

Primero, la mayoría de las personas utilizan algunas de estas herramientas, ya sea por instinto o porque han trabajado en ellas; nadie las usa todas. Todos tienen espacio para crecer.

Segundo, las herramientas rara vez son utilizadas en secuencia. Las primeras dos (identificar las emociones y ritualizar el cambio) se asocian mucho con el largo adiós. Las dos siguientes (renunciar a antiguas actitudes y probar cosas nuevas) suelen ocurrir en el desordenado intermedio. Las dos últimas (presentar al nuevo ser y narrar una nueva historia) en general ocurren durante el nuevo comienzo. La quinta herramienta (buscar la sabiduría en los otros) tiende a fluctuar. De todas formas, esta secuencia tampoco es rígida. Como cualquier otro aspecto de la vida no lineal, la caja de herramientas de la transición es utilizada fuera del orden.

Por último, solo tú puedes decidir en qué herramientas necesitas trabajar más. En los capítulos siguientes, las exploraremos de una en una, pero teniendo en mente que no existe una única fórmula. Mi objetivo no es persuadir a nadie para que haga una cosa u otra, sino compartir la forma en que otras personas en situaciones similares han superado sus tiempos difíciles. Luego dejar que encuentres el camino que más te ayude a ti o a tus seres queridos. Casi puedo garantizar que, al final, encontrarás algunas ideas que facilitarán tus transiciones.

Ahora, comencemos. Para hacer las cosas más simples, comenzaré por la primera herramienta, *aceptar*.

«HABÍA ESTADO CAYENDO POR UN RISCO Y ENTONCES, POR PRIMERA VEZ, ME DETUVE»

Charles Gosset nació en la ciudad de Oklahoma en una familia muy unida, que también estaba marcada por el enfado, la rabia y lo que él llamó «ismos», incluido el alcoholismo.

—Me encantaba la escuela —dijo—. Me encantaba aprender. Mis calificaciones en los exámenes de nivel siempre estaban entre el mejor uno por ciento. —Pero también se sentía desconectado del mundo—. Recuerdo sentir desde los cinco años que algo iba mal. Había algo malo en mí o en el mundo.

Cuando llegó a la adolescencia, Charles se volvió depresivo y agresivo. Recurrió a psiquiatras y a plegarias, pero fue en vano. Luego comenzó a involucrarse en pandillas.

—Más que nada, tenía dificultades para encontrar un lugar. Luego descubrí el alcohol a los quince y las nubes se abrieron. Todo era posible. Podía olvidarme de mí mismo con una botella y creía que esa era la respuesta.

Pasó por varias relaciones y, a los diecinueve años, en la Universidad de Oklahoma, consumió un frasco de píldoras en un intento de acabar con su vida. Justo antes de morir, fue al dormitorio de una compañera que le gustaba. Ella pidió ayuda. Varios años después, se casaron. Christy se convirtió en maestra de música de educación primaria; Charles se convirtió en guardia forestal de la ciudad. Tuvieron dos hijas.

Pero Charles no dejó de beber. Tomaba un vaso de whiskey cada tarde antes de volver a casa después del trabajo. Intentó muchos métodos para permanecer sobrio, pero nunca duraron más de una semana o dos. Al final, Christy cogió a los niños y se marchó. En esa ocasión, él ingresó en una institución.

—Mientras estaba allí, apareció una palabra en la pantalla en una de mis sesiones. La palabra era «aceptación». La había escuchado muchas veces antes en reuniones, pero en ese momento pensé en ella de verdad. Había estado cayendo por un risco y entonces, por primera vez, me detuve. En ese momento tuve que aceptar que mi vida se había vuelto inmanejable. Que era un alcohólico y que, hete aquí, un alcohólico no puede beber de forma exitosa. El alcohol no era mi solución, era mi problema.

Charles completó el programa, pero Christy era escéptica, así que no le dejaba ver a sus hijos. «Con razón», según dijo. Vivía en una casa sobria, cortaba el césped, y había iniciado el doloroso proceso de descubrir su verdadero ser.

—Estaba buscando una conexión auténtica con la persona que era. Soy un poeta, un profeta, alguien que escucha la realidad. Quería servir. —Entonces hizo un cambio de forma clásica: de agencia a causa. Comenzó a trabajar como voluntario con jóvenes en riesgo, a aconsejar a personas en rehabilitación, a ayudar a que las escuelas reconocieran a posibles adictos. Se convirtió en un coach de vida certificado—. Estaba cansado de hacer trabajos que no quería hacer. Quería ser una influencia positiva para el mundo.

La forma de su vida, según dijo, es un bonsái: le gusta ayudar a las personas que se sienten pequeñas y dañadas a descubrir su belleza y orgullo interior.

En cuanto a la vida de su hogar, Christy por fin lo perdonó y lo recibió de nuevo en la familia. Charles se convirtió en un padre presente. Comenzó a participar en misiones de la iglesia. Cuando le pregunté por puntos altos de su vida, mencionó los nacimientos de sus hijas. El punto más bajo fue perderse el primer cumpleaños de su hija menor porque estaba en tratamiento. El punto de inflexión: cuando el consejero proyectó la palabra «aceptación» en la pantalla.

—Me encantaría poder explicar cómo me resistí a hacer este cambio durante tanto tiempo. Estaba en negación. Era un artista del escape, que siempre encontraba formas de huir de la responsabilidad. Pero, en ese momento, comencé a correr el telón de la resistencia. Comencé a aceptar que hay formas de superar mejor el dolor, la pérdida y la tristeza.

Para hacerlo, necesitó la estructura inherente de una transición: sentir el dolor de tocar fondo, aceptar la realidad de estar solo, agradecer la vuelta al hogar.

—Para mí, al menos, esa disrupción era necesaria porque, una vez que tuve ese momento de claridad, comencé a pensar: «Estoy mirando hacia arriba desde el final de la pendiente y quizás haya un punto de apoyo aquí por el que por fin pueda comenzar a subir».

EL MOMENTO MOISÉS

El hecho simple es: la mayoría de las personas se resisten a las transiciones. Negamos, evitamos, retrasamos, resentimos. Quizás sea porque nos gusta cómo eran las cosas o porque tememos cómo puedan llegar a ser; quizás sea que simplemente no nos gusta el cambio. Cualquiera que sea la razón, al enfrentarnos a un momento definitorio, lo rehuimos. Pienso en esa reacción como el momento Moisés porque en el Éxodo, cuando Dios se aparece frente a Moisés en el arbusto en llamas y lo cita a liberar a los israelitas, su reacción es decir: «¿Quién, yo?». Cuando le ofrecieron la posibilidad de hacer historia, Moisés dudó.

Él no fue el único que tuvo una reacción así. A muchas personas les resulta difícil aceptar lo que Jean-Paul Sartre llamó la «facticidad» de su situación. Cuando Beethoven supo que se quedaría sordo, se resistió con vigor. «Tomaré al destino por el cuello», le escribió a un confidente. «No me destruirá por completo». Como era de esperar, unos años después sucumbió a lo inevitable. «¡*Resignación*, qué recurso miserable! Pero es todo lo que me queda».

La escritora de literatura gastronómica M. F. K. Fisher llevaba años batallando con el párkinson, cuando se dio cuenta de que debía renunciar a la alegría de dormir desnuda porque ya no podía soportar la imagen de la «mujer parecida a un sapo, extraña, ordinaria y desagradable» que veía en el espejo cada mañana. Se derrumbó y compró varios pijamas. «No creo que sea una persona conformista, pero sí sé que hay ciertos hechos de la vida que hay que aceptar. Conozco a algunas mujeres que se resisten a envejecer y que son como zombis».

Pasar de la resistencia a la aceptación es la primera herramienta de una transición. ¿Cómo lo hacemos?

Los programas de doce pasos han resaltado que la clave es renunciar a cualquier ilusión de control; admitir que nos equivocamos, que somos débiles o estamos llenos de ideas tontas, para luego delegarle la autoridad a un poder superior. Muchas religiones plantean algo similar. No podemos entender todo lo que nos pasa, así que debemos aceptar los misterios de la divinidad. Esta visión es útil para muchas personas.

Pero mis conversaciones apuntan a otra visión que resulta más reafirmante para muchos. En lugar de mirar hacia un poder superior, miran hacia dentro. Aunque no sean los causantes de la situación en la que se encuentran, asumen la carga de mejorarla. Se vuelven agentes de su propia transición.

En un giro inesperado, muchas personas mencionaron cómo este acto de agencia implicó reconocer que sus cuerpos comprendían que se acercaba un cambio antes que sus mentes. Charles Gosset supo que algo andaba mal en su vida mucho antes de comenzar a beber, y supo que algo estaba mal en la bebida mucho antes de poder dejarla. Naomi Clark percibió que algo en su cuerpo estaba fuera de lugar muchos años antes de escuchar el concepto de transgénero. Nisha Zenoff se sentía mal y comenzó a sentir náuseas en el almuerzo; luego supo que era la hora exacta en la que su hijo se había caído de una montaña en Yosemite.

La Premio Nobel Pearl Buck describe un proceso similar en sus memorias sobre la muerte de su marido. «Años atrás, aprendí la técnica de la aceptación. El primer paso es rendirse a la situación. Es un proceso del espíritu, pero comienza por el cuerpo». Los psicólogos lo llaman «teoría James-Lange», en honor a William James y a Car Lange, quienes llegaron a ella de forma independiente en la década de 1880. Descubrieron que en cuestión de emociones, el cuerpo actúa antes de que la mente llegue a identificar qué está pasando. James llegó a esa conclusión mientras caminaba por Alaska. Su momento revelador: «Estoy huyendo de este oso, por lo tanto, debo tener miedo».

Recientemente, esta mentalidad del cuerpo primero ha ganado espacio ya que los científicos han podido demostrar que el cuerpo se convierte en vehículo para registrar las crisis y en punto inicial para superarlas. Varias personas de las que entrevisté dijeron haber sentido que estaban pasando por un gran cambio incluso antes de haberlo puesto en palabras. Tuvieron una *corazonada*; escucharon una *voz interior*; sintieron algo en su *fuero interno*. «De algún modo, lo supe». El neurocientífico Antonio Damasio dijo que estas sensaciones son nuestro despertar a un problema «que el cuerpo ya comenzó a resolver». Es posible que hayamos iniciado la transición antes de que nuestra mente lo sepa.

Aquí algunas formas en las que las personas superaron su resistencia y aceptaron su nueva realidad:

Para algunos, el cambio fue instantáneo. David Figura, un escritor sobre deportes de Siracusa, era tan infeliz en su matrimonio que se encontraba a punto de llegar a un hotel para encontrarse con un amor del pasado, pero se dio cuenta de que iba a destruir su vida. «Comencé a pensar: "¿Qué voy a decirles a mis hijos cuando llegue a casa?". Entonces me dije que no podía hacer eso, di la vuelta y conduje a casa». A Lisa Rae Rosenberg, quien tenía problemas de adicciones, la enfrentó su patrocinador y le dijo: «Mira tus pies. Ve dónde estás y comienza desde ahí». «Hubo algo en la especificidad del lenguaje que surtió efecto», afirmó ella. «Esos son mis pies, estos son los zapatos que tengo puestos, este es el suelo que estoy pisando». No consumió drogas desde entonces.

Para otros, la aceptación llega en la forma de un cálculo mental. Cuando supe que tenía un tumor maligno en el fémur izquierdo, enseguida hice un cálculo, en parte para tranquilizarme a mí mismo: perderé una pierna, un año o una vida. Karen Peterson-Matchinga, modelo y física de California, hizo lo mismo cuando la llamaron para informarle de que su marido, director de arte, se había caído de una escalera durante una filmación. «¿Está vivo?», le preguntó al productor, que respondió que sí. «¿Puede mover los dedos de los pies? Sí. ¿Puede mover los de las manos? Sí. Bien, puedo con esto».

Los psicólogos lo llaman «visualización negativa», en la que imaginas situaciones peores para ayudarte a aceptar la terrible situación en la que te encuentras. En *Opción B*, Sheryl Sandberg relata que, tras la muerte repentina de su marido, Dave Goldberg, su amigo Adam Grant le preguntó qué podría haber empeorado la situación. «¿Peor? ¿Estás bromeando? ¿Cómo podría ser peor?», replicó ella. «Tus hijos podrían haber heredado la arritmia cardíaca de Dave». Sandberg dijo que la respuesta la ayudó a tener otra perspectiva.

Loretta Parham, a quien conocimos en el capítulo 2, me dijo que cuando su hija Leah murió en un accidente de tráfico apenas unos minutos después de haber salido de su casa en Atlanta (la hija mayor de Leah también estaba en el coche, salió herida, pero sobrevivió), le resultó difícil aceptar lo que la policía le estaba diciendo. «Les dije: "No, no, no. ¡Mi Leah no!"». Loretta insistió en ir a la morgue. «Dos cosas de esa visita me ayudaron. Primero, que la hija menor de Leah no estuviera en el coche. Segundo, que Leah no estuviera en un hospital muriendo sola. Falleció de inmediato y eso me dio mucha paz».

Incluso a las personas que tienen cambios positivos a veces les resulta difícil aceptarlos. Cuando Carl Bass supo que le pedirían que se convirtiera en director ejecutivo de Autodesk, se escondió en el baño durante cinco días. «Pensé: "Esto no es para mí. No quiero hacerlo. No tengo la capacidad para hacerlo"». A Carol Berz, abogada en Chattanooga, Tennessee, la presionaron para que se presentara como concejala de la ciudad; cuando ganó, se sintió avergonzada. «Como muchas mujeres, sufro del síndrome del impostor», dijo. ¿Cómo lo superó? Su respuesta fue la misma que la de Carl Bass: «Espero no superarlo nunca. Me llevó a trabajar más duro y a aprender más que cualquiera».

La aceptación es difícil precisamente porque implica trazar una línea que no solemos querer trazar y entrar en una realidad en la que no solemos querer entrar. Pero también es difícil por otra razón: nunca ocurre aislada. Es parte de una secuencia de emociones más extensa que nos deja la sensación de sentirnos inertes cuando pasamos por tiempos de cambio.

LO ÚNICO QUE TENEMOS QUE TEMER

Les pregunté a todos mis entrevistados: «¿Cuál fue la emoción más fuerte que sentiste durante tu transición?». Las respuestas cubrieron un amplio espectro. Con un veintisiete por ciento, el miedo fue la reacción más popular, seguido por la tristeza, con un diecinueve por ciento, y por vergüenza con un quince por ciento. Otras emociones de la lista fueron culpa, enfado y soledad.

Luego pregunté cómo llevaron o superaron esas emociones.

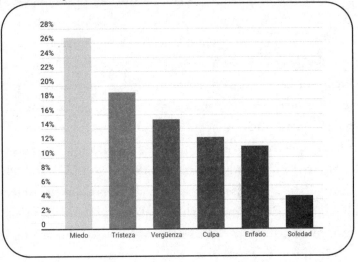

Principales emociones de una transición

Sus respuestas fueron prácticas, emotivas y bastante creativas. Examinemos las tres principales.

Está claro que el miedo aterra a las personas; y las paraliza por la indecisión. Fraidy Reiss dijo que, tras escapar al fin con sus hijos después de haber vivido quince años con su marido maltratador, el miedo la invadió. «No era miedo al fracaso, sino a lo desconocido. No comprendía este mundo y tenía que criar a dos hijos». Además, le diagnosticaron cáncer de mama. «Cuando fui al hospital para la cirugía, me pidieron que diera el nombre de un familiar cercano. Pregunté si podía ser mi hija de once años. "No, tiene que ser un adulto", respondieron. Entonces supe que no había una sola persona que pudiera ayudarme en una crisis».

En el fondo, el miedo es positivo. Tener miedo desata una serie de reacciones físicas (latidos acelerados, piel enrojecida, adrenalina) que ayudan a salvarnos del peligro. Frente a un león, sabemos que debemos luchar o escapar. «El miedo es bueno», dijo el guionista Steven Pressfield. «El miedo es un indicador. Nos dice lo que tenemos que hacer».

Pero no todas las situaciones que provocan miedo son claras como mirar a los ojos a un depredador de doscientos kilos. Muchas conllevan ajustes emocionales, inseguridades económicas, o el simple miedo de enfrentarse a algo sin tener garantías de éxito. El miedo aumenta durante las transiciones precisamente porque instiga esa clase de dudas. En 1968, los psicólogos Hazel Markus y Paula Nurius introdujeron la idea de que todos tenemos un catálogo vigente de *posibles yo*. Estos yo imaginarios representan nuestras esperanzas de en qué nos gustaría convertirnos, o nuestros *yo soñados,* y nuestras preocupaciones por lo que tememos ser, o nuestros *yo temidos.* En tiempos de cambio, nuestros yo soñados se retraen y los temidos se vuelven más amenazantes.

Y, aun así, los humanos son muy adaptables. A medida que el miedo se fue materializando en nuestra edad no lineal, nuestros mecanismos para afrontarlos han crecido. Escuché una gran variedad de formas en las que las personas resisten sus miedos.

Comparar

La táctica más frecuente es crear una ecuación mental en la que el miedo al futuro, por grande que sea, es menor al miedo al presente. La ecuación se ve así:

Miedo a lo desconocido < Miedo a lo conocido

Así es como Brian Wecht justificó dejar su trabajo en física en Londres para dedicarse a su banda de comedia de YouTube («Prefiero vivir con miedo y fallar, que con seguridad y arrepentirme»). Como Katrina Alcorn describió dejar a su marido por su jefe («Estaba tan disgustada por hacer lo normal que estaba preparada para lo anormal»). Amortiguamos nuestro miedo al futuro haciéndolo más leve que nuestro miedo al presente.

Escribir

La explicación más popular es escribir los miedos. Algunas personas dijeron que hacían listas de sus ansiedades (y las esperanzas correspondientes) como método para tener algún tipo de control sobre ellas. Gena Zak tenía tanto miedo de dejar su trabajo corporativo para comenzar su propio negocio en Maine, que hizo una lista de todo lo que quería de la vida («tener más amigos; estar más cerca de la familia; pasar más tiempo en la naturaleza»), luego la colocó junto a su cama para que fuera lo primero que veía por las mañanas. Travis Roy estaba tan perdido después de haber quedado parapléjico y poner fin a su sueño de unirse a la NHL, que escribió todo lo que aún podía esperar de la vida («graduarme en cuatro años; recibir clases de oratoria; iniciar una fundación para concienciar sobre las discapacidades»). Cuando terminó todos los propósitos de la lista, hizo otra, y continuó con esa práctica durante años.

Ponerse a trabajar

Muchas personas usan un método que yo suelo emplear cuando siento que estoy sucumbiendo al estrés en mi carrera laboral: «Cierra la boca y ponte a trabajar». John Austin me dijo que se sentía atrapado por el miedo a dejar la DEA después de veinte años para abrir su empresa de seguridad. ¿El antídoto? «Lanzarse de cabeza». Eric Maddox, interrogador novato del ejército con conocimientos de mandarín, se sintió paralizado cuando lo enviaron a Irak para que ayudara a detectar objetivos de alto valor. «Mi mayor miedo era que me enviaran a casa, así que pensé: "Puedo tener miedo o puedo ir a trabajar, agachar la cabeza y quedarme un día más"». Eric pronto notó que debía dejar de lado las técnicas de intimidación que le habían enseñado y tan solo escuchar a los cautivos. Su nueva técnica lo llevó a encontrar el escondite del objetivo más valioso de todos, Saddam Hussein. Cuando el comando especial utilizó esa información para desenterrar al exdictador, Eric ganó una Legión al Mérito, una Estrella de Bronce y una invitación personal del secretario de defensa Donald Rumsfeld para que ayudara a enseñar a todo el ejército habilidades de escucha.

Enfrentar

El último método para superar los miedos es enfrentarse a ellos. La renombrada monja budista Pema Chödrön señala que pensamos que los valientes no tienen miedo, pero que en realidad lo tienen y lo superan. Escribió: «Cuando estaba recién casada, mi marido dijo que yo era una de las personas más valientes que conocía. Cuando le pregunté por qué, dijo que porque yo era una cobarde absoluta, pero que seguía adelante y hacía las cosas de todas formas».

Cuando Richard Savate se mudó de Silicon Valley a Hollywood para dedicarse a los monólogos de comedia, tuvo que superar una vida de temor a hablar con extraños. «Toda mi vida traté de evitar la interacción social. Justo el otro día superé los nervios para escribirle un mensaje a un ídolo de la comedia diciendo que quería ver su espectáculo. "Ven", me respondió. En cuanto el espectáculo terminó, subí a mi coche y me fui, pero luego pensé: "¿Qué estás haciendo? No". Así que regresé y me obligué a pararme en la barra y a conversar con otro comediante en apuros. Teníamos mucho de qué hablar».

Cuando Susan Keappock se graduó de la Universidad de Texas A&M y se mudó a Nueva York para intentar acceder al mundo del teatro, se sentía intimidada e invadida por el miedo. «Acababa de perder a mi padre y tenía miedo de perder a mi madre. Le tenía miedo a la gran ciudad. Tenía miedo de cruzar una calle y que me arrollara un autobús. Supe que tenía que enfrentarme a todos. Tienes que fingir que no los sientes; fingir hasta que sea real. Luego, sin siquiera notarlo, aprender a no tener miedo».

El mensaje de estas historias: el miedo es innato, la valentía se puede aprender.

LA DESESPERANZA TIENE ALAS

La tristeza fue la segunda emoción más nombrada, y casi un quinto de los entrevistados dijeron que era su mayor dificultad.

Nancy Davis Kho cree que ganó la lotería con su familia en Rochester, Nueva York. Tuvo unos padres cariñosos y su padre le enseñaba a montar a caballo todos los veranos en Adirondack. Ávida de conocer el mundo, obtuvo un título en comercio internacional, se mudó a Alemania y se casó con un indonesio-americano. Se instalaron en el Área de la Bahía, ella consiguió trabajo en tecnología y tuvieron dos hijos. Su vida era lineal.

Pero en la cuarentena, Nancy atravesó una carrera de obstáculos. Aburrida y agotada, renunció a su carrera de alto voltaje e inició un blog de música. Esto perturbó a su marido y desgastó el matrimonio. Luego, en un período de doce meses, su amado pointer alemán falleció, su primer hijo fue a la universidad y su padre pereció en cuestión de semanas por un tumor cerebral. «Fue un enorme pozo de tristeza. Odio comparar a mi padre con mi perro, pero sus presencias eran muy estables y confiadas. No sabes lo afortunado que eres hasta que comienzas a vivir las pérdidas. Valoras cosas que antes no tenías experiencia para valorar. Hay belleza en ello, pero, hombre, sí que es duro vivirlo».

El miedo es la experiencia que te acosa en tiempos de cambio, la tristeza es lo que te agobia. El miedo es implacable, la tristeza es debilitante.

En esencia, la tristeza es la emoción que sentimos cuando perdemos a alguien o algo que sabemos que no volverá. Alguien puede tratarse de un amigo, un ser querido, una mascota; algo puede ser un hogar, un trabajo, un tiempo pasado. El aspecto negativo es que es pesada, corporal, desgastante, que nos aísla. Pearl Buck escribió acerca de la noticia de la muerte de su marido: «¡Qué rápido, en un instante, años de felicidad se convierten en meros recuerdos! [...] El día que había temido llegó. La soledad definitiva está aquí».

La pérdida suele dar paso a la nostalgia. En *Bajo la misma estrella*, John Green captura el anhelo de este modo: «Me habían arrebatado el placer de recordar porque ya no había nadie con quien recordar. Era como si perder a tu compañero de recuerdos significara perder el recuerdo en sí, como si las cosas que habíamos hecho fueran menos reales e importantes de lo que habían sido horas antes».

Pero me sorprendió saber que existe una variedad de efectos secundarios positivos de la tristeza. George Bonanno, el investigador de la resiliencia que ha hecho tanto por desbancar a las cinco etapas del duelo, ha descubierto que la tristeza los insta a llevar la atención hacia adentro, que es exactamente lo que necesitamos en tiempos de duelo. Nos volvemos más reflexivos y autoprotectores. Nos cercioramos de estar bien. Nos centramos más en los detalles.

En este sentido, la tristeza es casi lo opuesto al miedo. Mientras que el miedo nos prepara para pelear, la tristeza nos prepara para proteger. El enfado acelera todo, la tristeza lo ralentiza. Bonanno escribió: «Algunas veces, las personas afligidas llegan a decir que vivir con la tristeza de una pérdida es como vivir a cámara lenta. Parece ser menos necesario prestarle atención al mundo que nos rodea, así podemos dejar de lado las preocupaciones normales de todos los días y enfocar nuestra atención hacia adentro».

Encontré cuatro formas principales en las que las personas dijeron sobrellevar la tristeza.

Resignación

La primera es una resignación lenta y gradual. La resentida aceptación, como muchas cosas en la vida actual, no es lineal y reaparece en los momentos más inesperados.

Oscar Emmet, un estudiante *genderqueer* de Medicina de Nueva York, cuya familia religiosa tradicional de California rechazó su decisión de dejar de vivir como mujer, tomar hormonas masculinas y dejarse crecer la barba, lamentó el camino que no eligió. «A veces me entristece haber perdido cierto camino. Siento celos de las personas cuyas vidas parecen simples y resueltas. Como mis mejores amigas cuando crecí. Se casaron con los hombres con los que se fueron a vivir; tuvieron hijos que son buenos y tienen éxito; sus maridos regresan a casa, cantan y llevan a los niños a dormir. Por más que me guste la persona que soy ahora, a veces anhelo ser de las que no tienen que lidiar con un mundo real que es problemático y aterrador».

Leo Eaton, un cineasta inglés que se enamoró locamente de una debutante estadounidense y tuvo que trabajar duro para ganarse su confianza (incluso ocultar un trabajo como escritor de pornografía), habló de la incontrolable pena que sintió cuando ella murió de cáncer de mama tras cuarenta y cinco años de matrimonio. «Suelo hablar con Jeri en mi mente. Recuerdo estar de pie en la cubierta de un ferry contándole lo que me estaba pasando. Ella es siempre la voz en mi cabeza. Todo lo que siempre fue se descargó dentro de mí». No siempre estaba triste, dijo. «Había momentos de absoluta alegría al recordarla con amigos. Pero luego, la pena regresa, como en oleadas. La semana pasada, estaba viendo una película romántica tonta en la televisión y me invadió una oleada de pena, tan fuerte como cualquier marea. Pasó, pero, en su momento, su poder fue impactante».

Relaciones

Muchas personas recurren a los demás en momentos de tristeza. Cuando Elisa Korentayer se mudó de Nueva York a la zona rural de Minnesota para estar con su guía de canoas, sintió «la tristeza de una pérdida, de no encajar, de dudar si había tomado la decisión correcta». ¿La solución? «Crear lazos. Cuando me sentía triste o sola, iba a la cafetería del pueblo. Las personas me sonreían y me hablaban, me hice amiga de los dueños. Me reconocían cuando iba a la oficina de correos. La cura fue sentir que me había convertido en parte de la comunidad».

Cuando Sarah Holbrooke acabó divorciada y con un hijo recién nacido, sus amigos la devolvieron a la vida. «Odio estar sola y, de pronto, me encontré *muy* sola. Eso me puso triste. Pero no estaba sola en realidad; tenía a muchos amigos que iban a verme y a pasar tiempo conmigo. Las relaciones me ayudaron a salir del trauma de una relación».

Honestidad absoluta

La última forma de sobrellevar la tristeza es, por fin, admitir los sentimientos por completo; para uno mismo y para los demás. Sasha Cohen nació en Los Ángeles, hija de madre rusa y padre estadounidense, comenzó a practicar gimnasia y patinaje sobre hielo siendo una niña y, a los dieciséis años, se unió al equipo de patinaje artístico de Estados Unidos para participar de los Juegos Olímpicos de Salt Lake City. Pero se cayó en el programa largo y obtuvo un decepcionante cuarto puesto. Cuatro años después, en Turín, iba primera tras el programa corto, pero volvió a caerse en el largo y obtuvo una medalla de plata.

La tristeza la acompañó durante años. «Intentaba no romper a llorar en cada conversación». Hasta que, un día, un amigo la obligó a ver la grabación. «Fueron lágrimas y más lágrimas, y más tristeza. Creo que por fin me permitía sentir la tragedia y el dolor en lugar de intentar reprimirlos».

Después de que despidieran a Sean Collins de su trabajo como productor principal de NPR, regresó a su ciudad natal, Saint Louis, y a sus raíces como predicador. Mientras que su instinto le decía que ocultara lo que le había sucedido, aprendió a compartirlo. «Pienso en esa línea de Emily Dickinson: "La verdad es algo tan infrecuente que decirla es delicioso". Parte de mi experiencia fue aprender a ser sincero, a contar la historia. Mi medio de vida era pedir a los demás que fueran sinceros, pero lo más difícil era serlo yo mismo».

VERGÜENZA

La tercera emoción más frecuente también fue la más sorprendente para mí: vergüenza. Una de cada seis personas la escogieron como su mayor pesar. A diferencia del miedo o de la tristeza, las historias de vergüenza fueron, de alguna manera, más viscerales y más dolorosas, en parte porque tenían un elemento de responsabilidad personal.

Cuando Kristina Wandzilak, a quien conocimos en el capítulo 5, despertó en un refugio para indigentes de California tras diez años de alcoholismo, indigencia y delitos, se sintió muy avergonzada. Nació en Indiana, de una madre ama de casa y un padre alcohólico, de quienes se había alejado hacía mucho tiempo. Tras escapar de tres programas de tratamiento, cuando tenía dieciocho años, su madre la recibió en la puerta y le dijo: «No serás bienvenida en mi casa ni en mi vida hasta que no decidas rehabilitarte. Si no vuelvo a verte con vida, quiero que sepas lo mucho que te quiero». Luego le cerró la puerta en la cara.

Le llevó tres años y veintidós robos comprometerse con esa vida de rehabilitación. Pero tenía otro problema: la desconsolada vergüenza por su comportamiento delictivo.

—No podía mirar a las personas —dijo—. Sentía que debía vivir en las sombras porque si alguien descubría lo que había hecho, lo perdería todo. Nadie me querría.

Luego, en medio de la noche, se le presentó la respuesta.

—Tenía que dar un giro de ciento ochenta grados y enfrentarme al problema. Sería más libre en prisión o pagando compensaciones económicas de lo que era viviendo así. Así que fui a cada una de las veintidós casas en las que robé, llamé a sus puertas y, cuando contestaban, decía: «Mi nombre es Kristina. Quiero que sepa que robé en su casa en los últimos seis o nueve meses. Estoy dispuesta a compensarlo, legal o económicamente. Lo necesario para enmendar la situación. También quiero que sepa cuánto lo siento». —Muchos se sorprendieron al verla—. Creo que esperaban a alguien de otra raza o género.

La mayoría le dijeron: «Púdrete, no vuelvas a acercarte a mi propiedad». Nadie le dijo: «Gracias». Pero una mujer explicó: «Te has llevado algo que nunca podré reemplazar. Se trataba de un anillo de oro, que era la alianza de mi tatarabuelo. También te llevaste mi sensación de seguridad».

—Pero también me dijo que no llamaría a la policía —continuó Kristina—, que no creía que estar en prisión fuera a ayudarme y que estaba claro que intentaba enmendar las cosas. También me pidió que le enviara un cheque por veinticinco dólares cada mes durante un año y que no volviera a molestarla.

Kristina hizo lo que le pidió, pero no tenía una cuenta bancaria, así que le pidió a su madre que enviara el dinero por ella, lo que a su vez ayudó en la reconciliación. Años después, cuando creó un programa internacional para ayudar a exadictos a reconciliarse con sus familias, la invitaron a *The Oprah Winfrey Show*. Los productores le pidieron que se pusiera en contacto con la mujer para que contara su parte de la historia.

—Quería complacerlos —explicó—. Pero aquel día me comprometí a no volver a molestarla, así que me negué con amabilidad.

La vergüenza es el doloroso sentimiento de creer que tenemos fallos y que, en consecuencia, no somos dignos de recibir amor. La vergüenza es tan poderosa que traspasa las tres variables del ABC del sentido. Debilita nuestra agencia al hacernos sentir impotentes; destruye nuestro sentido de pertenencia al hacernos dudar de nuestra capacidad de conectar con los demás; debilita nuestra causa al hacer que nos enfoquemos en nosotros mismos y seamos incapaces de servir a los demás. La vergüenza es incluso más perniciosa que su gemela malvada, la culpa. Brené Brown, autora récord de ventas e investigadora, propone esta conveniente fórmula: la culpa es «hice algo malo»; la vergüenza es «soy malo». Algunos han sugerido que las mujeres son más propensas a sentir vergüenza que los hombres, pero mis entrevistas sugieren lo contrario. La vergüenza es pareja en su capacidad de hacernos sentir fracasados, derrotistas o débiles.

¿Cuál es el remedio para esta sensación tóxica? Mis conversaciones señalaron respuestas que reconocen que la identidad es el área más debilitada. Quienes se sienten desprovistos de su agencia son más efectivos cuando dan un paso adelante, cuando verbalizan sus vulnerabilidades, incluso en público. Quienes se sienten desconectados obtienen mayor alivio cuando comparten sus verdaderos sentimientos con los demás. Quienes sienten que no tienen nada que ofrecer, están mejor cuando encuentran formas de ayudar a aquellos en situaciones similares. El ingrediente en común es dar pasos activamente para expulsar la vergüenza de la cabeza.

Veremos cómo opera en la vida real.

Agencia

Carolyn Graham superó la vergüenza por sus dos intentos de suicidio fallidos al escribir sobre los hechos, al recibir la compasión de su grupo de escritura y, luego, al sentirse libre para compartir más detalles de su dolor. «Primero tuve que escuchar la voz en mi cabeza, luego ponerla en papel. Hubo momentos en los que me sentí tan incómoda sentada en mi escritorio que estaba abrumada».

Kristy Spraggon, quien sufrió ataques de pánico durante dos años por la vergüenza de tener una infección de transmisión sexual, por fin reunió el valor para escribir la palabra «herpes» en su diario. Ese simple paso provocó una avalancha de reacciones y la llevó a dar una charla TEDx acerca de aprender a compartir los secretos. Acabó tatuándose la frase *«truth teller»* (narradora de verdades) en el brazo.

Pertenencia

Cuando Christian Picciolini dejó a los neonazis, cayó en depresión y en el consumo de drogas durante cinco años. Cuando por fin resurgió y comenzó a contar su historia, se sentía abatido por una «vergüenza tóxica». Su respuesta: «Tuve que mostrarme mucho más auténtico de lo que estaba preparado para ser. Tuve que pararme en el escenario y decir: "Este es mi horrible interior, contra el que estoy luchando". Luego tuve que encontrar un dolor similar en los demás y conectar con él. La solución a la vergüenza es la empatía».

Cuando Erik Smith, el joven predicador de Virginia, se sintió avergonzado porque su fe y su salud mental flaqueaban tras múltiples muertes de familiares, encontró una nueva fuente de energía en sus estudiantes con necesidades especiales. «Me enseñaron que la clave es ser honesto. Mi impulso siempre es ocultar la realidad. Tengo que evitar hacerlo; admitir que soy frágil, que soy dependiente y que sufro. Ellos no tienen obstáculos (si les gusta una comida, se la meten a la boca), así que se convirtieron en mis maestros».

Causa

Allen Peake, legislador republicano del estado de Georgia, se sintió tan avergonzado cuando salieron a la luz sus aventuras extramatrimoniales en la página web Ashley Madison que pensó en dimitir. Pero acababa de embarcarse en la cruzada para legalizar la marihuana medicinal por el bien de un paciente de cinco años con parálisis cerebral, «así que mi esposa y yo tomamos la decisión consciente de soportar toda la vergüenza pública que fuera necesaria para lograr la legalización». Y tuvo éxito; la legalización se hizo realidad.

John Smitha, quien cargó con la vergüenza de haber asesinado a cuarenta civiles en Libia durante cincuenta años, por fin encomendó su vida a Dios, se ordenó como líder laico de la iglesia católica y se convirtió en consejero voluntario. «Convertí mi vida en un libro abierto. Les cuento a todos los que quieren escuchar lo que he hecho y de lo que me arrepiento. Y tengo cuatro reuniones semanales con veteranos; nunca es suficiente».

Desde la vergüenza hasta la tristeza o el miedo, desde superar la resistencia hasta abrazar los hechos brutales de la situación, la primera herramienta de la transición es identificar las circunstancias en las que estamos y aceptar las emociones que llegan con la nueva situación. La siguiente herramienta puede parecer más difícil de dominar, pero es un abordaje que las personas parecen ansiar más que otros.

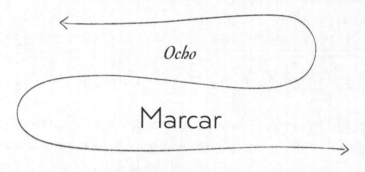

Ocho

Marcar

Ritualizar el cambio

U na consecuencia inevitable de la vida no lineal es que la vida resulta, bueno, no lineal. Eso significa que es desestructurada, temporal, volátil, variable. Esa clase de libertad puede ser buena cuando nos sentimos estancados, infelices, sobrepasados o abatidos. Podemos, sencillamente, retirarnos, girar o reiniciar.

Pero, algunas veces, en especial cuando estamos en medio de un enorme cambio vital, esa clase de fluidez puede ser sobrecogedora. «Ya está bien tanta impredictibilidad, ¡dadme algo concreto a lo que aferrarme!». Cuando eso sucede, las personas resultan tener una remarcable capacidad para generar su propio «hormigón». Inventan técnicas novedosas para calmarse, reúnen recuerdos que evoquen lo perdido, hacen celebraciones para llorar el pasado.

Crean rituales.

Ritual es algo de un mundo antiguo. Está asociado con instituciones conservadoras, costumbres fuera de moda, prendas incómodas. «Ah, por favor, otro círculo de plegarias no». Pero un descubrimiento consistente del Proyecto Historia de vida fue que cuando las personas se sienten más a la deriva, suelen recurrir a rituales como solución, muchos caseros. Cantan, bailan, se abrazan, hacen purgas, se tatúan, purifican, hacen paracaidismo, van a cabañas de sudor. En un mundo sin barreras, los rituales crean límites. En momentos de tormenta, ofrecen contención. En períodos de cambio de forma, dan formas nuevas.

«LLEVO PENSANDO ESTO DIEZ AÑOS»

Margaret Patton nació en un entorno de privilegios innegables y prestigio ineludible. Su tataraabuelo fue George S. Patton Sr., un coronel confederado durante la Guerra Civil. Su abuelo fue George S. Patton Jr., el icónico general de la Segunda Guerra Mundial que encabezó las invasiones al norte de África y Sicilia y que lideró al Tercer Ejército de los Estados Unidos a través de Francia y Alemania después del día D. Su padre fue George S. Patton IV, un teniente general que sirvió en la guerra de Corea, la de Vietnam y en la Guerra Fría.

—Siempre pensé que me casaría con un miembro del ejército, que tendría muchos hijos y viajaría —dijo.

Pero Margaret tenía un lado rebelde. Cuando su familia viajaba en primera clase ella se «negaba a sentarse allí e iba al fondo del avión, donde estaban las personas reales». Cuando sus padres la reunieron con un oficial en el Derby de Kentucky, ella «escapó hacia el campo de juego para estar con las masas». La expulsaron de la escuela secundaria por fumar hierba.

—En cierto modo, estaba llevando una doble vida. Estaba luchando contra el dinero de mi familia. Con el lema con el que todos crecimos: «Al que mucho se le dio, mucho se le exigirá». Con las implicaciones de nuestra relación con Vietnam. Pero siempre que decía que quería escapar, me decían: «Eres una maldita Patton. Tu sangre no te dejará».

Cuando tenía dieciocho años, su compañera de habitación de la Universidad Bennington inició una institución católica junto con una comunidad de monjas benedictinas en Bethlehem, Connecticut, llamada Abadía de Regina Laudis. Una semana después, Margaret se unió. Como episcopalista poco entusiasta, le intrigaba el aislamiento, la espiritualidad, el compromiso.

En el verano regresó para quedarse más tiempo. Una noche, la fundadora, la abadesa Benedict Duss, solicitó verla y le explicó que las hermanas tendrían una ceremonia al día siguiente, 27 de agosto, para conmemorar la liberación de la abadía hermana de los nazis en 1944 en Jouarre, Francia. Según explicó la abadesa, ese evento la había inspirado a abrir la institución en Connecticut por aprecio a las tropas estadounidenses. Madre Benedict le pidió a Margaret que izara la bandera durante la ceremonia.

«No creo que sea la persona indicada», dijo Margaret al pensar en la ambivalencia que sentía hacia el ejército norteamericano. La abadesa insistió: «Sí tengo a la persona indicada. No lo sabes, pero nuestra fundación le debe su vida a tu familia. Tu abuelo guio a los soldados que liberaron nuestra abadía hermana. No estaríamos aquí de no haber sido por él». Margaret se quedó estupefacta.

—Recuerdo ese día como algo fascinante. Estaba en esa abadía y mi familia formaba parte de su historia. —Es más, era el lugar, la paz mental y el sacrificio que había buscado toda su vida. Entonces preguntó si podía unirse a la orden.

La abadesa declinó el pedido. Margaret era demasiado joven, demasiado inocente, demasiado inquieta. Y estaba demasiado enfadada. Le dijo: «Si no lo deseas lo suficiente, no estás lista». Margaret pasó los diez años siguientes debatiéndose entre su deseo de ser una persona de mundo y su apego a ese misterioso recinto de piedra en el bosque de Connecticut. Viajó, tuvo citas, fue a la universidad, se casó. Pero nunca dejó de volver a hacer retiros prolongados.

—Encontré los consejos que necesitaba. Rectifiqué ciertas cosas. Luego, en una de mis visitas, la fundadora me dijo: «Sabes que puedes perderlo». Y nunca olvidaré ese momento. Me atravesó como una espada. Y me dije a mí misma: «De acuerdo, no quiero perderlo». Sentía algo recíproco cuando estaba allí. Había alguien al otro lado y quería que fuera el centro de mi vida. «¿Se trata de Dios?», pregunté. «Se trata de Dios».

Margaret informó a su familia de que se uniría a la abadía. Implicaría una separación casi absoluta. Se acabaron las vacaciones compartidas, habría una comunicación mínima, una nueva identidad. Por fin había descubierto cómo superar su *maldita sangre*.

Le entregaría su vida a Dios.

Sus padres quedaron devastados. Su madre estaba tan molesta que rehusó a asistir a la ceremonia de iniciación. Sin embargo, su padre se apoyó en el entrenamiento militar de su familia: pensaba que apoyarla era su responsabilidad. En la víspera de Año Nuevo de 1982, el general la llevó a cenar a la posada Mayflower.

—Nos sentamos y mi padre dijo: «¡Quiero el mejor vino de la casa! Mi hija va a entrar en el convento». Yo estaba avergonzada. Luego, cuando fui a la barra de ensaladas, el jefe de camareros me interceptó. «Eres demasiado joven. No lo hagas», dijo. Y yo respondí: «Llevo pensando esto diez años. Es mi hogar».

Después de la cena, el general Patton llevó a su hija de regreso a la abadía. Margaret fue a un vestidor para ponerse la túnica negra y una estola blanca. Cuando salió, su padre estaba leyendo la Biblia.

—Me miró de arriba abajo y dijo: «Así que ese es el uniforme, ¿eh?». —Entraron al santuario y todos los demás se quedaron fuera—. Como excepción, la fundadora invitó a mi padre a decir una de las oraciones y a bendecirme. Yo desconocía que una de las monjas había estado practicando tiro como defensa personal con un policía jubilado. Resultó ser Dolores Hart, una exactriz que había hecho su debut con Elvis Presley. Tenía debilidad por el teatro y quería hacer algo especial para mi padre. Así que, justo después de las oraciones, disparó un rifle al aire. Y un soldado reconoce el sonido de un arma. Él exclamó: «¿Qué ha sido eso?». —Luego, las hermanas llevaron a Margaret tras los muros privados—. Después cerraron la enorme reja detrás de mí. Mi padre gritó: «¡Buena suerte, Margaret!». Y yo respondí: «Gracias, padre, ¡voy a necesitarla!».

La transición de una vida de libertad personal, amor terrenal y experimentación sexual, hacia una de aislamiento, devoción a Dios y castidad, es extrema más allá de toda medida. Ningún aspecto en la vida previa de una monja permanece inalterado. Estabilidad, obediencia y conversión son los valores más altos. Pero ¿cómo llevas a cabo una transformación tan extrema? ¿Qué han aprendido las órdenes como la benedictina después de milenios guiando a fieles por una de las transformaciones más profundas imaginables?

La respuesta: ir lento; insistir en la reflexión personal profunda; marcar cada etapa del camino con rituales creados con cuidado para demarcar la nueva posición alcanzada.

En el caso de Margaret, este proceso tardó *diez años más* antes de que se convirtiera en miembro absoluto de la comunidad. Primero tuvo el *ritual de búsqueda*. Como todas las candidatas, pasó el primer año explorando su genealogía para saber con exactitud qué historia familiar llevaba hacia su nuevo rol. El año terminó con *el ritual de vestimenta*. Las candidatas reciben una túnica negra y un pañuelo para la cabeza, se les corta el cabello y se les cubre con un velo blanco; luego, deben anunciar su nuevo nombre. Margaret escogió hermana Margaret Georgina en honor a las cuatro generaciones de George Patton de las que había intentado escapar toda su vida.

A continuación, llegó el *ritual del lenguaje*. La nueva hermana debe estudiar latín, liturgia y música, y aprender a expresarse a través de la parábola y la oración. Le sigue el *ritual del compromiso*. La hermana se embarca en un estudio para identificar los dones que posee y en qué área del servicio de Dios (desde hacer queso hasta llevar la contabilidad) le gustaría desenvolverse. Margaret escogió las plantas, así que estudió agricultura y asumió la responsabilidad de las plantaciones de flores y vegetales.

El último paso es el *ritual de consagración*.

—Le dices a la iglesia: «Soy tuya» y la iglesia te dice lo mismo a ti. Luego te tiendes en el suelo mientras la comunidad canta la letanía de los santos. Es como una boda; usas una corona de flores. Las mías eran de todas partes de la abadía.

Pero ¿por qué hacen todo esto? ¿Por qué tomarse diez años, requerir todos esos discursos elaborados, llevar a cabo todas esas ceremonias anticuadas?

—Porque las personas lo necesitan —afirmó Margaret—. Ayudan a la comunidad a comprender en qué parte del proceso nos encontramos. Nos ayuda a pensar en nosotros mismos de otro modo. Necesitas cierta estabilidad para crecer. Estos rituales la proporcionan.

UNA LUZ EN LA VENTANA

En mis entrevistas, les pregunté a todos si notaron el momento en que iniciaron una transición vital. Fui bastante abierto con respecto a lo que podía calificar como indicativo. Podían ser rituales, gestos, tributos o conmemoraciones de cualquier tipo.

Setenta y ocho por ciento dijo que sí; veintidós por ciento dijo que no.

Las respuestas en sí mostraron una inventiva destacable. También revelaron una necesidad del hombre consistente, casi instintiva, de reasegurarse que, en tiempos de cambio, no será arrastrado por la confusión. Encontré cuatro categorías amplias de rituales. En orden de popularidad, fueron:

- Personales (hacerse un tatuaje, construir un altar)
- Colectivos (celebrar una fiesta, hacer una ceremonia)
- De cambio de nombre (añadir o eliminar un nombre de casado, adoptar un nombre religioso)
- De limpieza (hacer dieta, raparse)

Por cuestiones de sencillez, «ritual» será un término general para las diferentes actividades. Un ritual es un acto, gesto o ceremonia simbólica que ayuda a encontrar sentido en tiempos de transición.

¿Qué explica su popularidad?

En el fondo, los rituales son actos de sentido. Ayudan a restaurar una sensación de agencia, de pertenencia y de causa en tiempos en que te sientes privado de las tres. La autora y académica feminista Christine Downing captura la ansiedad que sentimos al llegar a un momento así en sus memorias *A Jourey Through Menopause* (Un viaje a través de la menopausia). «Me sentía sola, desinformada, algo asustada; pero también curiosa y expectante», escribió. «Estaba a punto de iniciar un cambio vital, de gran importancia, y no conocía los mitos o rituales que habían ayudado a las mujeres a vivir esta transición con esperanza, dignidad y profundidad a lo largo de la historia».

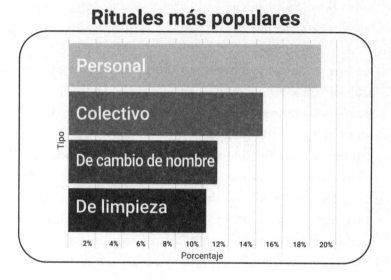

Como en otros vacíos de sentido, las respuestas a estos momentos reflejaron el ABC del sentido.

A) Nos sentimos atraídos por los rituales que nos aseguran que aún tenemos algo de control sobre el mundo. Comenzamos jugando con nuestros cuerpos, encendiendo velas, levantando monumentos. Los rituales, en este sentido, son como signos de puntuación, según escribe la psicóloga Jeltje Gordon-Lennox. Algunas veces, necesitas un punto final, como un funeral o una fiesta de despedida. Algunas veces es una coma, como un año sabático o un período de ayuno. Otras veces, es un signo de exclamación, como una boda o una ceremonia de graduación.

B) Nos sentimos atraídos por los rituales que profundizan nuestras relaciones con los demás. Ofrecemos cenas, vamos a sesiones de espiritismo o a peregrinaciones. El propósito de los rituales, escribe Downing, es integrar lo personal con lo transpersonal, para recordarnos que nuestro profundo sufrimiento es compartido por muchos otros a lo largo de los años. También ayudarnos a reunir una tribu *de inmediato* que pueda acompañarnos en el camino.

C) Nos sentimos atraídos por los rituales que conectan nuestro dolor o alegría con una llamada superior. Celebramos bautismos, asistimos a velatorios, nos unimos a protestas, damos discursos de despedida. Nos sentimos tan sobrepasados por nuestras propias emociones que lo mejor es recurrir a acciones en las que otros han encontrado alivio durante generaciones. De este modo, los rituales nos recuerdan que nuestros ancestros y dioses sabían que pasaríamos por momentos transformadores, por lo que nos dejaron técnicas que pueden contextualizar nuestros miedos.

Veremos algunos de los muchos rituales que escuché en mis conversaciones.

Personales

- Cuando Maillard Howell dejó su trabajo en una gran farmacéutica para iniciar su propio gimnasio de CrossFit, se tatuó las palabras «respirar» y «pensar» en los dedos medio y anular de la mano derecha, y «éxito» y «feliz» en los de la mano izquierda. «Sabía que no podría regresar a la industria farmacéutica con esa basura en las manos. Eso era todo. Les dije a mis amigos: "Me tatuaré el rostro como Mike Tyson"».
- Lo primero que hizo Oscar Emmet tras abandonar el judaísmo ortodoxo fue comerse una hamburguesa ceremonial, comprar

un par de vaqueros simbólico y disfrutar de un primer beso prohibido.

- Después de un año brutal en el que perdió el trabajo como productora de Hollywood, se peleó con su madre y tuvo cincuenta y dos primeras citas, Lisa Rae Rosenberg saltó en paracaídas. «Tenía mucho miedo a las alturas y pensé: "Si puedo hacer esto, podré hacer lo que sea"». Un año más tarde, estaba casada y tenía un hijo.
- Cuando Nancy Davis Kho perdió a su padre, construyó un altar en la repisa de la chimenea con una fotografía de él, una cerveza Genesee Cream Ale, una pelota de golf y una taza de té llena de arroz. «Estaba esperando una señal de mi padre, pero sabía que diría "Ah, por favor". Ambos somos muy pragmáticos. Pero un día me acerqué a la chimenea y vi una huella en el arroz. Mis hijos eran muy pequeños para alcanzarlo. "Sí, así es como él lo haría, solo para molestarme"».

Colectivos

- Después de dejar a la que fue su esposa durante treinta años y declararse gay, Fred Schloemer, el psicólogo de Kentucky, fue a una cabaña de sudor de nativos americanos en Nuevo México. Allí, varios grupos reducidos de practicantes reunieron piedras y plumas de halcón y se hicieron perforaciones, una práctica en la que cortan el pecho por encima del pezón, insertan una rama y estiran la piel; mientras tanto, los demás cantan y bailan.
- Cuando Naomi Clark comenzó el proceso de transición en mujer después del 11S, celebró una «fiesta de hormonas» para sus amigos en un bar de moda en Manhattan.
- Cuando Deborah Fishman se preparaba para dejar a su marido ortodoxo, lo echó de la casa una noche antes del Pesaj y celebró un séder de empoderamiento femenino. Durante la cena, escribió una serie de oraciones y pensamientos como

homenaje a la primavera, enfocados en el bienestar y la renovación y en la liberación de la mujer del hombre, en lugar de la de los israelitas de los egipcios. Desde entonces, organizó la cena cada año.

De cambio de nombre

- Sarah Pinneo ganó millones como una de las pocas mujeres en el mercado de derivados financieros en Wall Street. Luego dimitió para mudarse a New Hampshire e iniciar una carrera como escritora de novelas románticas eróticas autopublicadas. Para evitar el ridículo, adoptó el seudónimo Sarina Bown. «Fue casi como un ritual, como asumir una nueva personalidad. Tenía este otro lado, pero no quería que los demás lo vieran».
- Sarah Siskind publicó un artículo acerca de las relaciones raciales en Harvard que la convirtió en persona no grata en los círculos liberales y, en última instancia, la hizo llegar a Fox News. Después, tuvo un cambio de actitud, renunció a sus ideas conservadoras y quiso convertirse en escritora de comedia. Para distanciarse de su versión del pasado y tener la libertad de crear una nueva imagen libre de la vergüenza de Internet, agregó su segundo nombre, Rose, a su identidad profesional.
- Sasha Cohen ansiaba tanto escapar de la sombra de su pasado como patinadora olímpica que volvió a adoptar su primer nombre, Alexandra, para tener una vida más «normal».
- Courtney Rogmans era una buscadora incansable (cristianismo, hinduismo, hare krishna) y creadora de comunidades alternativas desde California hasta Oregón. Hasta que pasó por un divorcio difícil que la llevó a adoptar enseñanzas sufíes y a cambiar su nombre por Khaliqa Baqi, una variación de la expresión árabe para «crear tu propia expresión de lo divino».

De limpieza

- Tras dejar la NHL, Jason Doig se volvió perezoso y aumentó de peso. Cuando una nueva novia lo inspiró a convertirse en vegano y adoptar un estilo de vida saludable, se embarcó en lo que llamó una purificación. El proceso consistió en tomar dosis controladas de un elixir nativo americano hecho con licor de pino para purgarse de azúcar, que le provocaba un estado de abstinencia violento y lleno de sudoración.
- Allen Peake les confesó a sus amigos en una carta abierta que había estado teniendo aventuras extramatrimoniales en Atlanta mientras servía como legislador del estado. Acto seguido, vendió el apartamento que había estado usando como nido de amor y se comprometió a conducir dos horas de regreso a casa cada noche para estar con su familia en Georgia.
- Christian Picciolini sufrió un problema tras abandonar a los skinheads: tenía el cuerpo cubierto de tatuajes nazis. Borrarlos era muy difícil, así que eligió cubrirlos con otros tatuajes. «Tenía un águila que sostenía una esvástica en la nuca. Lo único suficientemente grande como para cubrirlo era Jesús en la cruz. Eso se convirtió en símbolo de mi renacimiento».

LA MUERTE NO ES ORGULLOSA

No todos los rituales o formas de llevar una transición conllevan expresiones físicas, algunos son puramente emocionales. Ninguno es más espiritual que el duelo. Pero, por la razón que sea, ningún aspecto de vivir una transición es más incomprendido que lo que la autora de *Comer, rezar, amar*, Elizabeth Gilbert, llama «dulce momento de tristeza». Mis conversaciones sugieren que juzgamos mal las causas, las soluciones e incluso las formas que adoptan este proceso.

Larry Moldo usa un sombrero negro de vaquero en su imagen profesional. No resulta sorprendente teniendo en cuenta que vive en

Chayenne, Wyoming; pero sí sorprende un poco teniendo en cuenta que es el rabino de la Congregación Monte Sinaí, la sinagoga más antigua del «estado vaquero».

Larry nació en Minneapolis con un padre que era trabajador metalúrgico. Como lector y persona introvertida, odiaba estar en el exterior.

—Creo que Dios nos permitió crear muros para que pudiéramos estar dentro de ellos —afirmó.

Como era un genio para las matemáticas, además de autodidacta, su maestra de segundo de primaria le dijo: «Hazme un favor, no aprendas más matemáticas hasta que tus compañeros se pongan al día».

—Seis años más tarde, se pusieron al día. Pero, para entonces, yo había cambiado la historia.

Como se sentía incómodo rodeado de gente, vivió en su casa mientras asistía a la universidad. Luego aceptó un trabajo en educación judía en Peonia, Illinois; después se convirtió en director de rituales de una sinagoga en Omaha. Se casó, trabajó para su suegro en una casa de empeños y luego se convirtió en vendedor de armas autorizado.

—Lo hice porque mi suegro me lo pidió —dijo—. Resulta que puedes vender cosas que no usas. Estaba vendiendo joyas aunque no las usara. Allí, incluso las abuelas tienen armas porque, dos veces al año, salen con ellas a la calle y las disparan al aire. Así celebran la víspera de Año Nuevo y el 4 de Julio. —Sin embargo, cuando lo apuntaron con un arma, abandonó y decidió convertirse en rabino—. Un amigo me dijo: «Ya tienes el conocimiento y la experiencia, pero las personas no contratan basándose en el conocimiento. Necesitas el título».

Durante mucho tiempo, Larry y su esposa intentaron tener un hijo. Ella se quedó al fin embarazada, pero el bebé falleció antes de nacer; había dejado de crecer alrededor del sexto mes de gestación.

—Fue un momento muy difícil a nivel emocional. Además, nadie de la familia de mi esposa nos había hablado del historial de primeros embarazos de riesgo de la familia. Durante seis generaciones, los primeros bebés fallecieron antes de nacer. En todas las ocasiones, las muertes habían sido provocadas por ahorcamiento con el cordón umbilical.

Como tradicionalista por naturaleza, a Larry le irritó particularmente descubrir que su rama del judaísmo no tenía rituales ni otras prácticas para ayudar a las familias tras la muerte de un hijo que no había nacido. La pareja ni siquiera pudo hacer un funeral porque el hospital se negó a entregarles el cuerpo.

—Mi esposa sigue enfadada por eso.

Entonces, su parte autodidacta se abrió paso. Larry pasó los doce años siguientes estudiando en profundidad los abortos espontáneos, las muertes intrauterinas y otras fatalidades neonatales en la literatura judía, desde la Torá hasta el Talmud.

—No había nada que sirviera de consuelo —dijo. Más adelante, escribió su tesis rabínica sobre el tema. «*Unsuccessful Pregnancies and Neonatal Deaths: Pastoral Care for the Rabbinate and Cantorate*» (Embarazos fallidos y muertes neonatales: apoyo pastoral para el rabinato y el cantorato). ¿Qué aprendió?—. Dolor es lo que sientes, duelo es lo que guardas. Si no tienes forma de expresar tu dolor, se acumula dentro de ti y te incapacita. La comunidad no había permitido que se crearan rituales para las muertes neonatales, de modo que el dolor no tenía a dónde ir.

Con ese conocimiento, Larry y su esposa desarrollaron sus propios métodos para hacer el duelo. Le dieron un nombre a su hijo y les pidieron a sus seres queridos que reconocieran la pérdida de la vida potencial del bebé. Encienden una vela en el aniversario de la muerte. Y, cuando adoptaron un hijo, compartieron los recuerdos de su hermano desconocido.

—Una de las cosas que descubrí en mi investigación es que aunque no identifiques lo que te pasó, el cuerpo lo hace por ti. Habrá momentos en los que te sentirás triste y no tendrás idea de por qué. Pero quince años antes sucedió todo y tu cuerpo lo rememora año tras año. El propósito del duelo es expresar esos sentimientos (incluso compartirlos con la comunidad) porque si no lo haces, te acecharán más adelante.

El duelo es algo que las personas tienden a creer que entienden. Está relacionado más que nada con las muertes; dura bastante tiempo; se desarrolla en etapas. Pero ninguna de estas afirmaciones es exactamente cierta. Echémosle un vistazo a cada una de ellas.

Para empezar, el duelo ya no es solo para el caso de una muerte. Las personas sufren por cualquier clase de cosas; desde la pérdida de un hogar hasta la partida de un hijo a la universidad, desde un trabajo que le dieron a otra persona hasta la inocente expectativa de que todo irá bien hasta el final. En mis conversaciones, la tristeza fue la segunda emoción para las personas que experimentaban una transición; y gran parte de esa tristeza no era por cosas perdidas, sino por cosas que nunca llegaron a ser. La felicidad que nunca fue alcanzada; el sueño que nunca llegó a cumplirse. Como escribió John Greenleaf Whittier: «De todas las palabra tristes, pronunciadas o escritas, / las más tristes son estas: ¡Pudo haber sido!».

En cuanto al segundo mito, el duelo no tiene que ser muy extenso. Apenas hace un siglo, las personas creían que el duelo era eterno. La ex primera dama Sarah Polk, que tenía cuarenta y cuatro años cuando murió su marido, el expresidente James Polk, vistió ropa negra de luto el resto de su vida (más de cuatro décadas). Hoy en día, se entiende que el duelo es más breve. George Bonanno, investigador del duelo en Columbia, descubrió que un sesenta por ciento de las personas en duelo no muestran síntomas de dolor un mes después de la pérdida. Algunos superan la tristeza en días. En el extremo opuesto, un quince por ciento de los que pierden a un ser querido viven con el dolor durante años.

Finalmente, el duelo es no lineal. Como muchas áreas de la psicología humana, el duelo pasó por un período en el siglo veinte en el que fue reducido a una línea progresiva de tareas, pasos y etapas. Es más, se creía que quienes no tachaban cada punto en el orden preestablecido se estaban engañando a sí mismos y que necesitaban apoyo. Ahora sabemos que cada uno sigue su propio camino a su propio ritmo. «Uno de los descubrimientos más consistentes es que el duelo no es una experiencia unidimensional», escribió Bonanno.

Lo que él y otros han descubierto es que el dolor pasa más rápido si quienes lo experimentan dan pasos concretos para hacer el duelo por lo que se ha perdido. El duelo tiene el beneficio adicional de ayudar a aquellos que rodean a la persona que ha sufrido la pérdida. En especial cuando se relaciona con las que pueden ser consideradas experiencias positivas, incluso públicas (reír, compartir historias, hacer reuniones, construir monumentos), el duelo se convierte en un acto de conexión y, por extensión, un acto de reconstrucción. No sorprende que en mis conversaciones dos tercios de los entrevistados dijeran que tuvieron alguna clase de duelo durante sus transiciones.

Algunas técnicas más efectivas para el duelo que escuché:

- *Celebrar un aniversario personal.* Davon Goodwin creó un día especial para el aniversario de su traumática lesión cerebral en Afganistán. «Cada 31 de agosto, no hago nada. No trabajo. Solo me siento, pienso y llamo a mi amigo Kelly, que estaba en el asiento trasero, para ver cómo está. No ha habido ni una sola vez en la que ese día no me haya afectado».

- *Práctica familiar.* Dwayne Hayes, que era un marido muy masculino de Míchigan, sufrió una crisis emocional cuando su esposa, que ya había perdido dos embarazos, dio a luz a dos gemelas, ambas sin vida, tras un desprendimiento de placenta. «Creamos muchos rituales por las niñas. Celebramos su nacimiento a diario junto con sus hermanos, que llegaron después. Compramos muffins y vamos al cementerio. En invierno, llevamos coronas de flores», dijo.

- *Una afectuosa despedida.* Lisa Heffernan, la madre que tenía tanto temor al nido vacío que cofundó un grupo de Facebook para madres de jóvenes, sobrellevó con cuidado la transición de sus hijos a la universidad. «Creé toda clase de rituales que tuvieron que ver con llevarlos a sus dormitorios, los restaurantes a los que íbamos, las tiendas que visitábamos. Ritualicé la forma en que nos comunicábamos con un mensaje grupal especial. Lo llamé la "cena digital". Acabé dándome cuenta de que no estaba sufriendo por su partida. Estaba sufriendo por conocerlos menos. No quería que nos convirtiéramos en extraños».

- *Reflexión privada.* Helen Kim, profesora de biofísica coreanaestadounidense en Alabama, contrajo cáncer de estómago en estado avanzado. En consecuencia, perdió dos tercios del estómago y luego su matrimonio se terminó, dado que ella ya no podía dedicarse por completo a su marido, y él no estaba dispuesto a cuidarla a ella. Su trauma revivía cada vez que iba a cenar con sus compañeros de trabajo. «Siempre tenía que desaparecer para ir al baño porque me daba diarrea. Me sentaba allí y pensaba: "¿Por qué tengo que ser diferente?". Sufría un momento, luego regresaba a la mesa y nadie notaba la diferencia».

- *Sensación de perspectiva.* Seth Mnookin, el graduado de Harvard que pasó la mayor parte de la veintena como adicto a la heroína, dijo que veinticinco años después aún lamenta las experiencias que no pudo tener. «Lamento no poder hacer cosas que me gustan, como ir a conciertos y fumar hierba; solía disfrutarlo. Lamento no poder probar psicodélicos, por lo que siento curiosidad. Lamento no poder ser un descarriado, un vaquero, que es mucho más romántico que conducir un Subaru Forester, llevar animales al veterinario y ver a mi gastroenterólogo. Lamento haber perdido todas esas cosas, pero prefiero ser quien soy antes que el que era entonces».

ESTAS BOTAS SE HICIERON PARA HABLAR

Algunos de los factores que descubrí los había estado buscando, otros llegaron a mí. Fue el caso de la última forma en que las personas tienden a marcar el fin de un momento emocional de sus vidas. Identifican un recuerdo que los vincula con su vida anterior y lo convierten en una vía para llevar hacia el futuro emociones que si no serían muy intensas.

Una de las primeras entrevistas que hice fue a Dawan Williams. Dawan fue un niño sin padre del interior de Filadelfia, que fue a prisión por robo a mano armada a los veintidós años. Como padre de varios hijos, participó en un programa para padres encarcelados, luego, cuando salió, comenzó a trabajar para el programa. Me dijo que aún tiene las botas de prisión junto a la puerta de su casa para que sean lo último que vea al salir cada día. «Son un recordatorio constante que dice: "Esto no es lo que quiere, señor. Ha recorrido un largo camino y puede ir a donde sea"».

No mucho después de la entrevista, estaba hablando con Eric Haney, descendiente de siete generaciones de montañeses Apalaches del norte de Georgia, que se unió a la Fuerza Delta, la unidad antiterrorista de élite. El 25 de abril de 1980, Eric estaba a bordo de la aeronave que lideraba el descenso en el desierto central de Irán como parte de la Operación Garra de Águila para rescatar a rehenes en Teherán. La misión se encontró con un fenómeno climático inesperado llamado «*haboob*», una enorme nube opaca de polvo. En medio de la oscuridad, un helicóptero Sea Stallion estadounidense chocó contra el avión de Eric y provocó una enorme explosión. «Tuve terror a morir quemado. Pero cuando las hélices golpearon el tanque, el combustible se filtró por un corte en el avión y cayó». El equipo pudo saltar para salvarse, y Eric fue el último superviviente al que subieron al avión de asistencia para la misión fallida. Hoy en día, tiene las botas que usaba esa noche en la oficina donde escribe. «No intento revivir esa época. Encuentro sentido en esta nueva fase de mi vida. Pero quiero recordar que es parte de quién soy».

Incluso Davon Goodwin conserva junto a la puerta de su habitación las botas manchadas de sangre que usaba en Afganistán cuando pasó sobre el dispositivo explosivo improvisado. «Las miro a diario. Necesito hacerlo. Me hace pensar "Lo logré", y eso me recuerda que debo ser humilde».

Tres vidas diferentes. Un objeto. La misma historia. ¿Qué está ocurriendo?

Agregué una pregunta sobre recuerdos y otros objetos simbólicos en mis entrevistas. Ochenta y cinco por ciento de los entrevistados dijeron que los guardaban; quince por ciento dijeron que no.

La idea de que las posesiones forman parte de nuestra identidad no es nueva. Los académicos han observado durante dos generaciones que las pertenencias representan un papel en la creación y preservación de nuestro ser. «Las cosas nos dicen quiénes somos», escribieron Mihaly Csikszentmihalyi y Eugene Rochberg-Halton a comienzos de 1980.

Pero yo comencé a sentir que lo que pasaba era algo más urgente. Más allá de su valor simbólico, esos zapatos ensangrentados, fotografías desgastadas, joyas sin uso o cicatrices faciales, se convirtieron en agentes de cambio en sí mismos. Para empezar, sirven de contenedores para muchas de las emociones indisciplinadas que hacen ebullición en momentos de turbulencia. Asignar un objeto a esas emociones, en cierto modo amorfas, las contiene y las vuelve menos amenazantes.

Y, más importante, el objeto se convierte en un medio para un viaje emocional en el tiempo. «Toco este collar y recuerdo a mi madre». «Miro esta fotografía y recuerdo lo que sentía antes de recibir esa terrible llamada». El recuerdo, en este sentido, no solo desaparece en un rincón de nuestras vidas (después de todo, lo conservamos al fondo de un estante o guardado en un cajón), también se encuentra listo para aparecer en un instante y transportarnos al pasado. El recuerdo, entonces, se convierte en un representante de la experiencia original y, gradualmente, se convierte en la historia general de nuestras vidas, incluso mientras ocupa un lugar cada vez menos prominente en nuestras vidas.

Algunos de los recuerdos significativos de los que escuché son visuales:

- Amy Murphy guarda una fotografía en su teléfono en la que se la ve feliz con su bebé de dos semanas en brazos, antes de que le diagnosticaran el desorden mental que dominaría sus vidas durante los dieciocho años siguientes.

- Después de que la esposa de Jan Egberts se suicidara, él reunió decenas de fotografías de la vida que habían compartido en un portarretratos digital. «En ese momento, estaba muy enojado. Pero al ver la progresión de fotografías, desde las felices de cuando acabábamos de conocernos o cuando viajamos a China, Afganistán o Irán, hasta cuando su salud mental comenzó a deteriorarse, hasta el punto en que ya no sonreía en absoluto y ya no había más fotografías felices, supe que nunca lo había notado. Eso me ayudó».

Otros recuerdan traumas médicos.

- Peggy Fletcher Stack conserva, junto con una pila de facturas, el estetoscopio con el que escuchó el corazón de su hija Camille, que murió de una enfermedad congénita. «Cada uno de ellos es un objeto que me recuerda a esa época. Con solo tocar esas cuentas la rememoro. "Esta es de cuando la llevé al cardiólogo. Esta de cuando la llevé al hospital"».
- Adam Foss acabó internado en una institución mental de Boston tras una borrachera causada por una ruptura difícil. Guarda un papel en su cartera en el que consta la presión y el ritmo cardíaco que tenía cuando lo ingresaron. «Básicamente no hay presión porque mi sangre estaba muy licuada, era todo alcohol. Hasta ese punto bebí. Conservo ese papel como recordatorio: "Esto fue lo que te hiciste a ti mismo. Así de cerca estuviste de morir"».

Algunos incluyen prendas de ropa:

- Jen Leary quiso ser bombera durante toda su vida. Era una de las únicas dos mujeres en su clase de cien en el departamento de bomberos de Filadelfia. Luego inició una organización para salvar mascotas rescatadas de incendios. Pero cuando un pitbull al que estaba acogiendo temporalmente atacó a su novia, Jen intervino, y el perro le destrozó las muñecas, por lo que se vio obligada a retirarse a los treinta y un años. Una amiga de la oficina de seguridad se apiadó de ella y le permitió romper las reglas para quedarse con el casco, que Jen conserva en su casa.

- Vivienne Ming jugaba al fútbol en la escuela cuando todavía tenía cuerpo masculino. Luego dejó la universidad, vivió en un coche y estuvo a punto de morir en un intento de suicidio, antes de volver a estudiar, hacer un doctorado en neurociencia cognitiva y transicionar a mujer. «Aún conservo el esmoquin que compré en un arranque de locura para llevar a mi primera novia al baile. Cuando me casé con mi esposa, ya estaba tomando hormonas y bajando de peso, así que usé el esmoquin para la boda. Me parecía un disfraz, pero nadie lo supo, a excepción de ella y yo».

Otros los llevamos en nuestros cuerpos:

- Eric Johnson trabajó haciendo contabilidad para un jefe de la mafia en Brooklyn durante años. Vio cómo asesinaban a su novia y se volvió adicto a la cocaína. Luego se desintoxicó, abrió una empresa de fontanería y se convirtió en diácono de una iglesia. Dijo que sus recuerdos eran las marcas de los pinchazos. «Son marcas de agujas en el brazo. No me avergüenzo de mi historia porque es lo que me trajo hasta aquí, pero miro las marcas y recuerdo que no quiero volver allí».
- Doc Shannon se afeitó el bigote cuando lo enviaron a Vietnam en 1968. Pero, cuando dos de sus compañeros fueron asesinados, volvió a dejárselo crecer para honrarlos. «Cada día de mi vida, cuando me afeito, veo el bigote y pienso en ellos. Han pasado quince años y aún tengo el bigote. Cuando cada uno de mis nietos cumplieron trece años, compartí con ellos esta historia y les pedí que se la contaran a sus nietos, así ellos también podrán recordar a mis amigos».

Acontecimientos y objetos ceremoniales (desde rituales hasta duelos y recuerdos) son formas de ayudarnos a contener y dar forma a momentos emocionales de nuestras vidas.

Son particularmente efectivos en la parte del largo adiós de las transiciones, ya que ayudan a reconocer que el pasado es, de hecho, pasado. Encarnan y, a la vez, controlan nuestras incertidumbres y miedos. Y son una declaración (para nosotros mismos y para los demás) de que hemos atravesado un cambio de vida crítico y de que estamos listos, aunque sea un poco, para lo que esté por venir.

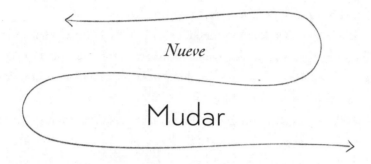

Nueve

Mudar

Renunciar a antiguas actitudes

Se llama desordenado intermedio porque es desordenado. Causa desorientación y desaliento, liberación a algunos, rabia a otros. Hábitos a los que siempre nos aferramos colapsan, identidades que hemos cultivado durante años se desvanecen. Las historias personales que creímos que contaríamos siempre llegan a un final abrupto.

¿Y ahora qué?

Mis conversaciones muestran que las personas hacen dos cosas predominantes en estos períodos críticos de transición. No las hacen necesariamente en orden, no las hacen rápido, ni siquiera de manera consciente. Pero las hacen.

Primero mudan: hábitos, rutinas, formas de ser, ilusiones, sueños.

Segundo, crean: nuevos hábitos, aptitudes, habilidades, talentos, formas de expresión.

Exploraremos la primera en este capítulo y la segunda en el siguiente. Comencemos con un ejemplo que tiene un poco de ambas.

«LA BASURA SE ME ESCAPABA POR EL TRASERO»

Mark Lakerman nació en Portland, Oregón.

—Fui la criatura Frankenstein de dos diseñadores, arquitectos y planificadores modernistas y heroicos —dijo—. Me criaron en su hogar creativo y luego me enviaron a cumplir su voluntad.

El padre de Mark era el fundador de la División de Diseño Urbanístico de la ciudad de Portland. Su madre era una académica de aldeas urbanas tempranas, que llevaba a su hijo por el mundo mientras estudiaba comunidades neolíticas

—Me expusieron a mucho contenido interesante. Además, en medio de los años sesenta, John F. Kennedy nos pidió que consideráramos lo que podíamos hacer por nuestro país. Yo estaba programado para pensar que algo podíamos hacer por él.

Cuando estaba en la escuela, canalizó su entusiasmo creando una tira cómica gigante, de sesenta por noventa centímetros, en la que convirtió a los superhéroes y villanos de Marvel en personajes espaciales que luchaban por el expansionismo occidental.

—Creo que intentaba compensar mi angustia adolescente.

Tras un año sabático en el que reformó casas, Mark estudió arquitectura durante cinco años en la Universidad de Oregón. Luego comenzó a trabajar para una agencia de diseño local.

—Por suerte, justo cuando estaba cuestionando mi carrera, se descubrió un enorme escondite de desechos tóxicos. Mi firma estaba diseñando un edificio para el Banco de América en el centro de Portland, justo a la orilla del río. Pero resultó que nuestro contratista les estaba pagando a los inspectores del gobierno para que ignoraran el hecho de que había grandes concentraciones de material contaminado en enormes tanques de almacenamiento enterrados en ese lugar. Cuando lo descubrieron fue un chiste —continuó—. Todos se reían como si no fuera gran cosa y no estuviéramos incumpliendo la ley.

—Su reacción fue convertirlo en algo importante, al menos para sí mismo—. Dimití de una forma hermosa. Llevé a mis seis jefes a la sala de conferencias y pronuncié un discurso adorable acerca de que todos teníamos aspiraciones en común al dedicarnos al diseño, pero que estas habían quedado abandonadas. Básicamente, les dije: «Me voy, pero aún creo en ustedes». Años después, uno de ellos me dijo que mi discurso había ayudado a la firma a hacer algunos cambios. Fue agradable escucharlo.

Después, Mark hizo lo que muchos al experimentar un terremoto vital. Naufragó, deambuló, se perdió.

—Comencé a viajar. Al principio no tenía una intención clara, solo sabía que necesitaba salir y ver el mundo. Fui a Europa, a Mesopotamia, luego llegué al norte de África. Comencé a preguntar a la gente: «¿Qué hay de malo en mí? ¿Qué hay de malo en mi comunidad?». Y me decían: «Los estadounidenses no son muy interesantes. Tienden a hablar mucho sobre lo que cuestan las cosas y no se les da bien escuchar».

Pero esas personas también le dijeron que se quedara por allí. Durante los siete años siguientes, Mark vivió viajando. Elegía un lugar, hacía amigos que le daban trabajo, vivía allí un tiempo y luego seguía adelante. Todo ese tiempo, atravesó un proceso de desprendimiento de capas de su identidad. Las eliminó una tras otra; sus pretensiones, su desagradable americanidad, su tendencia a hablar demasiado. Se sentía desnudo e indefenso.

—Llegó un momento en el que soñaba con caminar hasta el puente que tenía a unas seis calles y saltar. —Pero, poco a poco, trabajó para desenterrar sus verdaderas creencias. Soltó su apego al dinero—. Tenía que simplificar mi vida, liberarme de la necesidad de comodidad, dejar de ser un consumista. —Ajustó su obsesión con el trabajo—. Tuve que recalcular, descubrir cómo trabajar con capital alternativo, dejar de pensar en términos de presupuesto y logros. —Redujo su apego a las comodidades de la civilización—. Al final, supe que, para experimentar los patrones humanos por completo, tenía que visitar una comunidad preindustrial que no hubiera recibido el impacto del colonialismo.

Y así lo hizo. Se internó en la selva profunda del sureste de México, donde lo invitaron a vivir entre los mayas lacandones, una de las tribus más aisladas del mundo, que residen en la zona de guerra zapatista en la frontera con Guatemala.

—Era casi como intentar encontrar el Jardín del Edén.

Allí, tras meses nutriendo la confianza, Mark tuvo una experiencia que, según cree, solo pudo ser posible después de la limpieza a la que se había sometido.

—Fue un momento del que nunca hablo, pero que casi podría llamar sagrado. Estaba sentado con un hombre joven fuera de una casa sagrada. Toda la comunidad estaba reunida, y todos usaban la misma ropa. Salvo por un poco de vello facial, podrían haber sido andróginos. Este hombre, Mario, había sido mi guía durante meses. —Mientras los dos estaban sentados con las piernas cruzadas, una mariposa se posó sobre el hombro de Mario—. Él sacudió la mano, la mariposa dejó su hombro y comenzó a volar sobre su mano. Luego empezó a trazar círculos sobre la palma abierta, pero sin posarse en ella. Mario se acuclilló, extendió la otra palma abierta, y la mariposa saltó hacia esa muñeca, antes de empezar a ir de una mano a otra en una especie de danza. Lo hizo unas seis veces. Después... ¿cómo podría describirlo? —continuó Mark—. La mariposa se paró en su dedo índice de la mano derecha. Mario se inclinó, como si me ofreciera la mariposa a mí, y dijo: «Levanta el dedo». Lo hice, pero quedó claro que la mariposa no tenía interés en saltar hacia mí. Así que Mario pareció intentar convencerla con un poco de insistencia. Al final, la mariposa pasó del dedo de él al mío. No me interesan mucho los efectos de Steven Spielberg, como los alienígenas o los planetas que explotan, pero, en ese momento, mientras observaba la sutil danza entre una mariposa y un humano, sentí que había un niño de diez años dentro de mí que seguía vivo. Y sentí que la vida era mucho más de lo que jamás había creído posible. Y recuerdo sentir que algo dentro de mí se derretía, como si mi basura se me estuviera escapando por el trasero o algo. Me sentí reafirmado y también sentí que había recuperado esa sensación de querer hacer algo por el mundo que tenía cuando era niño.

Mark regresó a Portland decidido a llevar consigo la idea de que la humanidad había perdido los centros de reunión comunal como la que había experimentado aquel día. La idea de que habíamos sucumbido ante la red urbana de calles industriales, puertas cerradas, mínimo contacto humano. Inició una comunidad estilo guerrilla llamada *City*

Repair Project (Proyecto reparar la ciudad). La primera iniciativa fue construir un salón de té móvil, hecho con puertas y ventanas que pudieran abrirse y cerrarse, además de doseles gigantes con forma de alas de mariposa. Un equipo instalaba el salón de té los lunes por la noche en intersecciones de la ciudad con mucho movimiento e invitaba a los vecinos a llevar postres y disfrutar de la música.

—Era una especie de fusión entre un lugar de reunión maya y una tienda donde podías tomar el té de las cinco en Oxford, Inglaterra —explicó—. Decíamos que queríamos dar un nuevo propósito a las intersecciones. Santo Dios, hay veintidós mil en esta ciudad.

A los residentes les encantó la idea y, en poco tiempo, los vecinos invitaban al equipo a ocupar sus intersecciones. Pero los dirigentes de la ciudad se opusieron. Mark se remontó a las historias para dormir que le contaba su padre, acerca de enfrentarse a los dirigentes corruptos. Finalmente, cuando el clamor popular se hizo lo suficientemente fuerte, el alcalde y el concejo de la ciudad aprobaron una ley para legalizar las reuniones vecinales. El proyecto de Mark iba en progreso. En el cuarto de siglo siguiente, su organización creció para incorporar actividades de «*placemaking*» (urbanismo participativo, intervención del espacio), como construir granjas colectivas o pintar cruces de caminos poco atractivos en comunidades de todo el mundo. La génesis, según dice, fue el momento de la mariposa.

—Quiero decir, al perder el trabajo, puedes sentarte a llorar o puedes ver la oportunidad para una reinvención personal. Yo me dejé envolver por ese mundo, me sentí seguro y sagrado, y me consumió el deseo de transformación. No necesito encontrarle un sentido místico, pero no estoy cerrado a la idea de que estoy habitado por una mariposa o algo. Volví a un estado primitivo, me hice vulnerable y resurgí con alas.

EL ARTE PERDIDO DE PERDERSE

El desordenado intermedio es lo que sucede cuando estamos en medio del cambio, conlleva una complicada combinación de renunciar a antiguas actitudes y experimentar con nuevas; de superar lo pasado y comenzar a definir lo que vendrá. En términos de mariposas, es crear un capullo; en términos heroicos, es perderse.

Antes de adentrarnos en la pregunta de cómo viven las personas el perderse (cómo, incluso, lo aprovechan en ciertas ocasiones), vale la pena hacer una pausa para recordar que perderse es una parte inevitable del proceso. Y así ha sido desde el origen de la narración.

La mayoría de las religiones dominantes incluyen la idea de que los avances significativos de la humanidad conllevan períodos de desconexión y desorientación. Los hindúes lo llaman «morar en el bosque»; las religiones abrahámicas lo asocian con atravesar el desierto. Abraham se lanza hacia lo desconocido; Moisés guía a los israelitas hacia lo salvaje; los israelitas son exiliados de Babilonia; Jonás desaparece dentro de la ballena; Jesús va al desierto; Pablo se aventura en el camino hacia Damasco; Mahoma se retira a la montaña.

Los mitos antiguos tienen el mismo tema: Edipo se lanza a lo desconocido, al igual que Hércules, Jasón, Perseo, Aquiles y Odiseo. Lo mismo ocurre con Benedicto, Antonio, Buda, Maquiavelo y Dante. Los cuentos de hadas clásicos tienen un tema similar: Caperucita Roja se aventura hacia algo que da miedo, al igual que Jack y Jill, Blancanieves, la Bella Durmiente y Jack, que trepa por el tallo de su habichuela. Joseph Campbell llamó a esta parte del camino del héroe «cruzar el umbral», cuando el héroe abandona el mundo ordinario y se embarca en una aventura.

Es posible que esa caracterización vuelva esta etapa más romántica de lo que parece. Puede que Margaret Atwood haya capturado mejor la sensación de desorientación al decir: «Cuando estás en medio de una historia, no es una historia en absoluto, sino solo una confusión, un rugido en la oscuridad, un momento de ceguera, un caos de vidrios rotos y madera astillada. Como una casa en medio de un tornado o un bote destruido por un iceberg o atrapado en los rápidos, en el que toda la tripulación es incapaz de detenerlo».

¡Eso es lo que se siente al estar perdido!

Y, aunque no sirva mucho de consuelo cuando te encuentras en esa situación, así es como se supone que te tienes que sentir. Como dijo André Gide: «Nadie descubre nuevas tierras sin aceptar perder de vista la costa durante un tiempo muy largo». El hecho contrario a la intuición que descubrí en mis conversaciones es que muchas personas reconocen, e incluso reciben con los brazos abiertos, esta sensación de angustia. De *tocar fondo* en lenguaje de un adicto. Porque el fondo implica que ya no queda a dónde ir más que hacia arriba. J. K. Rowling se refirió al momento en que, siete años después de graduarse de la universidad, se convirtió en una madre divorciada, sola y sin empleo y declaró: «era tan pobre como se puede ser en la Inglaterra moderna sin llegar a la indigencia» y «bajo todos los estándares conocidos, era el mayor fracaso que conocía». Ese fondo «se convirtió en la base sólida sobre la que reconstruí mi vida».

Bruno Bettelheim escribió un libro sobre el valor oculto de los cuentos de hadas (*Psicoanálisis de los cuentos de hadas*) al que llamó, en su idioma original, *The Uses of Enchantment* o «la utilidad de los encantamientos». Quizás sea hora de pensar en lo contrario, «la utilidad del desencantamiento». Hay sobrada evidencia espiritual al respecto: «Perdido y Él me halló», dice el himno más famoso de todos los tiempos *Sublime gracia*. También existe evidencia psicológica: durante décadas, los investigadores han visto que las personas que sufren crisis de identidad (y logran resolverlas) son mejores que otros en logros, intimidad y adaptabilidad.

Pero la mejor evidencia puede estar en aquellos cuentos de hadas. El lobo es, sin duda, el que saca lo mejor del héroe. Sin el lobo, toda la historia sería solo una caminata por el bosque.

Veremos algunos ejemplos de cómo aceptan las personas el vacío de sentido en medio de una transición vital:

- Gina Bianchini dice que recuerda a la perfección lo que hizo cuando la despidieron de su puesto como directora ejecutiva en Silicon Valley: «Lo que hice esa noche, y durante semanas, fue beber vino tinto y comer patatas fritas. De hecho, las patatas fritas eran más importantes que el vino. En verdad deseaba comer patatas fritas, en especial con amigos».

- Anna Krishtal descubrió que, después de volver de Israel para acompañar a su madre enferma, tuvo que reconocer que estaba dando vueltas sin dirección. «Creo que la experiencia de estar haciendo maratones de series, tendida en la cama en mallas, con las piernas colgando, el ordenador sobre el estómago, perdida, devorando un episodio tras otro de *Parks and Recreation*, por fin me afectó. Recuerdo haber pensado: "Esto es absurdo. Si un cavernícola me viera ahora, pensaría que ni siquiera soy humana". Y: "Estoy aquí, puedo pasarme otros tres meses deseando un cambio o hacerlo realidad yo misma"».

- Bob Hall volvió a su hogar en Nebraska a los cincuenta años cuando su trabajo como escritor de *Batman* terminó, su matrimonio fracasó y se enteró de que era adoptado. Un choque en cadena que lo dejó completamente a la deriva. «No tenía historia. Sentía que no existía. Era como si el Titanic de pronto hubiera dado marcha atrás. Todo estaba volviendo al inicio, pero no sabía a qué inicio».

- Brad Corrodi quedó devastado cuando no lo tuvieron en cuenta para convertirlo en socio de Booz Allen, luego se recuperó en un trabajo prometedor en una empresa emergente, pero también fracasó. Describió la experiencia como «estar en la habitación del silencio». «La habitación del silencio es cuando estás sentado en la sala de espera, nadie te llama y comienzas a preguntarte: "¿Podré reunir la confianza, la convicción y la motivación para revisar mi lista de potenciales inversores y levantar el teléfono? ¿Para probar con otras cuatro llamadas; para tener conversaciones banales con secretarias, escuchar excusas débiles sobre por qué no puede hablar alguien o por qué no me devolvieron la llamada la semana pasada?". Cada vez que estás en una de esas situaciones, la habitación vuelve a quedarse en silencio y no crees poder seguir adelante».

- Deb Copaken se sentía tan abatida tras cuatro años de crisis personales, profesionales y de salud, que decidió que la única forma de responder era hacerse cargo del problema. «Los llamo los años de caos. Esos años de alboroto y caos fueron los más dolorosos de mi vida ("¿Dios, podré sobrevivir hasta mañana?"), pero también los más hermosos. Creo que todos le tenemos mucho miedo a la falta de estructura, de cuidado, de amor, de todo lo que entendemos. No estoy diciendo que no tengo momentos oscuros. Lo que quiero expresar es que, cuando los tengo, puedo decir: "Estoy en un momento oscuro ahora". Los vivo sentándome a contemplar mis sentimientos por un tiempo, luego salgo y estoy bien».

TRES CAMINOS A TRAVÉS DEL BOSQUE

Una característica común de estos relatos es que las personas describen sus desordenados intermedios con frases como «el período oscuro», «los años de caos», «el desvío», «la ausencia». Hay una sensación de falta de objetivo, de ceguera, de vagabundeo, de nomadismo. Nos convertimos en exiliados de las fronteras normales de la vida. Refugiados entre las rutinas de todos aquellos que nos rodean.

¿Cómo respondemos? Dibujamos nuestras propias fronteras. Creamos nuestras propias rutinas. Pensamos en nuevas formas de estructurar el momento desestructurado en el que nos encontramos.

No me había centrado en particular en el modo en que organizamos el tiempo de transición, hasta que conocí a Ida Benedetto. Ida creció en una granja en el valle de Hudson, Nueva York.

—Cuando pienso en mi infancia, recuerdo todos esos momentos en los que salía a explorar, generalmente sola, y me provocaba mucha alegría. —También asistía a escuelas solo para niñas, lo que le generaba cierta culpa—. Aunque me encantaba vagar, había un nivel de peligro al que no quería exponerme. No experimenté con drogas, nunca tuve sexo sin protección.

Luego alternó entre ir a la universidad y viajar, hasta que una amiga le recomendó que estudiara diseño de juegos.

—Hice un curso y pensé: «Vaya, ¿qué he estado haciendo toda mi vida?».

Después de la graduación, Ida y su novio comenzaron a organizar «aventuras de invasión a la propiedad privada» en la ciudad de Nueva York. Las aventuras incluyeron un safari fotográfico en una refinería de azúcar en desuso, un concierto en un mirador abandonado y un bar clandestino en una torre de aguas. Su evento icónico se dio cuando la pareja llegó a un complejo en las montañas Pocono.

—Llegamos y notamos que estaba abandonado, así que entramos. Había muchas cabañas y una piscina con forma de campana de iglesia; parecían los fantasmas del pasado de los recién casados. —Invitaron a amigos a una aventura secreta—. No les dijimos a dónde iban ni qué hacer cuando llegaran. Más de la mitad de las parejas tuvieron sexo.

El negocio creció y comenzaron a recibir comisiones; Ida y su novio estaban creando algo grande. Pero la relación romántica que sostenía todo empezó a debilitarse. Su novio tenía una mirada curiosa, Ida se volvió demandante y desconfiada, y, en poco tiempo, la relación se terminó.

—Supongo que teníamos una de esas relaciones conflictivas y despreciables que crean trabajos creativos brillantes.

Ida estaba desolada. Sin embargo, su reacción fue instructiva. Recurrió a lo que mejor sabía hacer, diseñar juegos, y a su conocimiento acerca de cómo crear un juego estructurado. Específicamente, Ida empezó a ir a fiestas sexuales, reuniones en las que personas solteras, parejas, homosexuales, heterosexuales y bisexuales se juntaban a jugar. Comenzó a tomar ayahuasca, una droga alucinógena hecha de una planta del Amazonas, que los participantes consumen en entornos controlados. Hizo expediciones a lo salvaje.

A continuación, Ida escribió una tesis sobre actividades teñidas de peligro a la que llamó «*Patterns of Transformation: Designing Sex, Death, and Survival in the 21st Century*» (Patrones de transformación: diseñar el sexo, la muerte y la supervivencia en el siglo XXI). Luego canalizó su interés hacia el diseño de experiencias grupales para corporaciones. Su moraleja: «Cuando la vida se está cayendo a pedazos, necesitas puntos de anclaje. Si abordas la transformación con experiencias diseñadas, es más probable que la transición sea exitosa».

Mi conversación con Ida y con otros jugadores me enseñó una valiosa lección acerca de la necesidad de estructura (lo que ellos llaman *experiencias diseñadas*) en las transiciones vitales. Existen tres clases principales de juegos. La primera es de mundos *abiertos (sandbox)*. Son juegos con límites estrictos y mucha libertad. Algunos ejemplos son: *Minecraft, Farmville* y la versión más exploratoria de *Fortnite*. La segunda es *aventura (quest)*. Son juegos cuyo objetivo es alcanzar cierta meta y conseguir una recompensa específica. Esta clase incluye: *Pokemón, Warcraft* y juegos de búsqueda. La tercera es *arcade (cycle)*. Son juegos con una serie de ciclos en los que el objetivo es hacerlo cada vez mejor. Entre los ejemplos, se encuentran: *Mario Bross, Candy Crush* y *Pac-Man*.

Estas categorías, con sus visiones diferentes de la rutina, el riesgo y la reafirmación, me parecieron una analogía perfecta para el modo en que organizan las personas sus vidas en períodos de inestabilidad. Así que añadí una pregunta a mis entrevistas. «¿Cómo estructuraste tu tiempo durante la transición?».

Como esperaba, surgió un patrón similar. Algunas personas tienden hacia un abordaje más exploratorio, como un juego de mundo abierto. Experimentan con el sexo y con drogas, cambian su apariencia, redecoran. Otras adoptan un camino más lineal, como un juego de aventura. Inician un programa de doce pasos, van a peregrinaciones, se inscriben en clases, abren un hostal. Y otras eligen el modelo arcade. Asisten a servicios religiosos, meditan, hacen jardinería o escriben un diario.

De las respuestas que codificamos, solo dos no encajaban en esta clasificación. El modelo arcade fue el más popular, lo que sugiere que las personas prefieren la regularidad. El segundo fue el de mundo abierto, un recordatorio de que algunos ponen a prueba sus límites en estas ocasiones. El modelo de aventura fue el último. Algunas personas también mencionaron una combinación de los tres.

Algunos ejemplos de cómo estructuraron sus momentos más desestructurados:

Arcade

- Eric Johnson empezó a ir a la iglesia todos los domingos.
- Helen Churki se unió a un grupo de escritura mensual.
- Cahvie Weisberger comenzó terapia.
- John Smitha trabajó como voluntario con grupos de veteranos tres veces por semana.
- Melaine Krause sembró vegetales.
- Margaret Klein adoptó los eventos del ciclo de la vida del calendario judío.

Aventura

- Barbara Prestigiacomo, experfumista, comenzó a estudiar control de plagas.
- Bob Hall se dispuso a buscar a sus padres biológicos.
- Ed Contant hizo un viaje interestatal con su tercera esposa en busca de un centro de mayores.
- Michael Angelo hizo un viaje internacional para salvar su matrimonio en crisis.
- Leo Eaton recorrió todos los lugares en los que había vivido con su esposa, hasta que llegó a la isla de Grecia que había sido su hogar. Allí esparció las cenizas en un jardín.
- Cuando a Bret Parker le diagnosticaron párkinson, decidió correr siete maratones en siete días, en cada uno de los siete continentes. Lo logró.

Mundo abierto

- Matt Weyandt renunció a su trabajo y se mudó a una choza en la playa de Costa Rica con su esposa y su bebé recién nacido.

- Doc Shannon experimentó con drogas.
- Serena Stier solo había salido con su marido antes de casarse. Cuando él se suicidó, ella pasó por un período de experimentación con otros hombres para «descubrir su sexualidad».
- Tras retirarse de la NHL, Jason Doig incursionó en bienes raíces, acciones y compensación de emisiones de carbono.
- Ann Imig asistió a más de una docena de entrevistas informativas de veinte minutos de diferentes áreas después de renunciar a la interpretación y sufrir un aborto. Su presentación: «Intento descubrir qué estoy haciendo con mi vida. Quiero saber por qué le gusta lo que hace».
- Sarah Holbrooke tuvo citas indiscriminadamente. «Mi marido acababa de engañarme mientras estaba embarazada. Perdí los kilos de más de inmediato. Tenía los pechos grandes porque estaba amamantado. No era una mujer arrugada de cuarenta años, ni de cincuenta con el cuerpo caído. Mi reloj no estaba corriendo. Y no estaba buscando al hombre indicado, estaba buscando con quien pasar el tiempo. Y fui muy clara con todos: "No busco una relación seria. Si es lo que buscas, no pierdas el tiempo conmigo". Y, ¿sabes qué?, ¡no es tan difícil de encontrar! Estaba un poco loca y era un poco salvaje, y eso me servía por ese entonces». Al final, Sarah volvió a enamorarse, lleva veinte años en un matrimonio feliz y tiene otros dos hijos. Su historia es un recordatorio de que muchas de las personas que eligen estos modelos lo hacen porque es su ritmo natural. Pero, para otros, el modelo que adoptan puede ser algo temporal que les da una estructura en ese momento, que incluso les permite probar una forma de vida diferente antes de retomar el resto de sus vidas.

UNA GUÍA PARA MUDAR

Por más crítico que sea reconocer que estamos perdidos y encontrar un modo de estructurar el tiempo para perseverar en el desordenado intermedio, palidece frente al trabajo de entrar a este período bisagra. Tenemos que renunciar a antiguas actitudes. ¿Cómo lo hacemos?

Igual que los animales.

El proceso de adaptación biológica es como pierden los animales los cuernos, el pelo, la piel, la melena, las plumas, la lana, incluso las gónadas. Las serpientes mudan la piel; las aves, las plumas; los cangrejos, el caparazón; las langostas, todo el exoesqueleto. Lo hacen porque están creciendo. Experimentan un cambio de tamaño, de forma, de temporada o de maduración. No pueden alcanzar el nuevo estado sin deshacerse de los remanentes del anterior primero.

Los humanos atravesamos un proceso similar cuando pasamos por una transición. Adaptamos nuestras actitudes, convicciones, rutinas, sueños. Los psicólogos han descubierto que la mitad de nuestras acciones diarias no las hacemos por decisión propia, sino por hábito. ¿Y sabéis qué? También nos deshacemos de ellas. El proceso no siempre es fácil. Mark Twain escribió que «no se puede arrojar los hábitos por la ventana, hay que bajarlos por las escaleras, escalón a escalón». Pero mis conversaciones sugieren que no es así. Las personas abrazan el cambio.

La idea de que las personas pueden crecer en tiempos de cambio es otra diferencia significativa entre las crisis de cuando sea de hoy en día y el modelo de «crisis de la mediana edad». La visión tradicional ha sido que las personas que se enfrentaban a su mortalidad eran reacias a aceptar sus limitaciones. «Ah, bien, supongo que no seré mediocampista de los Yankees, no seré vicepresidente ni me retiraré a una isla privada. Supongo que, en cambio, engañaré a mi pareja o compraré un coche deportivo».

Esa visión ya ha cambiado. Muchas de las cualidades que las personas mudan no son admirables; como ser complacientes, exageradas o beber en exceso. Claro que algunas son placenteras; como usar un traje de baño de dos piezas, conducir una motocicleta o jugar fútbol amateur. Pero la mayoría son vicios, pecados o vanidades que estaríamos encantados de abandonar.

En resumidas cuentas: renunciar a una identidad, ya sea dolorosa o placentera, es una condición necesaria para dar paso a la nueva identidad que nos espera. Incluso puede ser una fuente de satisfacción.

La mayor categoría de cosas a las que las personas renunciaron fue a parte de su personalidad.

Carol Berz tuvo que renunciar a su sensación de que no era apta tras ser elegida para ser concejala de la ciudad de Chattanooga. Christian Picciolini tuvo que olvidar su ambición de poder al abandonar a los neonazis. Deborah Fishman dejó de obedecer a los hombres cuando se alejó del judaísmo ortodoxo. Michael Mitchell tuvo que renunciar a la idea de que siempre haría algo constructivo al jubilarse después de cuatro décadas como médico. Cuando regresó a Dakota del Norte desde Minneapolis, Ellen Shafer tuvo que dejar de usar prendas demasiado sensuales porque una colega le dijo que no debía mostrarse tanto en el trabajo. Karen Peterson Matchinga dejó de intentar hacer felices a todos a su alrededor tras un año al cuidado de su marido herido. «Ya no tengo tiempo. Mi vida es demasiado preciada y quiero todo el espacio sagrado para mí».

La siguiente categoría fue renunciar a una emoción.

Mary-Denise Roberts tenía tantas cicatrices por una niñez de abuso sexual que le resultaba difícil superar el miedo a que el hombre con el que salía la atacara en cualquier momento. Después de retirarse de su carrera militar y de su negocio de seguridad paramilitar, Eric Haney se esforzó para liberarse de la necesidad de disciplina, orden y control para ser escritor a tiempo completo. Tiffany Grimes tuvo que olvidar la atracción hacia el cuerpo de su esposa cuando Dade transicionó en hombre. Loretta Parham amaba ser abuela, pero, cuando se vio obligada a criar a sus nietas, tuvo que dejar de consentirlas para educarlas en la disciplina.

Muchas personas hablaron de abandonar ciertos aspectos de sus estilos de vida.

Coco Papy tuvo que dejar de ir caminando a todas partes cuando se mudó de Brooklyn a su ciudad natal, Savannah. Amber Alexander tuvo que dejar las citas nocturnas con su marido cuando a su hijo le diagnosticaron un tumor cerebral. Ann Ramer sacrificó el tiempo con sus amigas durante los años que cuidó de sus dos hijos con cánceres múltiples. Cuando Leigh Wintz por fin se comprometió a bajar treinta kilos, tuvo que abandonar el hábito de abrir el frigorífico cada vez que entraba a su casa. Y, uno de los casos más destacables, después de un trasplante de hígado, Randy Railey tuvo que renunciar a la idea de que conocía su propio cuerpo porque se le antojaba comer guacamole, algo que nunca le había gustado; comenzó a comer espaguetis, cuando antes no comía pastas. Además, le creció vello púbico rubio, cuando siempre lo había tenido oscuro. «Sé que es demasiada información, pero ¡tardé mucho en acostumbrarme!», afirmó.

Algunas personas dijeron que tuvieron que echar por la borda ciertas creencias.

Lester Johnson renunció a celebrar la Navidad y a comer jamón cuando se convirtió al islam. Jenny Wynn tuvo que dejar de ser una seguidora para convertirse en pastora de su iglesia. Tras sobrevivir al tornado, Kate Hogue tuvo que abandonar la idea de que Dios resolvería todos los problemas para pensar que Dios estaba presente y confiaba en que los humanos pudieran arreglárselas. Janelle Hanchett, después de abandonar el alcohol, tuvo que dejar de preguntarse qué podía sacar de cada situación que se le presentaba y pensar en qué podía ofrecer a los demás. Después de un cuarto de siglo como oficial, John Austin tuvo que acostumbrarse a no tener un arma y a jugar con las mismas reglas que los civiles. «Un momento, ¿ahora tengo que hacer la cola para subir a un avión? ¿Ahora tengo que parar en el semáforo? ¿Ahora tengo que perseguir a las personas para que me escuchen? Antes podía obligarlas».

Finalmente, muchos tuvieron que abandonar ciertas actitudes hacia el dinero.

Jeffrey Sparr tuvo que olvidar la necesidad de recibir una paga mensual cuando renunció al negocio textil de su familia para iniciar una organización sin fines de lucro en salud mental. Para dejar el trabajo corporativo y comenzar su propio negocio, Gena Zak tuvo que renunciar a la necesidad infantil de demostrarle a su madre que lograba el éxito. Vivienne Ming tuvo que abandonar la posición (y los ingresos) de un trabajo en Stanford cuando la despidieron mientras hacía la transición de hombre a mujer. Melanie Krause tuvo que dejar de ir a su restaurante de comida china preferido, de ir al cine o de salir a cualquier otro lado cuando ella y su marido usaron todos sus ahorros para abrir su bodega en Boise. «Fue muy molesto y estresante decir: "De acuerdo, es viernes por la noche, ¿qué hacemos? Bueno, no tenemos dinero, ¿nos quedamos en casa y tenemos sexo?". No sé si querrás escribir eso, pero ¡así fue, de verdad!».

Como en muchos aspectos de las transiciones vitales, el acto de mudar es, fundamentalmente, un acto de adaptar la historia personal. Es un evento narrativo. Conlleva cerrar ciertos capítulos de la vida para abrir nuevos. Resulta que el nuevo capítulo se construye alrededor de una de las cosas más emocionantes que escuché: un período de abrumadora creatividad.

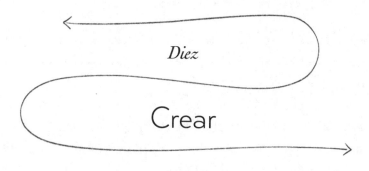

Diez

Crear

Probar cosas nuevas

G ran parte del proceso de una transición puede parecer un gran esfuerzo. Incluye aceptar la situación incierta, ritualizar el cambio de posición, mudar los viejos impulsos. Pero en alguna parte del camino, sucede algo inesperado: el proceso empieza a volverse inventivo, imaginativo, incluso boyante. Experimentas con una nueva distracción; retomas un interés olvidado; comienzas a repensar tu historia.

Intentas algo, lo que sea, de un modo que no parecía posible incluso unos días antes.

En un patrón que no había imaginado, una destacable cantidad de personas dijeron que, en esos momentos que podrían ser sombríos (estando en el fondo de su cambio de vida), recurren a la creatividad. Y no solo «creatividad» en el sentido abstracto de un nuevo abordaje a un problema conocido, sino en el sentido real de crear algo nuevo. Comienzan a bailar, cocinar, cantar, pintar; a escribir poemas, cartas, notas de agradecimiento, diarios; cogen banjos, zapatos de tap, bolas de malabarismo, tijeras de podar.

En el momento de mayor caos, responden con creatividad.

«LO QUE DE VERDAD ME GUSTABA ERA LANZAR PINTURA SOBRE EL LIENZO»

Zachary Herrick fue un bebé prematuro de padres afroamericanos de Kansas adictos al crack. Lo adoptaron unos padres blancos que tenían otros dos hijos negros.

—Incluso en los ochenta, nos miraban en la piscina, una pareja blanca con un montón de niños negros, y decían: «¿Por qué?». —Lo llamaban «mono apestoso», y alguien escribió «negro» con pintura en aerosol en el coche de su hermana.

Como tuvo problemas de aprendizaje desde pequeño, la escuela le resultaba difícil y poco atractiva. Practicaba deportes, tenía trabajo, era popular, pero las calificaciones nunca fueron lo suyo.

—Mis padres insistían en que no puedes dejar que las fuerzas externas definan quién eres, así que fue algo que interioricé.

Después de la graduación, trabajó en una fábrica de muebles, luego en construcción, hasta que su padre, veterano de Vietnam, le sugirió que se uniera al ejército.

—Me encantó desde el primer día. Hice más amigos que nunca. —Pasó el entrenamiento de infantería en Fort Benning y lo trasladaron a Hawái—. Pensé: «Excelente, ¡playa y mujeres!».

Pero el ejército buscaba las montañas, ya que el terreno elevado de Hawái es similar al de Afganistán. En poco tiempo, Zach y su batallón estaban en la provincia de Kandahar. Tres meses más tarde, en la tercera semana de junio, Zach estaba en una misión para luchar contra los talibanes en el valle de Arghandab, al norte de Pakistán.

—Aterrizamos a las dos de la mañana y comenzamos a bajar de la montaña hacia el pueblo. Estábamos a un kilómetro y medio y nos detuvimos a evaluar la situación. Entonces, nos tendieron una emboscada. —Ese día, Zach llevaba el uniforme completo; casco, rifle, municiones, cargadores, granadas. Y, por primera vez, cargaba algo más: miedo—. Empanzamos a luchar con el enemigo. Estaban a unos treinta metros de distancia. Había un hombre, sentado fuera de una cabaña de barro, y podía mirarlo a los ojos. Es decir, era un combate cercano.

Luego, ¡pum!, recibí el disparo de un rifle o una ametralladora, no estoy seguro. Sentí como si me estallara un petardo en la boca. Recuerdo que era de día, porque regresé a la choza en la que estaba con mis compañeros y les dije: «Me han disparado». Y ellos respondieron: «Sí, lo sabemos». —Zach se quedó tendido en el suelo mientras la contienda continuaba a su alrededor—. No creí que fuera tan grave. Todavía podía ver. Noté que tenía la mandíbula herida porque tragaba dientes y huesos. No podía respirar por la nariz, pero sí por la boca. —Luego llegó el médico—. «¡Oye, Curly negro!» le dijo. Ese era mi apodo. Yo levanté el pulgar. El médico se acercó y abrió los ojos muchíííísimo y, por un momento, me miró como diciendo: «Santo cielo». Después buscó su bolso y comenzó a vendarme el rostro; aquí, allá, por todas partes. «Mantente despierto», me dijo. Pensé que si moría allí, estaba bien, porque al menos moriría rodeado de los mejores amigos que había tenido. Justo en ese momento, llegó el líder de mi escuadrón. También le habían disparado en el rostro. Se sentó y nos miramos el uno al otro como diciendo: «Hombre, este es un mal día».

Con una orden rápida, a Zach lo subieron a un helicóptero Chinok, lo llevaron a Alemania y, luego, al centro médico Walter Reed a las afueras de Washington D. C.

—Cuando despegó el último vuelo, comencé a sentir dolor en los brazos, las piernas, el pecho. Me pareció eterno. Empecé a ahogarme con mi sangre. Sentía los dientes rotos; no podía respirar. Pero me dije a mí mismo: «No voy a morir en este avión». Desperté frente a una hermosa enfermera rubia, con unos preciosos ojos sonrientes, y pensé: «¡Estoy vivo!».

Fue la hermana de Zach la primera que le llevó un espejo para mostrarle lo que nadie se atrevía a decir: le habían volado el rostro de un disparo. No quedaba nada de su cavidad oral; ni labios ni fosas nasales ni mandíbula. En los años siguientes, Zach pasó por treinta cirugías, desde la punta de la nariz hasta el mentón. Volvieron a coserle la lengua, le insertaron una nueva mandíbula y le reconstruyeron el rostro. Solo podía alimentarse por sonda y estaba confinado a una silla de ruedas por haber perdido demasiado peso.

—Fue un largo camino. No solo físico, también emocional. Básicamente, no funcionaba.

Planeó acabar con su vida.

Pero sucedió algo inesperado. Ya vivía solo, le habían retirado la sonda y estaba recuperando peso. Su madre se había mudado cerca. Pero tuvo que renunciar a muchas de las comidas que solía disfrutar.

—Las comidas picantes estaban descartadas. Mi boca no podía soportarlas. —Así que, un día, decidió aprender a cocinar—. Mi madre me animó. «Te gusta comer, deberías preparar tu propia comida», me dijo. También empecé a usarlo como truco cuando tenía citas. —Aprendió a preparar chuletas de cordero, pollo asado, salmón a la parrilla—. Me gusta hacer barbacoas. Y preparar el desayuno. Justo hoy preparé tortitas. Mi especialidad son los paninis. Me encanta. Amo experimentar y crear cosas.

La cocina no fue lo único que adoptó.

—Escribir me ayudó mucho. Empecé en Walter Reed. Luego fui a una clase de escritura en USO y ahora voy por la tercera. Puedes crear todo un mundo diferente y escribir acerca de tus sentimientos. Eso me ayudó mucho. Aprendí cómo identificar las cosas que me resultaba difícil decir o sacar de mi cabeza, pero que podía expresar en papel. —Escribió poesía, historias, ensayos—. En lugar de decirle a alguien que he tenido un mal sueño, puedo escribirlo y sentirme mejor.

Después comenzó a pintar.

—Flores, árboles, cosas así. Pero soy un hombre de infantería, lo que de verdad me gustaba era lanzar pintura sobre el lienzo. ¡Era emocionante! Era agresivo, pero de un modo que no dañaba a otro ser humano. Disfrutaba.

—Espera, ¿comenzaste a lanzar pintura sobre el lienzo? —le pregunté.

—Sí, ¿conoces a Jackson Pollock? Como él.

Le pregunté qué hubiera pensado el Zach de dieciséis años de la idea de que su versión de veinticinco hiciera tortitas, escribiera poesía y pintara como Jackson Pollock.

—Seguro que hubiera dicho que era estúpida —respondió.

Entonces, ¿qué sucedió? ¿Qué hizo que el soldado bruto Zachary Herrick, que odiaba estudiar y apenas terminó la escuela, comenzara a cocinar, escribir y hacer pinturas abstractas? ¿Y que eso renovara su confianza, lo ayudara a cortejar a una mujer que veía más allá de su rostro desfigurado y se casó con él, y que, finalmente, le permitiera llegar al punto, no de quitarse la vida, sino de abrir su propia empresa de energía solar?

—Lo considero una forma diferente de expresión. En lugar de derribar al enemigo con un arma, ahora lo derribo con un vocabulario amplio o con una voz fuerte. Me ayudó a trascender a otra realidad. Sigo siendo Zach, pero ahora soy Zach el creativo. El que puede salpicar pintura en un lienzo y que salga algo hermoso. El que puede conectar a través de la poesía. Soy fuerte físicamente, pero ahora puedo recurrir a otras formas de ser. Soy los trescientos sesenta grados completos.

LA REGLA MATISSE: EXPERIMENTAR

En enero de 1941, el genio francés de setenta y un años, Henri Matisse, quien ya era considerado, posiblemente, uno de los mejores pintores del siglo veinte, estaba tendido en una cama de hospital en Niza, listo para morir. Los médicos le habían detectado un tumor en el colon que consideraron intratable. Animado por su hija Marguerite, Matisse inició un peligroso viaje de doce horas hacia la ciudad de Lyon, ocupada por los alemanes. Allí, los médicos le realizaron una cirugía experimental en la que le quitaron más de treinta centímetros de intestino. El procedimiento duró cuatro días y lo acercó aún más a la muerte.

«En esos breves momentos de calma entre dos golpes, imaginé el interior de una tumba: un pequeño espacio cerrado, sin puertas. Y me dije: "No, prefiero seguir aquí, ¡aunque tenga que sufrir!"», recordó Matisse.

Y sufrió. El gran pintor permaneció encerrado en casa tres meses. Recibió solo a unos pocos visitantes y se mostró huraño con ellos.

Cuando por fin se aventuró a salir a un parque cercano, las monjas lo apodaron *Le Ressuscité*, «el hombre que volvió de la muerte». Él mismo adoptó esa idea en una carta para su hijo escrita en mayo. «Estaba resignado a la idea de que no volvería a salir con vida de la mesa de operaciones. Así que ahora siento que volví de la muerte. Lo cambió todo. El tiempo presente y el futuro son un regalo inesperado».

Lo que hizo con ese tiempo extra fue reinventar la historia del arte. Vivió catorce años más, pero estaba inválido, confinado a una cama; era incapaz de levantarse, sostener un pincel o incluso ver bien. Su reacción fue diseñar un nuevo modo de crear imágenes al que llamó «pintar con tijeras». Escogía hojas pintadas de colores saturados como amarillo, rojo y azul, tan vívidos que tenía que usar gafas de sol para protegerse los ojos. Después las cortaba de formas gráficas y le pedía a su asistente que las pegara en la pared. Como era incapaz de reunir nuevas experiencias, los mundos que creaba con esos recortes (círculos, jardines, bailarines, mujeres) eran «cristalizaciones» de recuerdos de su juventud.

Era un proyecto de historia de vida en sí mismo. Y los críticos consideraron que sus recortes representaron el trabajo más prodigioso de su carrera, que ya era magnífica. Desde las sombras del valle de la muerte, creó una marca vibrante de lo que significa tener una «segunda vida».

Y tuvo buena compañía. La creatividad puede parecer una respuesta inesperada a una transición vital (lo fue para mí), pero resulta ser muy frecuente.

La historia está llena de historias de personas que reaccionaron a los avatares con despliegues de imaginación. Miguel Ángel respondió a romperse la espalda al pintar la Capilla Sixtina con imágenes de una fluidez anatómica revolucionaria. Monet se adaptó a la visión difusa por las cataratas haciendo que sus nenúfares fueran menos detallados, pero más efímeros y etéreos. Frida Kahlo se recuperó de un accidente de tráfico a los dieciocho años, que la confinó a una silla de ruedas, cambiando su carrera científica por la artística. Beethoven respondió a su avanzada sordera con un despliegue de originalidad sin precedentes. «Gracias a la [virtud] y a mi arte no cometí suicidio», escribió.

Claro, estas son algunas de las mentes más creativas de la historia. ¡Para ellos fue fácil crear arte desde la miseria! Pero las razones por las que respondieron a sus problemas con brotes de imaginación son muy aplicables al resto de nosotros.

Primero, la creatividad florece en el aislamiento y la desolación. Los estudios sobre la creatividad durante dos décadas han encontrado un patrón similar: quienes se enfrentan a una dificultad suelen sufrir exclusión social. Una sensación de estar aislados de la sociedad y de estar fuera de sincronía o de contacto con todos a su alrededor. A su vez, esta situación proporciona más libertad para correr riesgos, experimentar, explorar formas de expresión fuera del círculo social. Un estudio sobre personas que vivieron enfermedades largas y recurrieron al arte descubrió que enfrentarse a tiempos difíciles aguzó sus percepciones, aumentó sus sensibilidades y acrecentó sus deseos de tratar temas difíciles de la vida. Anhelaban salidas creativas.

Segundo, la creatividad florece en espacios marginales y tiempos límite. Henri Poincaré, el matemático del siglo diecinueve, ofreció una descripción memorable sobre cómo nacen las ideas en momentos de estar entre una cosa y la otra. Según declaró, una noche, contrario a lo que acostumbraba, bebió café solo y no pudo dormir. «Las ideas surgían en multitud. Sentía cómo colapsaban hasta que se entrelazaban». Relacionó esas ideas con los mosquitos que vuelan en todas las direcciones, chocando unos con otros, danzando. Descubrió que esos momentos suelen seguir a períodos de concentración intensa, cuando menos los esperas; mientras estás adormecido o concentrado en cualquier otra cosa. Pasar por una transición es un caudal interminable de esos momentos. No es extraño que dejemos que los mosquitos bailen en esos períodos y que recibamos ideas inesperadas.

Por último, la creatividad se alimenta del caos. Un tema común en historias de creatividad es que las explosiones de innovación o invención surgen en tiempos de quiebre o de agitación. Pensemos en cualquier descubrimiento artístico del último siglo (jazz, rock and roll, cubismo, expresionismo abstracto), todos nacieron, en cierto modo, de grandes cambios en el mundo. Lo que se aplica a las sociedades, también se aplica a los individuos. Cuando atravesamos disrupciones, comienzan a aparecer brotes de innovación. Como demostraron mis conversaciones, esos débiles brotes a veces florecen como versiones nuevas de nosotros mismos.

Veamos algunos ejemplos de la variedad de actividades creativas que mis entrevistados iniciaron en sus transiciones:

- Gayla Paschall empezó a construir y a pintar jaulas para pájaros después de quedar involucrada en un escándalo de docentes de la universidad de Emery, por el que perdió su puesto en investigación. Poco tiempo después, estaba vendiendo sus creaciones en una galería.
- Hal Eastman, con un máster en administración de negocios de Stanford, tuvo trabajos en Boeing y en Ford, dirigió dos empresas de capital abierto y fundó dos empresas propias. Hasta que dejó de trabajar a los cincuenta y cinco años de forma abrupta después de treinta años de carrera. Mientras buscaba un cambio, un día vio a una bailarina en un restaurante cercano a su hogar en Idaho y le preguntó si podía fotografiarla en la naturaleza. «No es nada sexual, lleva a tu novio si eso te hace sentir más cómoda», le aseguró. A partir de ese día, publicó cinco libros de fotografía de artes plásticas. Uno fue de imágenes secuenciales de bailarines al aire libre; otro de jinetes a pelo en estados de ensueño; otro de formas rítmicas de la naturaleza.
- Sarah Rose Siskind aprendió a tocar el ukelele mientras sufría una depresión tras abandonar Fox News y renunciar a sus ideas conservadoras. «Es un gran instrumento para superar una transición porque, aunque apestes, suena hermoso».
- Evan Walker Wells aprendió solo a cocinar y a tocar la guitarra mientras se sometía a quimioterapia. «Una cosa no tenía nada que ver con la otra, solo que quería aprender a preparar bien la cebolla, y eso se convirtió en una forma de canalizar mi ansiedad».

- Jenny Wynn comenzó a dibujar representaciones visuales de sus plegarias cuando fue ascendida a pastora. «En general me centro mucho en el lenguaje; dibujar era como si el espíritu intercediera con señales demasiado profundas como para ponerlas en palabras».

- Khaliqa Baqi dispuso un cuarto para costura en su casa después de dejar a su marido y empezó a «hacer creaciones hermosas con tela».

- Jeffrey Sparr, el jugador de tenis del estado de Ohio, debilitado por el TOC, dejó el negocio familiar e inició una organización sin fines de lucro. En ella empleaba terapia de arte para ayudar a personas con enfermedades mentales. Antes de pronunciar su primer discurso, se quedó petrificado. ¿Y si tenía un episodio? «Estaba practicando en el sótano, pero subí y le dije a mi esposa: "Querida, tengo una idea. Me pondré a pintar". Ella me dijo que estaba loco, pero insistí. "Mira esto", dije. Me puse un sombrero de fieltro, una bata salpicada de pintura y creé todo un personaje. Luego empecé a pintar. Mi esposa dijo: "De acuerdo, puedes hacerlo"».

- Y, en uno de los actos más creativos que escuché, Vivienne Ming creó una voz completamente nueva. Tras hacer la transición para transicionar en mujer, Vivienne, que tenía un doctorado en neurociencia teórica, leyó trabajos de investigación y consultó con médicos, concluyó en que el mayor desafío de convertirse en mujer era la resonancia de la voz. En consecuencia, diseñó una serie de ejercicios para extender sus cuerdas vocales y lograr un tono más femenino. «Ahora, incluso cuando estoy en el anonimato detrás del teléfono, las personas me dicen "señora", y eso me da el placer subyacente de poder responder: "Creo que quiso decir doctora", porque, la verdad, soy un coñazo».

LA REGLA BALDWIN: ESCRIBIR

A principios de noviembre, en mi primer año de universidad, asistí a un gran auditorio de la Galería de Arte de Yale para escuchar a James

Baldwin. No recuerdo qué me motivó a hacerlo; creo que fui solo. Baldwin, el reconocido novelista, ensayista y activista, tenía cincuenta y nueve años en aquel entonces. Aunque yo lo ignoraba, él ya se había ganado una reputación como proveedor de comentarios astutos y abrasadores sobre la escritura.

El talento es insignificante. Conozco a muchas personas con talento que están en la ruina. Más allá de eso se encuentran todas las palabras usuales: disciplina, amor, suerte, pero, más que nada, perseverancia.

Si quieres ser escritor, no hay nada que pueda decir para detenerte. Si no quieres ser escritor, nada de lo que diré te ayudará. Lo que necesitas antes de empezar es que alguien te diga que el esfuerzo es real.

Para mí, todo el lenguaje de la escritura es descubrir lo que no quieres saber, lo que no quieres descubrir, pero algo te fuerza a hacerlo de todos modos.

Por supuesto, al final de su presentación, alguien se puso de pie y le pidió a Baldwin un consejo para los escritores novatos. A pesar de que, en ese momento, yo no tenía intenciones de convertirme en escritor, aún recuerdo cada palabra de su respuesta:

Lo único que necesitas para convertirte en escritor es una mesa, una silla, un papel y un lápiz.

Aunque, hoy en día, la respuesta resulte un poco singular, con su anticuado estilo «Lincoln en una cabaña a la luz de las velas», en ese entonces me impactó con su autoridad épica.

«¿Quieres ser escritor, chico? Cierra la boca y escribe».

Pensé muchas veces en esa respuesta mientras llevaba a cabo el Proyecto Historia de vida. Quedé atónito por la cantidad de personas que me dijeron que, de la nada, en medio de sus transiciones vitales, comenzaron a escribir. Justo cuando el mundo parecía estar en su momento más volátil y el suelo bajo sus pies era más fluido, encontraron una mesa, una silla, un papel y un lápiz, y comenzaron a volver a la vida con la escritura.

Existe mucha evidencia que intenta explicar el por qué. En 1986, el ingenioso psicólogo James Pennebaker, de la Universidad de Texas, Austin, llevó a cabo un experimento en el que le pidió a un grupo de estudiantes que escribieran sus pensamientos y sentimientos acerca de experiencias traumáticas. A un grupo de control le pidió que escribiera sobre temas superficiales. Por cuestiones logísticas de disponibilidad de salones, se les solicitó que lo hicieran durante quince minutos, cuatro días seguidos.

Lo que Pennebaker descubrió fue dramático. Muchos estudiantes lloraron mientras escribían, volcaron extensas y sentidas descripciones de momentos desafiantes de sus infancias; expresaron haber soñado con esas experiencias durante los cuatro días. El resultado inmediato del experimento fue un *aumento* de la tristeza y la ansiedad. Pero después sucedió algo profundo. Cuando Pennebaker les hizo un seguimiento meses más tarde, descubrió un marcado *descenso* en las visitas al centro de salud para estudiantes y una mayor sensación de valor y de sentido. Setenta por ciento de los estudiantes dijeron que se entendían mejor a sí mismos.

Después de ese experimento inicial, se llevaron a cabo cientos de estudios de seguimiento en todo el mundo. Los resultados son sorprendentes. Quienes escriben acerca de sus experiencias más estresantes desarrollan una mayor comprensión de sus emociones, pueden expresarse mejor, incluso muestran evidencia de un sistema inmune fortalecido. Las personas que fueron despedidas del trabajo y escriben sobre sus sentimientos no solo superan mejor los problemas matrimoniales, médicos y económicos resultantes, sino que son contratadas más rápido. En un período de tiempo de tres meses, veintisiete por ciento de los «libre escritores», como los llama Pennebaker, consiguieron nuevos trabajos, en comparación con un cinco por ciento en el grupo de control. En siete meses, cincuenta y siete por ciento de los que escribieron sobre sus despidos tenían trabajo, tres veces más que en el grupo de control.

Pennebaker dijo que no puede definir una sola razón por la que escribir funciona. Los participantes dicen haber alcanzado mayor comprensión de sus problemas; que situaciones que parecían avasallantes se volvieron más fáciles de resolver; una vez que fueron resueltas, ya no había razón para seguir preocupándose por ellas. El acto de escribir implica un proceso de crecimiento central, de control de la narrativa. El primer día, los participantes tienden a describir la situación; al llegar al último, le dan forma, contexto y utilidad. La escritura acelera el acto de crear sentido.

La última explicación (que la escritura acelera la creación de sentido) es la que más resuena en las historias que escuché. Escribir es una forma superior de la narrativa que ya hacemos en nuestras mentes. Nos obliga a tomar las ideas que son abstractas y desestructuradas, que incluso a veces están en el fondo de nuestros pensamientos, y a darles cierta forma concreta y estructurada. En el proceso, las ideas se hacen más agudas, las emociones, más nítidas, y el sentido, más claro. Y lo que antes parecía ser una fuente solitaria de sufrimiento, comienza a parecer más segura y universal. Además, al convertir nuestros pensamientos en palabras, participamos, por un momento, en el acto de la creación.

Algunos ejemplos de personas que compartieron conmigo cómo ayudó la escritura en sus transiciones:

- Tras un año en el que cuidó de su marido y donó médula ósea a su hermano, Akren Peterson Matchinga buscó consuelo en una forma de expresión inusual: escribir chistes. Comenzó a hacer monólogos humorísticos en clubes de Los Ángeles. «Había salido de una situación en la que el único alivio que tuvimos en dos años fue la risa. Y pensé: "Tengo que hacer un espectáculo". Me presentaba en noches de micrófono abierto, donde solo había jóvenes enojados que solo querían hacer chistes de penes. Se incomodaban porque, con cincuenta y un años, parecía su madre».

- Después de que su esposa diera a luz a gemelos sin vida, Dwayne Hayes comenzó una revista sobre la paternidad: *STAND. For Men Who Give a Damn* (*Stand*. Para hombres a los que les importa un comino).

- Tras ir a prisión por participar en una estafa piramidal de bienes raíces por un valor de veintisiete millones de dólares, Ivy Woolf Turk comenzó a escribir a mano extensas cartas para sus hijos. Eso la mantuvo en pie hasta que la soltaron y abrió un grupo de apoyo para mujeres exconvictas.

- Leigh Wintz llevó un diario de su pérdida de peso en el que escribía lo que pesaba, cómo se sentía con la dieta y cómo había aprendido a premiarse con cosas que no fueran comida. «Uno de los temas recurrentes era: "¿Cómo podría ser infeliz?". Tenía dinero, educación, mis hijos estaban sanos. Era como si sufriera la culpa del superviviente».

- Ed Conant, un tripulante de submarino de la Guerra Fría retirado que se convirtió en contratista de defensa, comenzó a escribir páginas de opinión para el periódico local en Georgia acerca de la disfuncionalidad de Washington.

- Carol Berz superó su síndrome de la impostora tras ser elegida como miembro del concejo de la ciudad aprendiendo a responder a quienes le escribían correos electrónicos ofensivos. «Me escribían cartas que empezaban por "Eres una verdadera basura". En general eran de hombres. Yo solía responder: "Muchas gracias por su mensaje. Respeto su opinión". Al final, decidí terminar con eso y comencé a escribir correos para mandarlos a la mierda. "No vuelvas a amenazarme, jamás. Si lo haces, iré a la policía". Fue parte del proceso de aprender a ser yo misma».

- Rosemary Daniell empezó a escribir poesía después de sufrir depresión postparto. «Tenía veinticuatro años cuando vi el folleto de una clase de poesía del programa de educación continua de

Emory. Nunca había oído hablar de Emily Dickinson ni de ninguna de esas personas, así que era como si estuvieran evangelizándome. Todos en la clase pensaban que era graciosa porque decía cosas como: "Puse un signo de eyaculación al final de la línea", y no sabía nada de *Edipo rey*. Pero mi vida cambió de repente». Es poeta profesional desde hace sesenta años.

LA REGLA THARP: INDAGAR

Twyla Tharp es una de las artistas más vanguardistas de los últimos sesenta años. Desde que fundó su propia compañía de danzas en 1965, ha coreografiado ciento veintinueve bailes, doce especiales de televisión, seis películas de Hollywood, cuatro espectáculos de Broadway y dos rutinas de patinaje sobre hielo.

Ganó un premio Tony, dos Emmy, la Medalla Nacional de las Artes, un Premio Kennedy Center y una Beca MacArthur. Sabe romper barreras, extender fronteras y llevarse a ella misma y a sus bailarines al límite. Sin embargo, en su libro *The Creative Habit* (El hábito creativo), Tharp dice, de forma inesperada, que algunas veces la forma más efectiva de superar una situación difícil no es buscar inspiración mirando hacia adelante, sino mirando hacia atrás.

Tharp relata que uno de los ejecutivos con más éxito que conocía le dijo una vez que, cuando estaba bloqueado, leía alguno de los archivos de la empresa de cuatro o cinco años de antigüedad. Esa tarea, que parece tediosa, siempre le despertaba un torrente de recuerdos e inspiraba muchas ideas nuevas. «Mira, es muy extraño encontrar algo realmente original en un entorno corporativo», decía el hombre. Muchas de las mejores ideas están encerradas en archivos o en las mentes de las personas. El ejecutivo tenía razón, concluyó Tharp. «Mientras que muchas personas en su ámbito de trabajo (y en las artes) creen que deben estar siempre mirando hacia el futuro para ser creativas y provocadoras, este hombre descubrió que el verdadero secreto de la creatividad es *volver atrás y recordar*».

La descripción de Tharp de su proceso personal me ayudó a entender algo que había estado escuchando en mis entrevistas. Cuando ella estaba bloqueada, en lugar de hacer ciencia ficción y transportarse al futuro, hacía arqueología y se transportaba al pasado. Indagaba en viejas fotografías, escuchaba música del pasado, se ponía en contacto con antiguos mentores, y, sobre todo, recuperaba viejos recuerdos. «Una vez que descubres el poder de la memoria, comienzas a ver todo lo que tienes a tu disposición en lugares que antes no apreciabas».

Un tema claro del Proyecto Historia de vida es que, cuando las personas están rehaciéndose durante una transición, encuentran consuelo e inspiración en el pasado. Resucitan antiguas pasiones, reviven fantasías de la infancia, retoman sueños dormidos. ¿Recuerdas ese set de pintura, esa raqueta de tenis o la trompeta que guardaste bajo la cama? ¿Qué hay de ese deseo de construir un bote, abrir una vinoteca o sembrar tomates perfectos? «Ah, sí, ahora recuerdo que quería bailar tap, cantar en el coro, terminar el curso de cocina francesa». Para muchos, el peor momento de sus vidas resulta ser la mejor oportunidad para desenterrar antiguos intereses y convertirlos en algo rejuvenecedor.

Algunos ejemplos de cómo indagaron las personas en sus pasados para dar energía a sus presentes:

- Janay Brower creció en la pobreza, en la ciudad de Grand Rapids y se convirtió en directora de la coalición de indigentes, pero la abandonó tras un cambio radical desagradable y volvió a la pobreza. «Dejaba a mis hijos en la escuela, iba a Starbucks y escribía poemas breves y reflexiones. Entonces me di cuenta de que había olvidado lo que me gustaba antes. No dejaba de pensar: "Es como si tuviera amnesia y hubiera olvidado las cosas que me hacían permanecer en la tierra"».
- Tras su diagnóstico de cáncer de estómago y su jubilación como profesora universitaria de biología, Helen Kim recibió un folleto de educación continua y vio una clase llamada Ballet para adultos. «Cuando era pequeña, vi una representación de

El lago de los cisnes en el Ballet Bolshoi y pensé: "Vaya, esto es genial". Pero la idea de alzarse sobre las puntas de los pies en esos curiosos zapatitos me desanimó. Pero esta vez pensé: "Seré una bailarina". Fui a la clase, y todas las demás iban muy avanzadas. Unas semanas después, me acerqué al profesor y le dije que tenía que dejar las clases. Él dijo: "No, no, no. Tienes aptitudes". Creo que solo quería el dinero. Pero entonces las otras mujeres también me dijeron que no lo hiciera, así que decidí continuar».

- John Ruskey, nativo de Colorado, leyó una copia de *Huckleberry Finn* en el internado y, después de la graduación, construyó una balsa con un compañero. Navegaron por el Misisipi durante cinco meses, antes de chocar con una torre de electricidad al sur de Memphis. Casi veinte años después, cuando pasaba por un momento difícil tras dejar de trabajar en el museo Delta Blues de Misisipi, volvió a su primer amor, el río. «Compré una canoa y comencé a remar, explorar y reconectar con el gran espíritu salvaje de la naturaleza. Luego empecé a dibujar y a pintar lo que veía. Cada vez que iba al agua, parecía que el río me recompensaba con algo que hacía que volviera al día siguiente». En poco tiempo, abrió una empresa que ofrecía paseos guiados en canoa por el Misisipi.

- A Laura Deitchler, madre y maestra de escuela en Lincoln, Nebraska, le dijo su marido que planeaba empezar a vender vaporizadores de marihuana. Tras echarlo de casa y caer en depresión, Laura revivió el sueño de la infancia de convertirse en novelista. «El divorcio resultó ser una oportunidad para empezar de nuevo, para intentar recrear a la persona que tenía que ser y la vida que debía tener. Esa persona había permanecido dormida muchos años, solo necesitaba atención». Una tarde de sábado, Laura condujo hasta Barnes & Noble para comprar libretas Moleskin, que llenó con relatos de sus citas, que a su vez se convirtieron en la base de su increíble libro autobiográfico.

LA REGLA FELDENKRAIS: SUDAR

Moshe Feldenkrais tuvo una vida colorida que alimentó novelas de espías del siglo veinte y películas biográficas del siglo veintiuno. Nacido judío en 1904, en lo que hoy es Ucrania, se mudó a Bielorrusia cuando tenía ocho años. En el invierno de 1918, cuando tenía catorce años, Feldenkrais caminó hasta Palestina para escapar de la persecución, sin pasaporte, solo con un arma en la bota y un libro de matemáticas en la mochila. La temperatura era bajo cero. Para sobrevivir, se unió a un circo itinerante durante un tiempo, donde los acróbatas le enseñaron a caer de forma segura. Para cuando llegó a Cracovia, se habían unido doscientas personas a su marcha, incluidos cincuenta niños.

Feldenkrais se instaló en Palestina, donde trabajó como peón y pronto aprendió a defenderse de los frecuentes ataques con cuchillo. Había otras personas interesadas, así que escribió un libro titulado *Judo y defensa personal*, que se volvió lectura obligatoria para la nueva fuerza de defensa judía. Cuando supo que el creador del judo, Jigoro Kano, iría a París, fue a conocerlo y le llevó su libro. Impresionado, el hombre le preguntó dónde lo había conseguido y él respondió: «Lo he escrito yo». Kano dijo que no le creía, así que contestó: «Atáqueme con un cuchillo». El arma voló por los aires en poco tiempo, y Kano contrató a Feldenkrais para que popularizara el judo en Europa.

Luego, Feldenkrais se mudó a París, hizo un doctorado en física y trabajó en el laboratorio de dos ganadores del Premio Nobel, donde construyó un dispositivo que ayudó a dividir el átomo. Según relata su biógrafo, en 1940 escapó de la Gestapo con dos maletas llenas de secretos militares y dos litros de agua pesada que podían utilizarse para crear un arma nuclear. Su objetivo era mantenerlas fuera del alcance de los nazis. Al no conseguir un barco hacia Inglaterra, comenzó a caminar otra vez, junto con su esposa. Finalmente se unieron a una evacuación naval de la Alianza, organizada por un oficial británico llamado Ian Fleming, quien más tarde escribió las novelas de James Bond.

Durante el viaje, Feldenkrais notó que tenía la rodilla irritada. Con su conocimiento de anatomía, siguió la forma en que la lesión afectaba otras partes de su cuerpo; el pie, la espalda, los hombros. A su vez, eso le afectó a la forma de caminar y el humor. Así inició el proceso de descomponer cada movimiento en microcomponentes y descubrió que no solo estaban influidos por el cansancio físico, sino también por el estrés emocional.

Después de la guerra, inició una práctica que combinaba sanación de cuerpo y mente para mejorar la movilidad y la calidad de vida. La llamó Método Feldenkrais. Su reflexión: cuando vivimos períodos de agitación, nuestros cuerpos comparten la carga. Para crear una nueva versión de nosotros mismos, debemos crear nuevas formas de movernos. Tenemos que afinar la forma de caminar, sentarnos, pararnos, recostarnos, de bailar, incluso de tener sexo. Tenemos que reescribir la historia, no solo de nuestras vidas, sino de nuestros cuerpos.

Me encanta esta historia, en parte porque, después de mi cirugía de cáncer de diecisiete horas, conservé la pierna izquierda milagrosamente. Pero también quedó varios centímetros más corta que la derecha, perdió la mitad del cuádriceps, y el peroné se reubicó en el muslo, ya no estaba en la pantorrilla. Desde entonces, he hecho casi una vida de terapia física y he tenido que cambiar la forma de vestirme, escalar, escribir y dormir, además de toda actividad recreativa posible.

De modo que no me sorprendió que en mis conversaciones una persona tras otra dijera que, durante sus transiciones, habían buscado cambios relacionados con sus cuerpos. Adoptaron rutinas de entrenamiento extremas; se inscribieron en yoga con calor; participaron en carreras Tough Mudder; empezaron baile de salón; probaron a hacer natación; se volvieron veganas. Lo que sí fue sorprendente fue que muchos estaban convencidos de que esos pequeños ajustes en sus rutinas físicas les abrieron las puertas a mayores ajustes de sus identidades. Cambiar sus cuerpos se convirtió en un peldaño para cambiar sus mentes. En este sentido, salir a montar en bicicleta al parque puede asemejarse a escribir en un periódico, cocinar o pintar porque también es un acto de imaginación. Imaginas una nueva vida para ti mismo, y ese simple destello de fantasía se convierte en la señal reafirmante de que empiezas a configurar el futuro y de que ya no estás atado al pasado.

Veamos algunos ejemplos de personas que incorporaron cambios físicos durante sus transiciones:

- Erik Smith empezó a practicar kickboxing el año en que perdió a varios familiares, se volvió adicto a los analgésicos y comenzó a trabajar con estudiantes con necesidades especiales. «Mi esposa me obligaba a ir. Llegaba a casa tan molesto que ella señalaba la puerta. Yo salía en medio de la noche, hacía diez rondas con el saco de arena y volvía como un hombre nuevo. Durante el día cuidaba a estudiantes con discapacidades importantes y era compasivo, cariñoso y gentil. Por la noche, golpeaba a personas en el gimnasio».
- Chris Howard se mudó a San Francisco desde la Costa Este tras un matrimonio fallido (con una mujer) y una relación por despecho (con un hombre mayor). En la Costa Este, se unió a un grupo de artistas de circo, de cabaret y dominatrices, con el que empezó a hacer rutinas de acrobacia aérea.
- John Evenhuis cambió los palos de golf por entrenamiento físico intenso cuando se mudó de la bahía de San Francisco al Parque Nacional de los Glaciares. «No solo quería perder peso. Tus pies tienen que ponerse en forma porque si no te saldrán ampollas; tienes que subir montañas. Así que te pones en forma, no para verte bien en bañador, sino porque tu vida depende de ello».
- Susan Keappock comenzó a bailar tap al ritmo de canciones de espectáculos para superar la pérdida de su padre y el descubrimiento de su tumor cerebral. «Te da la oportunidad de salirte de ti mismo por un momento. Ya estés pintando, cantando o bailando, no es como ver una película en la pantalla, es como estar en la película. También estás cambiando algo físicamente, así que te da la sensación de poder tener un impacto en el mundo».

- Y, aunque puede que no se califique como ejercicio, Sarah Holbrooke se unió al equipo de *curling* cuando su marido trasladó a la familia desde Brooklyn hasta Telluride. «Allí estaban todos mis amigos los lunes por las noches. Yo me sentía sola y quería pasar tiempo con ellos. Además, hice un plan de dieta porque todos mis amigos lo estaban haciendo también. Y para compensar el peso que había ganado por ir a las cafeterías todas las mañanas, porque allí era donde te encontrabas con todo el pueblo».

La creatividad no tiene que ser aislada, pretenciosa ni grandiosa. No tiene que seguir ningún modelo. Lo que las personas parecen buscar en ella es lo que la creación ha representado en la mitología desde el origen de los tiempos: un nuevo comienzo. Reproduce el interminable ciclo de creación, seguida por destrucción, seguida por recreación. Al volcarnos en la creatividad, accedemos a nuestra parte más humana: la capacidad de generar vida nueva.

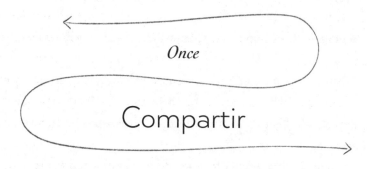

Once

Compartir

Buscar la sabiduría en los otros

Muchas de las herramientas para superar transiciones tienen un elemento temporal. Conllevan dejar ir el pasado, poner fin a una fase, comenzar nuevas iniciativas, introducir una nueva historia. El componente temporal es lo que alinea estas actividades con una de las tres etapas: el largo adiós, el desordenado intermedio o el nuevo comienzo.

Pero una de las herramientas no tiene ningún elemento temporal: flota; reaparece; ocurre todo el tiempo o solo una vez; es temporal y atemporal a la vez. Se trata de compartir tu historia con los demás. Ponerte en contacto con un amigo, un ser amado, un compañero de trabajo, un extraño, alguien que comparte el sufrimiento, un vecino o un mentor, y recibir, en el momento en que más lo necesitas, la respuesta que más necesitas.

Un patrón claro y conciso de mis conversaciones es que buscamos distintas clases de apoyo en los demás. Cada uno de nosotros parece tener un fenotipo de respuesta, al igual que tenemos una forma predeterminada de estructurar nuestro tiempo y de crear sentido en nuestras vidas. Nos gusta que nos consuelen, animen, inspiren, desafíen y, a algunos de nosotros, incluso que nos provoquen. Sea cual sea el consejo que busquemos, el papel que tiene en nuestra transición es el mismo.

Necesitamos ayuda.

«CREO QUE TODOS TENEMOS A UNA PERSONA COMO MIKE SHANE EN NUESTRAS VIDAS»

Rockie Lynne Rash empezó su vida todo lo desamparado que se puede estar.

—Me encontraron en un basurero, en algún lugar cerca de Troutman, Carolina del Norte, el 14 de noviembre de 1964, abandonado a mi muerte. Me llevaron al hogar para niños Barium Springs, que fue donde crecí.

Cuando Rockie tenía alrededor de dos años, Fred y Ethel Rash, una pareja mayor que no podía tener hijos, fue al orfanato con idea de adoptar.

—Mi primer recuerdo fue que la mujer afroamericana que dirigía el orfanato me señalara y dijera: «A ese no creo que lo quieran. Tiene la cabeza chata». —Según dice, su cabeza sigue siendo chata, cree que a raíz del tiempo que pasó en el orfanato—. Por ese motivo, hasta hoy, tengo el cabello largo. Por eso no se nota.

Desde el comienzo, la adopción fue un desafío. Su madre solo había estudiado hasta el tercer año de primaria, era analfabeta y no tenía idea de cómo criar a un niño. El padre de Rockie, veterano de la guerra de Corea que tampoco sabía leer, era bautista primitivo; no creía en médicos, bancos, escuelas ni otras instituciones civiles. La familia casi no tenía dinero.

—La primera vez que me llevaron al médico, llamaron a la policía porque pensaron que sufría abusos.

En cierto sentido, así era. La familia Rash eligió el nombre Rockie porque querían a alguien sólido y fuerte, a quien le gustara cazar y hacer deporte. Pero, desde el inicio, él se mostró más interesado en las artes.

—Yo era todo lo que mi padre no quería que fuera. Por las noches me encerraba en mi habitación con candado para que no pudiera salir.

Cuando rondaba el sexto año de la escuela, Rockie fue al rastrillo de una iglesia local y vio un tocadiscos con un altavoz y dos discos. Uno era *Axis: Bold as Love*, de Jimi Hendrix, y el otro, *Alive!*, de Kiss.

—Querían setenta y cinco centavos por todo el paquete. Me acerqué a mi madre y le pregunté: «¿Puedo comprarlo?». Ella me dio un dólar. Compré el tocadiscos y lo escondí en mi armario porque sabía que si mi padre lo encontraba se desharía de él.

Rockie se lanzó al mundo de la música. Cortó el césped para comprarse una guitarra en JCPenney. Para cuando iba a octavo curso, ya estaba en una banda con hombres mayores. Tenía señalado un anuncio en la revista *Guitar World* de la escuela de música Guitar Institute of Technology en Los Ángeles.

—Mi único objetivo en la vida era descubrir cómo entrar en ese instituto. No tenía idea de cómo iba a hacerlo. Vivía en una calle de tierra en Carolina del Norte. Estaba atrapado.

Y fue entonces cuando empezaron a aparecer personas mágicas en su vida; buenos samaritanos, perfectos extraños, ángeles de la suerte. Justo cuando estaba más a la deriva, alguien aparecía y lo guiaba a través del bosque.

Un reclutador del ejército se presentó en su escuela de secundaria y le ofreció dinero para la universidad.

—Mi padre me había dicho que me echaría el día en que me graduara. Había dedicado su tiempo a criar a este marica, ya era suficiente. Así que el tío Sam se convirtió en mi boleto de salida. —Se unió al ejército y se convirtió en paracaidista de la 82.ª División Aerotransportada—. Todos los demás lo odiaban, pero yo nunca había tenido tres comidas al día. Además, todos los sargentos al mando eran hombres toscos de lucha de Vietnam. No aceptaban estupideces. Pero era la primera vez que un hombre adulto me decía algo positivo. Había un hombre negro enorme, un sargento del estado mayor, que medía casi dos metros. Le tenía miedo, y él era duro conmigo. Pero cuando me gradué en la escuela de paracaidismo, justo antes de que pegaran esas alas en mi pecho, me dijo: «Hijo, si puedes hacer esto, puedes hacer lo que sea».

Rockie estuvo de servicio durante los tres años siguientes. Cuando salió, con la financiación para estudios del ejército (*GI Bill*), se mudó a California y se inscribió en el Guitar Institute of Technology.

—Me convertiría en Eddie Van Halen; sucedería. —Pero le resultaba difícil encajar—. Era de fiar, sabía tocar. Pero no bebía, no fumaba, no consumía drogas. No era divertido pasar el tiempo conmigo.

Obtuvo su certificación y, perdido otra vez, subió a su coche y condujo hacia el este hasta que el camino terminó en una playa cutre en Las Carolinas. Se unió al trío de jazz de un club de cena («tocaban más que nada temas de Ipanema») y pasó las noches en un saco de dormir al fondo de un videoclub abandonado. Solo tenía un frigorífico y un amplificador a su lado. Estaba en otro camino sin salida.

Una noche, fue al pueblo cercano de Calabash a escuchar a un cantante llamado Mike Shane. En el descanso, se presentó.

—¿Eres ese chico del Islander del que todos hablan? —le preguntó Shane.

—¡Eso espero! —respondió Rockie.

—Puedes empezar conmigo mañana por la noche. Ve a casa y apréndete estas canciones —dijo Shane y le entregó una cinta de casete.

Rockie regresó al día siguiente con todas las canciones aprendidas. «No quería decir que tuvieras que hacerlo en una noche».

Tocaron juntos todo el verano. Shane le enseñó a actuar, a usar mejor el cuerpo cuando tocaba, a atraer a la audiencia. Cuando llegó el otoño, Shane le anunció que iría a grabar a Nashville y que quería que fuera con él. «Trae la maleta, estaremos allí un tiempo. Trae tu amplificador y todo». Condujeron hasta Nashville y se quedaron en el hotel Hall of Fame, cerca de Music Row.

—Debí saber que había algo extraño porque teníamos dos habitaciones —dijo Rockie—. Siempre que viajábamos, compartíamos habitación para ahorrar dinero. No dormí bien esa noche y, cuando me desperté, había una nota debajo de la puerta. «Este es tu lugar. Haré que traigan tu coche. He pagado dos semanas de habitación». —Mike Shane era lo opuesto a un lobo. Era como un hada madrina.

Rockie empezó a trabajar. Consiguió espectáculos, escribió canciones. Salió a la carretera, tocó en cruceros. Se casó, se divorció, tuvo una hija. Y, finalmente, a pesar de que pasaron varios años, otra persona mágica llegó a su vida y le consiguió una audición de treinta minutos con el líder de Universal Music en Manhattan.

—Me dijeron que podía cantar dos o tres canciones. Cuando llegué a la tercera y vi que no me echaron, canté otra, luego otra. Cuando terminé, me ofreció un contrato discográfico y me trasladó a la habitación presidencial de un hotel muy lujoso con vistas a Central Park.

El niño al que habían abandonado a su suerte en un basurero de Carolina del Norte había llegado a la cima del entretenimiento nacional. Usó la fama de su primer disco para fundar una organización que llamó *Tribute to the Troops* (Tributo a las tropas), que, desde entonces, ha reunido cientos de miles de dólares para pagar la universidad de jóvenes que perdieron a un padre en servicio. Habiendo recibido el favor de unos padres sustitutos durante toda su vida, es uno de los miles de niños que nunca conocerán su origen. Su sentido del deber está con el hombre que le cambió la vida.

—Creo que todos tenemos a una persona como Mike Shane en nuestras vidas —dijo Rockie—. Simbólicamente, creo que es Dios. Él fue quien me llevó a donde debía estar. Si escuchas mi álbum *Faith*, la primera canción se llama «Right Where I Belong» (Justo donde pertenezco). Habla de estar perdido y que te encuentren; de cometer errores y hacer las cosas mal; pero ser lo suficientemente valiente como para cruzar la puerta cuando aparece la persona indicada y la abre para ti.

LA SABIDURÍA DE LAS ABUELAS

Hace algunos años, una amiga me pidió que hablara con un amigo suyo que estaba teniendo dificultades con una gran empresa de medios con la que yo había trabajado. El amigo de mi amiga me llamó, recuerdo que era inglés. Le relaté mi experiencia en cierta medida. Él me relató la suya, en mayor medida. Después me dio las gracias por la llamada. «Pero no creo que haya sido de mucha ayuda», le dije. «Ha sido perfecto. Mi abuela siempre decía que un problema compartido era un problema reducido a la mitad». Su abuela tenía razón.

Las personas que pasan por una transición suelen sentirse apartadas de los que las rodean. Es uno de los aspectos más dolorosos del proceso; la penosa sensación de estar alejado, aislado, abandonado. Quienes pierden el trabajo no pueden responder a la pregunta más frecuente: «¿A qué te dedicas?». Las personas cuyos hijos sufren una adicción o una enfermedad mental se quedan en blanco ante la pregunta más inocente: «¿Cómo están tus hijos?». Lo viví cuando estuve enfermo. Mientras estaba en cama por la quimioterapia, incapaz de caminar por mi pierna o de salir por mi sistema inmune, a veces miraba por la ventana a la gente que caminaba sin esfuerzo por la calle y mascullaba para mis adentros: «No sabes lo que se siente. No sabes lo que se siente».

Estar en un estado intermedio es estar en cierto estado de soledad. No estar ni aquí ni allí suele ser como no estar en ningún lado.

Es por eso que conectar con los demás es tan importante para superar esos períodos. A los humanos nos gusta compartir. Investigadores de Harvard descubrieron que las personas dedican entre el treinta y el cuarenta por ciento de sus discursos solo para informar a los demás de sus propias experiencias subjetivas. Lo hacen porque la autorrevelación es muy gratificante. Hacer revelaciones personales libera químicos relajantes en nuestros cerebros y activa sistemas especiales en nuestros cuerpos que nos ayudan a relacionarnos mejor con los demás. Cuando las personas relatan sus experiencias más traumáticas, su presión sanguínea, ritmo cardíaco y otras funciones fisiológicas se elevan en ese corto plazo, pero luego bajan a valores menores que antes de la confesión; y permanecen así durante semanas. Las personas incluso están dispuestas a pagar para poder compartir sus problemas. Este deseo de hablar de uno mismo se extiende a los extraños. En la terapia de grupo, cuantas más personas hablen, más les agrada el grupo. Cuanto más puedan hablar ellas mismas, más creen haber aprendido del grupo.

La abuela no solo era perceptiva, era neurocientífica.

Una moraleja de esta investigación es que hablar no es una actividad solitaria. La razón por la que buscamos a otros o vamos a terapia de grupo, para empezar, es el poder de tener un público. Y ese público, a cambio, da forma a las historias que le contamos. Nuestro público se convierte en conarrador. Desde la adolescencia, que los psicólogos narrativos identificaron como el primer momento en que intentamos crear historias de vida coherentes, nos apoyamos en conarradores, en su mayoría, adultos; padres, profesores, entrenadores. Incluso cuando crecemos seguimos buscando a sabios mayores. Pensemos en todos los gurúes, abuelas, maestros Yoda, tíos, oráculos, mahatmas, mentores y sabios que habitan en la historia de la mitología. Necesitamos lo que el filósofo George Herbert Mead llamó un «otro significativo», alguien que refleje la importancia de nuestras acciones y, al hacerlo, nos ayude a encontrar sentido en las circunstancias que a veces no vemos por estar demasiado cerca.

Pero ¿qué clase de otros significativos valoramos más? Cualquiera que haya compartido sus problemas con otra persona sabe que las respuestas pueden variar entre afirmaciones puras, críticas gentiles y ataques rudos. ¿Qué es lo que más ayuda? Les hice esta pregunta a todos mis entrevistados. Las respuestas fueron más variadas de lo que hubiera imaginado. Las codificamos y descubrimos que se dividían en cuatro clases: *consoladoras, empujadoras, abofeteadoras y modeladoras*. Una quinta categoría surgió con cierta frecuencia, así que decidí incluirla, a pesar de que no era exactamente alentadora: *detractoras*.

Los porcentajes fueron los siguientes: las consoladoras («te quiero»; «confío en ti»; «puedes hacerlo») fue la primera con apenas menos del treinta por ciento; alentadoras («te quiero, pero quizás debas intentar esto»), fue la segunda con cerca de un cuarto de las respuestas; sacudidoras fue la tercera («te quiero, pero supéralo») con un sexto de las respuestas; modeladoras («puede que no me conozcas, pero sigue mis pasos») fue la cuarta. La última categoría, las detractoras, vienen de personas que nos dicen que somos tontos, que estamos locos o que nunca tendremos éxito. Para algunos, esa es toda la motivación que necesitamos.

Examinemos cómo nos dan forma estas figuras en la vida real.

CONSOLADORAS: «TE COMPRARÉ UN BILLETE DE AUTOBÚS; TE COMPRARÉ UN BILLETE DE AVIÓN»

Después del accidente de tráfico en el que falleció su hija y de quedar a cargo de sus dos nietas, Loretta Parham se encontraba despojada y sin rumbo. Sentía que no podía mostrar su dolor en el trabajo, donde era directora de la biblioteca de una sociedad mercantil en Atlanta, con colegas históricamente negros. En casa, tenía que ser fuerte por sus nietas.

—Me llamaban muchos amigos —dijo—, pero no respondía a ninguna llamada, no hablaba con nadie. Me sentía mejor alejándome. —Pero con una persona hizo la excepción—. No era una amiga para nada cercana. Era la directora de nuestra biblioteca en Baton Rouge, Luisiana, que había perdido a su hijo (creo que de sida) cuando estaba en la universidad. Me llamó muchas veces durante esa época y yo la llamaba cuando tenía un momento. Literalmente me detenía en el arcén de la carretera, ella me dejaba llorar y me ayudaba a seguir.

¿Qué papel jugó?

—Me consoló. Fue la que me dijo que estaba bien sentirme como me sentía. Me decía: «Mejorarás, pero no tienes que estar mejor ya». Y: «No dejes que nadie te diga cómo hacer tu duelo». Porque mi marido es de los que intentan distraerte; no quiere que pienses mucho en lo que pasa. Pero ella decía: «No dejes que nadie te diga qué hacer. Este momento es tuyo».

Los humanos, como todos los mamíferos, anhelan estar en compañía. Los gorilas viajan en grupo, las hienas en clanes, los puercoespines en familias, los hipopótamos en vainas. Nosotros en familias, equipos, congregaciones, espacios de trabajo. Los investigadores han descubierto que, en tiempos de crisis, la autoestima suele ser sostenida por quienes tenemos alrededor. Cuantos más amigos tengamos, más salud tendremos; aunque el resultado está directamente relacionado con cuánto hablemos de nuestros problemas con esos amigos. Quienes han quedado desocupados sufren menos si comparten sus historias con sus seres amados; lo mismo sucede con los veteranos y los pacientes con VIH. Los niños que superan un golpe duro tienen lo que los investigadores llaman «adoptabilidad» o una facilidad para ser acogidos por otros. Como Rockie, son personas con las que es fácil compartir y que son hábiles para inspirar a otros a ayudar.

Uno de los ejemplos más vívidos que conozco sobre cómo puede el consuelo ayudar a superar dificultades es el de quien fue un niño abandonado, un veterano de la Segunda Guerra Mundial depresivo y un hombre de negocios fracasado llamado William Griffith Wilson. Durante un viaje a Akron, Ohio, en noviembre de 1934, para visitar a un viejo compañero de tragos, le sorprendió descubrir que su amigo había dejado el alcohol con la ayuda de unos misioneros. «¡Necesito un trago!», pensó Wilson. Al recorrer la recepción del hotel Mayflower, comenzó a agitarse por las risas y el tintineo de las copas que llegaban desde la barra, y tuvo una revelación: «No, no necesito un trago. ¡Necesito a otro alcohólico!».

Wilson le dio la espalda a la barra, se dirigió a una cabina telefónica y llamó a su compañero alcohólico, el doctor Robert Smith. Juntos fueron los cofundadores de Alcohólicos Anónimos. Desde la primera reunión, la idea de compartir la lucha por la sobriedad con compañeros de sufrimiento fue central para el éxito de la organización. «Verás, nuestra conversación fue algo completamente *mutuo*. Sabía que necesitaba a ese alcohólico tanto como él a mí». Ese «dar y recibir mutuo», como él lo llamó, se convirtió en la columna vertebral de AA.

Casi un siglo después, se ha vuelto normal pensar que el apoyo incondicional, ya sea de alguien que ha estado en la misma situación o alguien que no, puede salvarnos la vida. Algunas veces lo buscamos, otras llega a nosotros. Ocurra como ocurra la conexión, es la clase de apoyo preferida para muchas personas, un tercio en mi estudio.

Personas como Chris Howard, el diseñador de juegos que llegó a su límite cuando estaba pasando por un amargo divorcio de su esposa, comenzando a salir con hombres y se encontraba sin trabajo. «Viví de habichuelas y arroz durante meses. Visitaba a un terapeuta, iba al gimnasio cuatro veces por semana y, como parte de mi rutina de salud mental, comencé a hablar con amigos cercanos. Les decía: "Estoy pasando por muchas cosas. Estoy sufriendo una quiebra emocional. No soy capaz de estar a tu lado como me gustaría, pero ahora necesito que me quieras"». Y continuó: «Me sorprendieron los que no solo dijeron que vendrían, sino que lo hicieron. Lloraron conmigo, fueron a verme. Dijeron: "No estás muy lejos, te compraré un billete de autobús, te compraré un billete de avión. Tómate una semana o el tiempo que sea, pero ven a quedarte conmigo y reconstruiremos juntos"».

Personas como Sarah Cooper, una diseñadora web jamaicana que logró conseguir uno de los trabajos más codiciados de Silicon Valley, en Google, pero luego lo dejó para perseguir su sueño de ser escritora de comedia. «No podía dormir porque sentía que si no podía ser feliz en Google, tal vez no podía ser feliz en ningún sitio. Una semana antes de mi último día, pensé en decirle a la empresa que había cambiado de opinión. Pero luego me encontré con un antiguo colega que me dijo que a todos los que dejaban Google les pasaba lo mismo. Después mi jefe me presentó a alguien que también había dimitido para escribir. Y me escribían personas en mi blog para decir que querían ayudarme». Sarah nunca volvió.

Personas como Dwayne Hayes, que estaba trabajando en publicidad en Míchigan cuando su esposa dio a luz a unas gemelas sin vida, lo que lo hundió en depresión y casi destruye su matrimonio. «Había un desarrollador pakistaní en el área de tecnología de nuestra empresa. Era muy corpulento, tenía una barba larga y era un musulmán muy devoto; su esposa estaba embarazada al mismo tiempo que la mía. Cuando volví al trabajo, llevaba semanas sin verlo y evitaba a las personas. Me quedaba en mi cubículo. Un día salí y escuché su voz. Giré, él se acercó, me abrazó y dijo: "Rezo porque Alá te brinde mil veces más dicha que el dolor que estás viviendo". Fue exactamente lo que necesitaba».

EMPUJADORAS: «ME HIZO PENSAR EN LO QUE ME DIJO MI PADRE EL DÍA ANTES DE MORIR»

Amy Cunningham, la reportera independiente de Brooklyn que se convirtió en funebrera a los cincuenta años, tiene una persona en particular a la que recurre en momentos de inseguridad. Se llama Shelley Ackerman y es astróloga.

—No sé si creo en la astrología, pero la llamo cada vez que hago algo importante. Ella me ayuda a tener otra perspectiva.

Después de la muerte del padre de Amy en Carolina del Sur, el funeral la conmovió mucho.

—Había algo en el sur que no reconocía en Nueva York; la conexión que tenían las personas con el director de la funeraria a través de la cámara de comercio o del Club Rotary. Y se me encendió una bombilla. —Amy habló con amigos, consultó a su familia y se inscribió para recibir clases de servicios funerarios.

Después llamó a Shelley. «Amy, te quiero, pero creo que tienes que profundizar un poco más. Esto parece muy superficial», le dijo ella. Amy se sintió un poco herida, pero aceptó el mensaje.

—Entonces recordé que mi hermano había muerto antes de que yo naciera —continuó—. El hermano de mi padre había muerto; el padre de ellos también había fallecido joven. Había mucha muerte en nuestra casa y yo pasé mucho tiempo consolando a personas tristes. Se lo conté a Shelley, y ella dijo que era algo significativo.

Cuando obtuvo el título en ciencias mortuorias y estaba creando su nueva página web, fue a Shelley a quien se le ocurrió el nombre, *The Inspired Funeral* (Funeral inspirado), y le dijo que lo lanzara a las 12:28 p. m. de un domingo porque era un momento astrológicamente auspicioso. A la hora indicada, Amy se sentó frente al ordenador y reprodujo el funeral de Winston Churchill en YouTube para poder llorar con el himno *I Vow to Thee, My Country*. Lo superficial se había vuelto profundo.

En ocasiones hago un juego con mis hijas que comenzamos cuando eran adolescentes. Me muestran cosas que han escrito y yo les pregunto:

«¿Quieres que te diga lo fantástico que es o quieres mejorarlo?». Pasaron por todas las respuestas posibles, antes de quedarse con la que sería su preferida: «¡Las dos cosas!».

Los elogios son buenos, pero un elogio con un empujoncito amable a veces puede ser mejor. Empujar se ha convertido en una idea popular en años recientes, ya que científicos del comportamiento descubrieron que nuestra capacidad de tomar decisiones sensatas no es tan buena como nos gustaría que fuera. Como escriben dos expertos en la materia, Richard Thaler y Cass Sunstein en su libro *Un pequeño empujón*: «El proceso de toma de decisión humano no es muy bueno». Es aún más difícil en situaciones extrañas, tensas y cargadas de emociones, agregan; en otras palabras, precisamente la clase de situaciones que vivimos en momentos de transición. Algunas de las razones que citan: preferimos el *statu quo*; tendemos a ir a lo seguro; seguimos al rebaño.

A veces, un pequeño empujón, un ligero codazo o un toque amoroso es todo lo que necesitamos. Un cuarto de mis entrevistados afirmaron preferir esta clase de reacciones en sus seres queridos. Como dijo Amy Cunninghan, quieren que alguien aguce su pensamiento, que les recuerde sus sueños y que los aliente a buscar sus mejores versiones posibles.

Personas como Erik Westover, quien se hundió en la autocompasión después de haber perdido las piernas en ese accidente de motocicleta cerca del lago Míchigan. Lo consoló que su jefe en Costco le asegurara que su trabajo estaba seguro, pero lo que de verdad necesitaba era un empujón para volver a relacionarse con el mundo. «Mi hermana en cierto modo me obligó a hacerme una página de Facebook. Primero abrió una cuenta en GoFoundMe, y eso fue importante para mí. Fue emocionante que todas esas personas de las que llevaba años sin saber nada hicieran donaciones. Sabía que tenían familias y problemas propios, pero querían ayudar. Después empezamos a tener todos esos seguidores en Facebook. Eso me tocó el corazón».

Personas como Janay Brower, cuyo marido llevaba ya demasiado tiempo escuchando sus quejas sobre su frustración por el trabajo en la coalición para indigentes de Grand Rapids, hasta que al final le dijo: «Janay, es hora. Debes dejarlo». «Incluso la mañana que iba a dimitir, pensaba: "No puedo hacerlo. ¡No puedo hacerlo!". Y él decía: "Puedes hacerlo. Te está haciendo enfermar. Tienes que hacerlo". Él incluso había comenzado un nuevo trabajo, así que podía mantenernos económicamente. Eso me quitaba un enorme peso de encima».

Como Chris Cassier, cuyos padres eran novios desde la secundaria. Su madre, cantante en clubes nocturnos, se declaró lesbiana cuando él tenía ocho años, y lo criaron dos madres en un barrio obrero de Nueva Jersey. Chris sufrió maltrato en la escuela secundaria, lo llamaron «marica», y le quemaron el cabello. Cayó en las drogas, dejó la universidad, supo por una tía transgénero que había sido producto de una aventura de su madre, y luego perdió a su padre por un ataque cardíaco. Justo cuando su vida estaba en el momento más caótico, un terapeuta le dio el libro de Viktor Frankl, *El hombre en busca del sentido*. «Me cambió la vida. La parte en la que estaba en el campo de concentración, donde todos morían a su alrededor, y supo que nadie podía arrebatarle su decisión de tener esperanzas. Me hizo pensar en lo que me dijo mi padre el día antes de morir: "Serás maravilloso algún día". Me di cuenta de que debía elegir hacerlo realidad». Más adelante, Chris llegó a convertirse en presidente de una universidad de Minnesota. Todo lo que necesitaba era un empujón a tiempo.

ABOFETEADORAS: «NO SABES QUÉ DEMONIOS ESTÁ PASANDO CON TU VIDA»

Helen Churko creció en una familia enfermiza en el vecindario de Washington Heights, Nueva York.

—Mi madre usaba una carpa de oxígeno por su asma extremo y no podía caminar más de una calle. Mi padre sufrió una serie de crisis nerviosas desde que yo tenía dieciséis. Siempre pensé que mi nacimiento había provocado la enfermedad de mi madre. A los treinta y cinco años supe que, de hecho, había comenzado seis meses después de mi nacimiento. Mi padre me lo dijo por accidente. Nos sentamos a la mesa de la cocina y lloramos.

Helen se convirtió en una cuidadora profesional; de su familia, amigos, clientes. Fue una agente de conferencias con mucho éxito durante cuatro décadas y, más adelante en su carrera, se transformó en coach de vida certificada. Pero nunca dejó de estar preocupada por sí misma. Tras haber quedado con el corazón roto en la adolescencia, tenía problemas con su peso y su confianza.

—En alguna parte del camino, me quedó claro que debía ponerme en contacto con mi propio ser y que eso era lo más importante.

Hizo el seminario Erhard est; hizo un curso de Landmark Forum; leyó *El camino del artista*; se unió a un grupo de lectura y uno de escritura; pasó cinco días en el cuartel central de Brahma Kumaris en la cima del monte Abu en Rajastán, India, trabajando con otras doscientas personas en cómo mejorar al mundo. Pero, cuando perdió a tres amigos cercanos y a sus padres en un período de tiempo de seis años, y su empresa fue vendida, lo que arruinó sus sueños de quedar al frente, Helen perdió el rumbo.

—Fue como si ya no supiera quién era.

Un día, estaba quejándose con sus amigos.

—Estaba gimoteando acerca de alguna idea fantasiosa que tenía sobre mi vida, cuando mi amiga Wendy hizo como Cher cuando abofetea en el rostro a Nicolas Cage, dos veces, en *Hechizo de luna*, y me dijo: «¡Despierta ya!». Fue lo que necesitaba escuchar para superar el concepto horrendo que estaba mostrando.

Una abofeteadora. Muchos necesitamos a una persona así. Algunos la preferimos.

En el año 44 a. e. c., el orador romano Cicerón escribió un tratado titulado *Sobre la amistad*. En él, establece que los buenos amigos te dicen lo que necesitas escuchar, no lo que quieres. «Nada es peor ni más destructivo entre los amigos que la constante adulación y reafirmación. Llámalo como quieras, pero es marca de un hombre débil y falso el que te diga cualquier cosa complaciente que no sea la verdad». Las ciencias sociales modernas apoyan esta idea. Los niños criados con amor duro tienen más probabilidades de desarrollar bien su carácter; los adultos que se enfrentan a verdades dolorosas en el trabajo son tres veces más comprometidos y creen que sus jefes son cinco veces más efectivos.

Sin embargo, siempre evitamos decirles la verdad a quienes nos rodean. Elegimos la calma antes que la confrontación. Dos investigadores estudiaron si esta clase de evasión de conflictos es buena idea. Descubrieron que la conversación amable promueve la felicidad, ya que aumenta el placer a corto plazo; mientras que la comunicación honesta promueve un mayor sentido, ya que prioriza la plenitud a largo plazo. Su conclusión: «Los individuos opinan que la comunicación honesta es más gratificante, significativa y que crea más conexión social de la que esperaban».

Mis conversaciones reflejan esta tendencia. Las bofetadas no fueron el comportamiento más popular esperado de los mentores, pero quienes aceptaban esta clase de comunicación abrupta sentían que no podían vivir sin ella.

Personas como Amber Hansen, pintora e ilustradora de Dakota del Sur, que estaba a punto de obtener el título en un máster en arte de la Universidad de Kansas, pero suspendió la revisión de su trabajo. «Fue un enorme fracaso, porque había estado trabajando para llegar a eso durante toda mi vida. De pronto, no era una artista; no pertenecía. Y si eso no funcionaba, ¿qué iba a hacerlo? Lloré sin parar». Luego, una amiga le dijo que dejara de llorar y viajara. «Me fui a Berlín diez días, recorrí toda Alemania, luego fui a Ámsterdam. Cuando regresé cambié al cine y creé un trabajo sobre mis sueños de la infancia». Con ese trabajo, consiguió su título en Bellas Artes.

Como Janelle Hanchett, la joven nativa de California que luchó durante años para dejar el alcohol, hasta que conoció a su mentor, Dave. «La primera vez que lo vi, me miró y me dijo: "Eres una mujer mala. No estoy aquí para darte amor, tienes a muchas personas que te aman. Pero ¿te ayudó eso a superar el alcoholismo? No me importan tus estúpidas mentiras. En tu caso, si parece un pato y hace cuac, probablemente se trate de una boca de incendios. Estás hasta arriba de mierda, no tienes idea de qué demonios está pasando con tu vida". Y tenía razón. Necesitaba que alguien como Dave me diera una bofetada e hiciera que me cuestionara mi percepción».

Personas como Lisa Porter, profesora de teatro de San Diego que tuvo una sesión de tarot durante un retiro de yoga y mencionó que su hija Daisy, que tenía necesidades especiales, estaba sufriendo. «Aquella mujer me miró y me dijo: "¿Cómo sabes que ella está sufriendo? Creo que tú estás sufriendo". Entonces le di vueltas a mis pensamientos y dije: "Ah, sí, tienes razón. Estoy proyectando todo mi sufrimiento en ella. Daisy parece muy feliz. No anda por ahí diciendo que le gustaría hacer todas las tonterías que hace un chico normal de trece años". Necesité a un extraño para darme cuenta de eso».

MODELADORAS: «MADONNA ES LA ÚNICA QUE HA ESTADO AHÍ TODO EL TIEMPO»

Michael Angelo no tuvo modelos a seguir cuando creció en Plainfield, Nueva Jersey.

—Mis padres estaban totalmente locos. Eran buenas personas, pero habían sido criados por personas locas y no conocían nada mejor.

Con la influencia de los cuentos de hadas y todas las películas de Disney y atraído hacia los chicos desde muy temprana edad, Michael hizo lo que muchas personas de grupos marginales. Recurrió a influencias externas en busca de una guía. En su caso, a personas famosas.

—En la escuela secundaria, comencé a experimentar con mi estilo y me fijé en Cyndi Lauper. Tenía el flequillo naranja sobre un ojo. Usaba una chaqueta vintage cubierta de pines de rock and roll y con un enorme triángulo amarillo. Básicamente, me dieron una patada en el trasero.

Michael empezó a faltar a la escuela para ir a Manhattan; apenas llegó a graduarse. Después se matriculó en la escuela de belleza y comenzó a trabajar en salones. Y, en el camino, adoptó a un hada madrina lejana.

—Madonna es la única que ha estado ahí todo el tiempo, ¿cierto? Fue como una hermana mayor, como Campanilla sobre mi hombro. Estaba experimentando tantas cosas como humana (kabbalah, yoga, BDSM) que me marcaron el camino en cierto modo. Cuando ella se inclinó hacia la introspección, yo superé por fin la relación dañina en la que llevaba muchos años. Pensé: «Se acabaron las tonterías. Es hora de poner los pies en la tierra». Hablo en serio al decir que cantó todas las canciones de *Ray of Light* para mí.

No todos los modelos a seguir son de personas que conocemos. Al principio, sospeché de esta idea, pero se presentó repetidas veces, en especial entre personas cuyas historias de vida se desviaron de alguna forma de las de aquellas que las rodeaban. Y, tal vez, yo pueda dar cuenta de ello. Como adolescente en Savannah, Georgia, en 1970 con algunos pasatiempos singulares (como hacer malabarismo o mímica, por nombrar dos), no conocía a nadie a diez kilómetros a la redonda que compartiera esos intereses. Tuve que reunir consejos de viejos libros o de consejeros en campamentos. Aprendí más de Pat Conroy, quien escribió acerca del rincón apartado del mundo en el que yo vivía, que de nadie que conociera.

Hoy en día, cualquiera que tenga un interés no tradicional o que se aleje de lo convencional puede encontrar muchas más opciones. Internet nos presenta modelos a seguir delante de nuestras narices. Mi esposa, que inició una organización que apoya a emprendedores de todo el mundo, ha identificado lo que ella llamó «efecto multiplicador». Incluso un solo modelo a seguir puede inspirar a todo un país o continente. Investigadores de John Hopkins encontraron un patrón similar en escuelas primarias: estudiantes de color que tienen maestros de color tienen menos probabilidades de dejar la escuela. Lo mismo se aplica con la edad. Las personas de mediana edad que tienen modelos de envejecimiento exitosos, superan la transición con más éxito.

Y lo que tal vez sea más sorprendente: no necesitas conocer bien a esas personas. Un sociólogo de Stanford ha identificado lo que él llamó la «fuerza de los lazos débiles», por la que un conocido circunstancial suele tener más impacto en tu vida que las personas cercanas. La razón: tus amigos son muy similares a ti. Las personas con las que hablé llegaron aún más lejos. Algunas veces, quien más cambió sus vidas fue un vecino, a veces un extraño, a veces alguien que no conocían.

Personas como Elisa Korentayer, que vivía en un diminuto apartamento en Nueva York y se sentía frustrada por el fracaso de su vida romántica y por el parón en su carrera en tecnología. Hasta que una nueva vecina se mudó al piso de arriba. «Desapareció unas semanas y, cuando regresó, parecía feliz. Un día, la detuve. "¿Dónde has ido y por qué pareces tan feliz?". Ella dijo: "Ah, ¡estaba en una residencia artística!". Le pregunté qué era eso. "He pasado allí seis semanas. Escribí poesía, me alimentaron, me alojaron y fue genial". Le dije que parecía el paraíso». Ese fin de semana, Elisa se inscribió en veinte programas como ese y la aceptaron en uno en Minnesota, que la llevó a conocer a su marido y a mudarse al medio oeste.

Como Kristy Spraggon, que se mudó de Australia a Los Ángeles, en parte para superar la vergüenza que sentía por el herpes, y encontró guía en libros, grabaciones y videos de YouTube. «Todos mis mentores han sido oradores motivacionales. Oprah, M. Scott Peck; me encanta *El camino menos transitado*. Ahora estoy escuchando a Deepak Chopra. Estoy en constante evolución y los considero mis maestros. Llegan a mí exactamente cuando los necesito».

Personas como Sal Giambanco que, tras dejar a los jesuitas después de nueve años en la hermandad, no tenía bienes, ingresos, hogar ni metas.

—Con los jesuitas haces votos de pobreza, así que, cuando quise buscar apartamento, no me concedieron el préstamo. El único lugar en el que me recibieron fue en las viviendas subvencionadas de la Sección 8. —Sal envió cuatrocientos currículos y solo recibió dos llamadas—. Una fue de una mujer que me dijo: «No tengo un trabajo para ti, pero pareces interesante. Solo quería desearte buena suerte». La segunda fue de un hombre que buscaba a alguien que trabajara en recursos humanos. «No estoy seguro de que seas el indicado. Pero todos los demás candidatos eran vendedores de coches usados y estoy seguro de que tú no eres un vendedor de coches usados. Te daré una oportunidad».

Sal llegó a ser jefe de personal de PayPal e inició una carrera distinguida como coach ejecutivo en Silicon Valley.

—Siempre recuerdo ese tema —dijo—. Y, hasta el día de hoy, sigo dándoles oportunidades a personas que se salen de la norma. Un completo extraño cambió mi vida; quiero ser esa persona para otros.

DETRACTORAS: «MIS PADRES ME COMPARARON CON WILLY LOMAN»

La pregunta de mis entrevistas que inspiró estas respuestas fue: «¿Has tenido a un mentor, amigo, ser amado o sabio externo que te haya dado un consejo durante tu transición?». Las conversaciones que siguieron casi siempre trataron de la clase de consejos que resultaron de más ayuda. Pero no siempre trataron de eso. En ocasiones, surgía otra clase de figura que ofrecía otro tipo de respuestas que demostraron ser sorprendentemente cruciales para ayudar a superar un momento difícil.

Se trata de la figura de un crítico, un aguafiestas, un incrédulo, un detractor.

Conocemos a esta figura por la cultura popular. Oprah Winfrey nunca olvidó al director de noticias locales de Baltimore que la despidió tras siete meses de trabajo y le dijo que era «inapropiada para el trabajo y demasiado comprometida emocionalmente». Tom Brady, quien también recibió motivación inversa durante toda su carrera porque lo echaron en la sexta ronda de la selección de la NFL, se indignó todavía más el año en el que lo suspendieron durante cuatro juegos por el escándalo «Deflategate». Incluso conserva su carta de suspensión de la NFL como recuerdo para motivarse. «Es una buena forma de recordar». Brady jugó en el Super Bowl de ese año y ganó en el siguiente.

Al recibir un premio Billboard, Madonna recordó que, al mudarse a Nueva York en su adolescencia, la maltrataron, le apuntaron con un arma y abusaron de ella mientras la amenazaban con un cuchillo. En su carrera, la han llamado zorra, bruja y Satanás. Más adelante, la amenazaron y, luego, la ignoraron. «Para los incrédulos, los detractores, todos los que me hicieron pasar un infierno y dijeron que no podía, que no lo haría, que no debía: su oposición me hizo más fuerte, hizo que me esforzara más, me convirtió en la luchadora que soy hoy. Me hizo la mujer que soy. Así que gracias».

Los detractores de los que me hablaron no eran tan violentos, pero dejaban marcas similares. Muchos fueron padres. Brin Entekin era una estudiante que sacaba B en la secundaria y tuvo la idea de construir una escuela para niñas en Camboya. «Mis padres no creían que fuera una buena idea. Y yo pensaba: "No creen que pueda hacerlo. Voy a demostrarles que sí"». Y lo hizo. Cuando Christy Moore dejó la escuela tras quedarse embarazada, su padre le dijo que nunca llegaría a nada. «Dijo que ni siquiera me graduaría en la escuela». Ella llegó a obtener un doctorado. Shannon Watts estaba en el primer año de secundaria cuando llegó a casa con una tarea en la que los padres debían comparar a los hijos con personajes históricos. «Como era una escuela católica, la mayoría pensaron en Juana de Arco o en la Virgen María. Los míos me compararon con Willy Loman, de *Muerte de un viajante*. Creo que fui hija única por una razón». Shannon llegó a fundar el principal grupo en favor del control de armas del país.

Otros detractores están en el trabajo. Tyler Dennis, hijo de dos sociólogos de la Universidad de Wisconsin, era estudiante universitario a los diecinueve años, cuando un diagnóstico de cáncer testicular lo llevó a abandonar su interés en las artes y volver a la tierra. Estaba trabajando en los jardines orgánicos del prestigioso centro Stone Barns a las afueras de Nueva York, cuando se le ocurrió abrir su propia granja de vegetales. «Mi jefe insistía en que no podría hacerlo. "Los pequeños granjeros apenas llegan a ganarse la vida. Estamos compitiendo por dividir un pastel demasiado pequeño". Soy comprensivo, pero no puedo tolerar que me digan qué hacer. Hacerlo fue muy alentador». Hoy en día, es dueño de la granja Alewife y lo mencionan en la página web de Stone Barns.

Cuando Ann Merie DeAngelo se presentó para el Ballet Joffrey por primera vez con un metro cincuenta y cinco de altura, el director le dijo: «No podemos aceptarte porque eres muy baja». Anne Marie enfureció. Volvió al trabajo, creó un grupo, se convirtió en la primera bailarina y, luego, la nombraron directora adjunta. «Hay una cita de Calvin Coolidge que solía decir mi madre: "Nada en el mundo puede reemplazar a la perseverancia. El talento no lo hará; no hay nada más común que ver a hombres fracasados con talento. El genio no lo hará; el genio sin talento es casi un proverbio. La educación no lo hará; el mundo está lleno de indigentes educados. Solo la persistencia y la determinación son omnipresentes"».

Desde detractoras hasta empujadoras, consoladoras hasta abofeteadoras, las voces externas tienen un rol fundamental en nuestras transiciones vitales. Son boyas en nuestras mareas solitarias. Son los confidentes, compañeros y, algunas veces, incluso los críticos quienes nos acercan un paso más a alcanzar por fin nuestro nuevo ser.

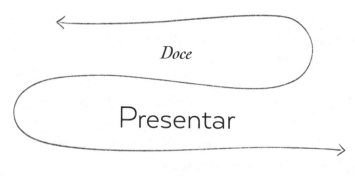

Doce

Presentar

Revelar el nuevo ser

Un día sucede sin más. Aparece un ápice de normalidad, un destello de luz, una inhalación que no necesita pasar entre los dientes apretados, una exhalación que no termina en suspiro. El pasado ya no proyecta una sombra tan extensa; el futuro comienza a aparecer a la vista. Incluso cuando este momento aparece temprano en la transición, antes de que la persona se haya despedido por completo o haya capeado el temporal, su importancia simbólica es la misma.

Es hora de lanzar nuevos proyectos, compartir el trabajo, celebrar el progreso.

Revelar el nuevo ser.

«USÉ MI NUEVA IDENTIDAD PARA LIBERAR A MUCHAS PERSONAS QUE ERAN IGUALES QUE MI ANTIGUO YO»

Steven Hassan era el tercer hijo de una familia de clase media en Flushing, Queens. Su madre era maestra de octavo curso; su padre tenía una ferretería.

—Cuando cumplí diecisiete años, mis dos hermanas mayores se casaron y se fueron de la casa —relató Steven—. Mi padre me preguntó si quería la tienda. Yo estaba escribiendo poesía e historias cortas. Me imaginaba como escritor, así que le dije que no y me matriculé en la Universidad de Queens.

Estudió escritura creativa.

—Era introvertido, extremadamente tímido, y estaba muy interesado en el sexo.

Un día en el segundo año, estaba sentado en la cafetería, cuando tres japonesas sonrientes empezaron a coquetear con él.

—Me preguntaron si podían sentarse a mi mesa, empezamos a conversar y me invitaron a su casa para conocer amigos de todas partes del mundo. —Fue una noche inocente; los estudiantes hablaron de unir a personas de diferentes orígenes. Steven les dio las gracias y se marchó, pero lo siguieron y le preguntaron si regresaría al día siguiente. Él declinó la invitación con cortesía—. Recuerdo que salieron hasta el coche, estaba nevando, y era un grupo de jóvenes sin zapatos. Rodearon mi coche y me dijeron que no me dejarían ir a menos que prometiera regresar. Recuerdo pensar: «Estas personas están locas», pero siempre tuve principios y me sentí culpable.

Steven volvió, luego aceptó asistir a reuniones semanales. Una camioneta los condujo durante cuarenta y cinco minutos fuera de la ciudad. Cuando cruzaron la entrada, los anfitriones les anunciaron que tendrían un retiro colectivo con la Iglesia de la Unificación.

—Dije: «¡Un momento! Soy judío. Nadie dijo nada sobre una iglesia». Y ellos respondieron: «¿Qué sucede, Steven, tienes prejuicios? ¿Tienes algo en contra de los cristianos?».

También le dijeron que la camioneta no regresaría hasta la mañana siguiente. Esa noche cantaron, comieron, socializaron. A Steven le recordó al campamento de verano. El retiro de dos días se extendió a tres, luego a siete. Steven faltó a clases, dejó su trabajo de media jornada, se opuso a su familia.

—Y llegué a creer que estábamos en un momento clave de la historia. En mi mente había encontrado la respuesta a quién era el Mesías sobre la Tierra. Quién salvaría el planeta, terminaría con las guerras y con el hambre, crearía un mundo en donde todos vivieran juntos en armonía como en el Jardín del Edén.

Esa persona era el reverendo Sun Myung Moon. Steven se había hecho moonista. Y no cualquiera, llegó a ser uno de los preferidos del reverendo Moon. Se cortó el cabello, vistió un traje, donó sus ahorros, y le dijeron que eligiera el país que querría dirigir cuando Moon controlara el mundo. Alcanzó esa posición porque demostró ser excepcional para reclutar a nuevos miembros, para persuadirlos de que Satanás se había apoderado de sus familias, para ayudarlos a creer que él conocía sus verdaderos propósitos. También dormía solo tres o cuatro horas por la noche, renunció a la masturbación y al sexo, hizo largos ayunos.

—Me llevé al límite —afirmó.

Luego, a las cinco y media de la mañana de un viernes, dos años después de haberse unido, conducía la camioneta para recoger a nuevos miembros a las afueras de Baltimore. No había dormido en dos días.

—Choqué contra un tractor a ciento treinta kilómetros por hora. La camioneta quedó aplastada y yo estaba atrapado. Tuvieron que cortar la puerta para sacarme.

Steven se lastimó la pierna ese día. Estuvo hospitalizado semanas. Pero eso implicó que pudiera dormir y comer. Le pidió permiso a su «familia divina» para llamar a su familia de sangre, en especial a su hermana mayor.

—Estábamos muy unidos de pequeños. Ella me dijo que me quería y que tenía un nuevo sobrino al que no había conocido. «Quiero que conozca a su tío Stevie». —Él le dijo que iría si no se lo contaba a sus padres, pero ella no cumplió su palabra—. Mis padres contrataron a exmiembros para que me desprogramaran. Por un lado, era un caso sencillo. Se llevaron mis muletas para que no pudiera escapar.

Pero también era un caso difícil por lo adoctrinado que estaba. Una mañana, su padre lo llevaba en el coche y Steven estuvo a punto de romperle el cuello.

—Hubiera muerto también, pero creía de verdad que eso sería mejor que traicionar al mesías. —Pero luego su padre lo miró y comenzó a llorar. «Si yo fuera tu hijo, tu único hijo, ¿qué harías?», le preguntó—. Solo lo había visto llorar una vez antes. Y esa fue la primera vez que me permití ponerme (aunque fuera por un momento) en su lugar.

Steven accedió a hablar con los desprogramadores durante cinco días. Su padre accedió a llevarlo de vuelta con el grupo si eso no funcionaba.

Nunca hicieron ese viaje. Steven aprendió sobre los lavados de cerebro; escuchó comparaciones entre los moonies y los nazis; leyó un libro del psiquiatra Robert Jay Lifton sobre el control mental en el régimen del general Mao. Luego experimentó una transición vital clásica. Se sintió avergonzado y culpable. Estaba triste por renunciar a los amigos y a la sensación de tener un propósito dentro del grupo. Volvió a retomar con intensidad una antigua pasión: la lectura. Y, entonces, después de tomarse un tiempo para descomprimirse, se enfrentó a una decisión: ¿quién quería ser?

Podía ocultar el tiempo que había pasado con los moonies, retomar su vida, y nadie lo sabría. O podía canalizar lo aprendido en algo positivo y responder a las llamadas que recibía de otras familias desesperadas. Su padre pensó en el primer camino: «Has pagado tus deudas, sigue con tu vida». Pero él no estaba tan seguro, así que se puso en contacto con Robert Jay Lifton en su apartamento de Central Park oeste.

—Yo era un joven deprimido, exmoonie, que había dejado la universidad e intentaba descubrir qué hacer con su vida. Él tenía el pelo blanco y era la mayor autoridad mundial en control mental. Le dije que su libro me había salvado la vida. Él preguntó cuál. Cuando se lo expliqué, dijo: «Solo estudié esos temas de segunda mano. Tú los has vivido. Deberías ser tú el que le explique a la gente cómo es».

Lifton lo ayudó a matricularse en Yale, donde Steven obtuvo un título en orientación. En el proceso, hizo su propia teoría de cómo manipulan los grupos el comportamiento, los pensamientos y las emociones de sus miembros.

Finalmente, Steven estuvo listo para hacer pública su nueva identidad. Empezó a dar discursos, fue a la televisión, habló en el Congreso. Solicitó la aplicación de la Ley de libertad de la información sobre Moon; dirigió un grupo de exmiembros de cultos; fundó una organización para ayudar a familiares a liberar a sus hijos de cultos, redes de tráfico sexual y células terroristas. También se casó y se volvió a casar después de que su primera esposa muriera ahogada. Adoptó un hijo con su segunda esposa.

Steven no reconoce que el responsable de su nuevo ser sea Lifton, su padre ni su hermana, sino el propio Moon.

—Pertenecer al culto de Moon me ofreció la grandiosa esperanza de que podía tener un impacto enorme en el mundo. Antes de eso pensaba escribir poesía y, tal vez, dar clases en un centro de estudios superiores. Me hubiera puesto nervioso tener que pararme frente a una clase de doce alumnos. Pero en el culto esperaban que subiera al escenario y hablara frente a miles de personas. La historia irónica y extraña de mi narrativa —continuó—, es que estar en el culto me dio la confianza para ayudar a otros a salir de cultos. Al presentarme ante el público, usé mi nueva identidad para liberar a muchas personas que eran iguales a mi antiguo yo.

La forma de su vida refleja su crecimiento: un cono abierto hacia afuera.

EL PRIMER MOMENTO NORMAL

Cuando comencé este proyecto, estaba centrado en temas importantes; las tendencias a gran escala y los cambios sociales que habían dejado a las personas ansiosas e inquietas, desequilibradas, fuera de sí. Pero, una y otra vez, me sorprendía encontrarme con temas menores; los micropasos y minipatrones que parecían ser indicios de verdades más grandes. Uno de ellos fue lo que llamo «el primer momento de normalidad».

Seth Mnookin es el adolescente obsesivo compulsivo de Brookline, Massachusetts, que se graduó en Harvard y cayó en las drogas en la veintena. El peor momento en su vida ocurrió en la ciudad de Nueva York cuando acababa de empezar a tomar heroína.

—Una consecuencia de la heroína es que provoca un estreñimiento terrible —dijo—. Se dio un momento en el que había perdido el trabajo, mis compañeros de cuarto intentaban ponerme en cuarentena, y llevaba días sin defecar. Sabía que para poder funcionar y volver al ruedo, tenía que encontrar la forma de ir al baño. Así que me metí la mano en el trasero y estuve casi una hora sacando esa roca de heces. Fue degradante, humillante, deprimente; pero era evidente que era lo que debía hacer en esa situación.

Cuatro años después, cuando por fin estaba limpio y consiguió su primer trabajo en periodismo, Seth descubrió que uno de los aspectos más desafiantes de volver a la normalidad era hacer cosas normales.

—Lo más difícil fue intentar descifrar cómo pagar una factura. Era físicamente diferente a cualquier cosa que hubiera hecho. Una de las cosas más extrañas que aún me alegra (ahora que estoy casado con hijos y tengo un trabajo fijo en el MIT) es rellenar cheques. Me emociona mucho pagar facturas a tiempo porque eso significa que tengo dinero en una cuenta bancaria.

Poco tiempo después, estaba conversando con Michael Angelo, que sufría maltrato cuando era adolescente y luego se convirtió en un estilista de élite. Tras su divorcio, Michael se encontraba a la deriva.

—Me sorprendió lo frágil que era —declaró—. Antes podía hacer lo que fuera. Abrí una peluquería en el distrito Meatpacking. La mantuve a flote tras dos grandes desastres, cuando la economía se derrumbó y mi equipo también. Me mantuve al timón del barco durante tormentas terribles. Pero después del divorcio, no sabía cómo prepararme un sándwich de huevo. Existen muchas historias épicas sobre grandes transiciones —continuó—. El camino del héroe; Stella recuperó el rumbo. Pero no escriben películas acerca de alguien que intenta pagar la factura de la televisión por cable. En mi caso, cuando llamé a mi contable para que se encargara de las cuentas que solía pagar mi esposo, supe que saldría adelante. Esa era mi normalidad.

Un mes después, un amigo cercano que había perdido a su esposa y a su hija de siete años por cáncer en ocho meses, me dijo que lo más reconfortante para él también fue pagar la factura de la televisión por cable.

Como sucedió con las personas que tenían botas como recuerdos, aquí también vemos a tres personas que hicieron la misma observación.

¿Qué tiene pagar una factura, cortar el césped o desatascar el fregadero que resulta tan profundo?

Con los años, los psicólogos han observado que vivir una vida con sentido es construir una extensa narrativa sobre lo que más nos importa: el trabajo, la familia, el servicio, la fe, la belleza, etcétera. La ventaja de articular nuestras diversas fuentes de identidad es que nos permite contextualizar y sobrellevar las cosas desagradables que nos afligen a diario. Como lo expresó Roy Baumeister, un investigador líder en esta materia, el sentido «fluye hacia abajo con más facilidad que hacia arriba».

Mis conversaciones fueron un recordatorio de que la marcha atrás también puede ser una realidad: si perdemos el contacto con nuestras mayores fuentes de sentido, podemos centrarnos en las cosas buenas más pequeñas que nos ayudan a pasar el día y ascender desde allí. En tiempos problemáticos, nos aferramos a algo pequeño. Nos centramos en actos que parecen menores o aleatorios, que se convierten en símbolos irracionalmente importantes de nuestra capacidad de perseverar. Uno de ellos es el primer acto normal. La primera vez que reímos tras una pérdida devastadora; la primera vez que nos sentamos a la mesa tras una larga convalecencia en cama; la primera vez que vamos al supermercado tras una humillación pública.

Con el tiempo, estos pequeños logros se acumulan hasta ser grandes victorias y narrativas más ricas. Y, a pesar de que la acumulación es crítica, ese pequeño logro suele tener el valor mítico. Es el kilómetro cero de la maratón hacia la recuperación, la primera tirita sobre un corazón roto. Samuel Johnson relató una vez que podía hundirse en un estado de letanía tan «lánguido e ineficiente que no podía distinguir la hora en el reloj de la ciudad», pero el simple acto de levantarse de su silla solía ser suficiente para mejorarle el ánimo. Johnson no tenía facturas de televisión por cable por pagar, por supuesto, pero entendía que a veces es necesario actuar primero, dejar que las emociones fluyan y permitir que el acto más sencillo dé inicio a nuestro renacimiento.

Algunos ejemplos de primeros momentos normales:

- Semanas después de que al hijo de un año de Kacie Case le diagnosticaran diabetes tipo uno, debía viajar desde Texas a Washington D. C. «Estaba sentada en el hospital pensando: "Deberíamos cancelar el viaje. Tengo que viajar con toda esta medicación, todas estas jeringas y material de emergencia". Y una de las enfermeras me dijo que podían ayudarme. Me prepararon para pasar por seguridad. Organicé un puesto en la casa de mi amiga, y nos fue bien. Al mirar hacia atrás, creo que ese viaje me dio mucha confianza. Creo que no hubiéramos podido mudarnos a una caravana para vivir viajando de no haber sido por esa experiencia».

- Después de que se rompiera la columna en la pista de esquí, los primeros meses para Chris Waddell fueron «lluviosos, malhumorados, horribles y depresivos». Ese verano, su entrenador lo llevó a Nueva Zelanda para que se uniera al equipo paraolímpico de los Estados Unidos. «El primer día fue horrible. El entrenador me miraba como diciendo: "Ese chico ni siquiera puede llegar a los cien metros". Pero esa semana giré la primera curva con el monoesquí, y ese fue el logro que necesitaba». Después de eso, ganó trece medallas paraolímpicas y se convirtió en el monoesquiador masculino más condecorado de la historia.

- Janelle Hanchett no llevaba mucho tiempo sobria cuando viajó con su marido y sus hijos a Half Moon Bay, California. «Fue uno de los primeros viajes que hicimos como familia después de que volviera a reunirme con ellos. Yo conducía, pero no podía ver bien con todos los insectos y la suciedad. Mi esposo dijo: "Pon el limpiaparabrisas". Había sido adicta al alcohol y a las drogas durante años, no tenía agua para el limpiaparabrisas, así que me reí. "Ah, como si tuviera agua". Y él dijo que le había echado cuando nos habíamos detenido en la gasolinera. Así que lo encendí, y los niños se echaron a reír en el asiento trasero. Y, por más ridículo que fuera ese momento, fue de los más alegres de mi vida porque supe que era una increíble señal de que tenía una vida funcional».

EL PLAN MEJOR PLANTEADO

Aunque el primer momento normal puede ser el primer paso hacia la normalidad, no es el último. Con el tiempo, las personas inician una oleada de nuevas iniciativas. Plantan tomates, se unen a organizaciones como Toastmasters, leen a Proust, limpian los armarios, recorren el Camino de Santiago, hacen trabajo voluntario en refugios para indigentes. Comienzan *proyectos personales*.

La idea de que el crecimiento personal requiere ponerse metas es antigua. En la década de 1840, Kierkegaard dijo que, cuando un sueño fracasa, hay que recurrir a otro; un proceso semejante a la rotación de cultivos. En los años sesenta, los psicólogos identificaron el *plan* como característica central del comportamiento humano. Quienes superan obstáculos demuestran ser determinados, intencionados y orientados hacia el futuro. Hacen planes.

En los ochenta, el psicólogo de Cambridge Brian Little comenzó a usar la idea del proyecto personal para llegar a un mayor entendimiento de cómo superan los individuos tiempos difíciles. Little formó parte de un audaz movimiento que se resistió a la noción extendida de que todas las personas tenían rasgos de personalidad fijos (extroversión, introversión, y demás), una idea que reinó durante cincuenta años. Él demostró que, mientras que algunos rasgos son estables, otros están determinados por el entorno o las circunstancias. Como respuesta a los eventos vitales, desarrollamos nuevas formas de vivir, nuevos hábitos y nuevos proyectos.

Cientos de estudios sobre proyectos personales han demostrado lo centrales que son para nuestra identidad. En promedio, tenemos hasta quince proyectos a la vez; desde obtener una licencia de piloto hasta recorrer el Gran Cañón y reparar el agujero de la pared antes de que llegue Fred. Las mujeres tienden a querer apoyo en sus proyectos; los hombres tienden a querer independencia para terminar los suyos. Es más probable que cumplamos esos proyectos si los planteamos como resoluciones (limpiar el garaje) y no como aspiraciones (tener tiempo para limpiar el garaje).

Inspirado por esa investigación, incluí una pregunta sobre este tema: «Por favor, dime tres proyectos que tengas en este momento». Cuando mi equipo analizó las respuestas, surgió un patrón interesante. Los proyectos tendieron a responder al ABC del sentido. Algunos eran de agencia (escribir memorias; obtener la certificación en yoga). Otros estaban orientados hacia la pertenencia (ayudar a tu madre a mudarse a un centro de vida asistida; ser un mejor padre). Otros eran de causa (reescribir la Tercera Enmienda; sofocar la violencia de las pandillas).

De los más de quinientos proyectos personales que analizamos, el cincuenta y seis por ciento fueron A en mi modelo, veintisiete por ciento fueron B y diecisiete fueron C. está claro que las personas buscan proyectos enfocados en sí mismas, luego en los demás, luego en el mundo. La A supera a la B, la B a la C.

Al mirar más detenidamente, descubrimos que un cuarto de nuestros entrevistados tenían sus tres proyectos en una categoría. (La mayoría eran de agencia). Cuatro de diez tenían dos proyectos en una categoría y uno en otra (Una vez más, agencia fue la principal, seguida por pertenencia y por causa). Pero lo que más me fascinó fue que una de cada tres personas tenía un proyecto de cada categoría, lo que sugiere que sus tres fuentes de sentido estaban equilibradas.

Algunos ejemplos de personas que tenían un proyecto en cada categoría:

- El 11S, Beverly Bass, la primera piloto mujer en la historia de American Airlines, piloteaba un 777 desde París hasta Dallas, uno de los doscientos veinticinco aviones que se vieron obligados a aterrizar en Gander, Newfoundland y en Labrador. Esa historia luego inspiró el musical ganador de un premio Tony *Come From Away*. Entre sus proyectos, ella mencionó: contratar a un asistente personal (A), ayudar a su hija a que la contrataran en American Airlines (B) y hacer crecer la organización que fundó para pilotos de avión femeninas (C).

- Brittany Wilund, hija de evangelistas de Carolina del Norte que voló a Hawái para perseguir una carrera como ceramista, dijo: entrevistar a personas interesantes para inspirarse (A), construir un nuevo autobús para vivir con su novio (B) y convertir un viejo molino de azúcar en una cooperativa artística (C).
- Brad Corrodi, exconsultor de Booz Allen que tenía dificultades para conseguir un trabajo satisfactorio, enumeró: arreglar las luces del cobertizo (A), llevar a sus hijos y a los compañeros de estos a la escuela en coche (B) y generar nuevos empleos en tecnología para su comunidad de Princeton, Nueva Jersey (C).
- J. R. McLain, camionero devenido en enfermero, mencionó: recoger rocas cerca de Portland (A), orientar a niños en situaciones desfavorables llevándolos a subir montañas (B) y promover el financiamiento del sistema de sanidad (C).
- Khaliya nació como Kristin White en Nueva York, se casó con el hijo del príncipe Aga Khan, líder espiritual de quince millones de musulmanes ismaelitas. Luego le robaron, se divorció y se convirtió en experta en salud global. Ella enumeró: escribir sus memorias (A), intentar tener un hijo con su nuevo marido (B) y trabajar para cambiar el modo en que percibimos la salud mental (C).

MANTENER EL MOVIMIENTO

Un día, cuando avanzaron mis entrevistas, pensé: muchas personas, en el curso de sus transiciones, parecen moverse. No estaba buscando esas historias, pero el patrón pareció presentarse en sí mismo. Seguí indagando en las transcripciones para ver si surgía alguna prueba.

Y sí que lo hizo.

Sesenta y un por ciento de los entrevistados mencionaron que sus transiciones incluyeron alguna clase de movimiento. Vendieron la casa, cambiaron de trabajo, emigraron, ingresaron en un centro de cuidado. El desordenado intermedio fue el momento menos popular para estos movimientos, con veintiséis por ciento de menciones; el largo adiós y el nuevo comienzo obtuvieron un treinta y siete por ciento. ¿Qué explican estas cifras?

En un sentido, el movimiento es la historia más antigua de todas. Desde Moisés hasta Confucio o el Dalai Lama, las historias religiosas más importantes han sido caminos de descubrimiento. En su investigación original sobre ritos de paso, Van Gennep percibió que las transiciones eran fundamentalmente actos de movimiento, un paso de un lugar al siguiente. El camino del héroe está lleno de tropos similares.

En investigaciones más recientes, los psicólogos han comenzado a observar que, en momentos de traumas, las personas se quedan estancadas, tanto física como emocionalmente. El movimiento nos saca del estancamiento. Restaura la agencia al darnos la sensación de que estamos actuando en nuestra situación; alimenta la pertenencia al ponernos en contacto con nuevas personas; nos da una causa al proporcionarnos algo en qué centrarnos. Un trío de investigadores de New Hampshire preguntaron a sus entrevistados por experiencias memorables de sus vidas. Los movimientos generaron dos veces más recuerdos que experiencias comparables. Su explicación: cada vez que nos movemos revisamos nuestras posesiones, nos enfrentamos a viejos recuerdos, reconectamos con marcadores de sentido que podemos haber olvidado.

Para estar seguros, algunos de los movimientos que hacemos, en especial aquellos al comienzo de una transición, tienden a ser aislados. Michael Hebb se llevó únicamente sus palos de golf cuando se mudó a una caravana a las afueras de Portland después de su humillante fracaso como dueño de un restaurante. Amichai Lau-Lavie se mudó a una comunidad hippie en el desierto de Néguev de Israel tras comunicar a su familia ultrarreligiosa que era gay. Pero muchos tienden a simbolizar sanación. Son señales (dramáticas, visibles, públicas) de que estamos dando un giro, literal y figuradamente, para residir en un nuevo espacio mental.

Otros son por razones personales. Tras ir a terapia después de fracasar su segundo matrimonio, Carolyn Graham construyó una casa del árbol en su patio trasero del centro de Florida. «La hice en un viejo roble. Sin ventanas de vidrio, solo mosquiteras. Alquilé mi casa y me mudé a la del árbol. Tenía luz, agua corriente y usaba el baño exterior».

Iniciamos otros por razones médicas. Después del accidente en bicicleta en el que perdió las piernas y del fracaso en su matrimonio, Eric Westover se mudó a una casa de estilo rancho en Grand Rapids, donde le resultaba más fácil moverse. «Después de todo lo que pasamos, mi esposa quería que hiciéramos la mudanza nosotros mismos. Algunos hombres nos ayudaron con los muebles, pero nosotros hicimos todo lo demás. Tardamos seis semanas. Al terminar, dijimos: "Por fin podemos vivir"».

Otros los hacemos por razones laborales. Al ascender a pastora de su iglesia después de la muerte de su predecesor, Jenny Wynn se tomó un tiempo libre y le pidió a la junta que redecorara y pintara su nuevo despacho mientras ella no estaba. Así, cuando iniciara su trabajo como primera líder espiritual femenina, a la comunidad le resultaría más fácil aceptar su nuevo puesto.

Y otros están motivados por razones familiares. Jan Egberts se convirtió en padre soltero tras el suicidio de su esposa, luego renunció al trabajo como director ejecutivo de una empresa de capital abierto en Nueva Jersey y se mudó con sus tres hijos a su ciudad natal, Ámsterdam. «Pensé: "¿Por qué no empezar de cero en los Países Bajos?". A mis hijos les gustó la idea. Tenían una relación muy cercana con mi madre, así que alquilamos nuestra casa, nos quedamos en una pensión durante un tiempo, hasta que por fin construimos la nuestra».

Pero, en cierto sentido, todos se movieron por la misma razón; porque necesitaban un cambio de escenario para sus historias de vida.

Khaliqa Baqi dejó a su esposo y el retiro espiritual que estaban construyendo en la zona rural de Oregón, pasó por una búsqueda espiritual y luego se instaló en Portland, donde se convirtió en capellana de un hospital. «Pienso en la transición misma como movimiento. A veces se manifiesta como movimiento físico de un lugar a otro. Pero también es una transición interna que incluye lo que podría describirse como moverse de una tierra nativa a otra. Dejas una identidad, un saber, algo que probablemente hayas llamado hogar. Y lo haces porque el alma tiene cierta trayectoria, que no es lineal. Es posible que algo que antes te daba alegría de pronto parezca vacío. Pero el alma sigue adelante y el ego debe aprender a seguirla. Debes dejar ir esa antigua identidad, saltar al vacío y encontrar el nuevo sueño de tu vida».

ABRIR EL SEGUNDO OJO

Los pequeños pasos y los grandes movimientos son hitos importantes hacia la recuperación, pero algunas veces es necesario un gesto con impacto más trascendental. Se necesita un ritual. Los rituales son populares para marcar el comienzo de una transición y también lo son para marcar el final. Los actos significativos que proclamaban la revelación del nuevo ser fueron un tema relevante en mis conversaciones. Se remontan a una antigua tradición japonesa: *abrir el segundo ojo*.

Robert Yang nació al sur de California de padres que habían huido de China para escapar de Mao.

—En la escuela secundaria, era el chico inteligente, sociable, amable y que no representaba una amenaza sexual. Eso implicaba que no me elegían para nada. Además soy gay, pero no dije nada mientras estuve en la escuela.

Robert asistió a la Universidad de California, Berkeley, pero seguía sintiéndose incómodo en la sociedad.

—Uno de mis compañeros de cuarto era muy heterosexual y vendía drogas. Yo no dejaba de pedirle consejos amorosos porque no tenía idea de cómo invitar a un chico a salir ni nada. —Al fin comenzó a tener citas, se mudó a Nueva York para continuar sus estudios y se casó con un neozelandés. En el camino, empezó a combinar su vida amorosa con su lado inteligente y diseñó innovadores videojuegos de temática gay. El primero fue una simulación de divorcio homosexual, luego se volvieron más gráficos y sexuales. Lejos de marginarlo, su trabajo le consiguió un puesto de profesor en la Universidad de Nueva York. La primera frase de su biografía dice: «Robert Young crea juegos muy populares sobre la cultura y la intimidad homosexual. Es conocido por su simulación histórica de sexo homosexual en el baño. El juego *Tearoom*, el simulador *Rinse and Repeat* y su tríptico *Radiator 2* tienen más de ciento cincuenta mil usuarios en Steam».

Robert describió lo estresado que se sentía después de graduarse mientras intentaba diseñar juegos que fueran gratificantes y a la vez tuvieran éxito, pero sentía la enorme presión de sus padres por conseguir marcadores de éxito tradicionales. Usó un ritual japonés como ayuda.

—Tenía uno de esos muñecos *daruma* —dijo, refiriéndose a uno de esos muñecos de papel maché, inspirados en el fundador del budismo zen, y vendidos con los ojos en blanco—. Se supone que hay que pintar una pupila negra al iniciar un proyecto. Eso simboliza tu aspiración. Luego hay que pintar la otra cuando hayas terminado. Cuando conseguí el trabajo en la Universidad de Nueva York, abrí el segundo ojo.

En japonés, «abrir el segundo ojo» significa que has cumplido un objetivo. Es una técnica que ayuda a visualizar tu sueño y, a su vez, recordar el logro. Tengo un muñeco *daruma* en mi casa que representa el final de mi primer libro en el que describo el año que pasé enseñando en escuelas de secundaria rituales de Japón.

Podrán pensar que los rituales triunfales como ese son superficiales. Después de todo, un hito personal no parece algo aterrador que hay que superar o normalizar de algún modo. Pero como sabe todo el que ha pasado por un tratamiento médico extenso, ha servido en combate o ha abandonado al mundo para completar un proyecto que da miedo, el temor a volver es real y aterrador. Recuerdo pensar al final de mi año de quimioterapia: «¿Y ahora qué?». Había hecho todo lo que podía hacer; había estado en ese peculiar lugar protegido, donde no tenía que tomar muchas decisiones o seguir normas sociales, un lugar al que el poeta Hakim Bey llamaría «zona autónoma temporal». Pero luego me vi obligado a salir y la idea de volver a lo ordinario parecía intimidante. No podía volver a ser quien era, pero no estaba seguro de quién quería ser.

Ahora me doy cuenta de que lo que necesitaba era alguna forma de marcar ese hito. Algún acto significativo, gesto o ceremonia que materializara para mí y señalara para los demás el hecho de que un yo en pleno cambio estaba emergiendo de esa realidad fuera de lo común, para regresar a la realidad normal.

Algunas personas marcan la ocasión ofreciéndose recompensas a sí mismas:

- Brett Parker, el abogado de la ciudad de Nueva York que padece párkinson y corrió siete maratones en siete continentes, en siete días, se tatuó el número siete en la pierna. «Es mi forma de decirle "Púdrete" a la enfermedad».
- Jamie Levine, trabajador de Goldman Sachs que trasladó a su familia de Londres a Boston por una cura milagrosa que podía salvar el hígado de su hija, hizo camisetas y un babero con los picos máximos y mínimos de la bilirrubina de Scarlett. «Un número era su muerte, otro era su vida».
- Tras completar su divorcio y alcanzar el peso deseado, Leigh Wintz compró un caballo. «Nunca pensé en hacer algo tan extravagante. Era consciente del compromiso que suponía y bla, bla, bla. Pero tenía el dinero y estaba buscando una forma de recompensarme que no fuera con comida, ¡así que lo hice!».

Otros marcan la ocasión diseñando una ceremonia personalizada:

- Kate Hogue, predicadora de Misuri y superviviente de un tornado, creó un servicio especial para inaugurar casas de familias que habían perdido la anterior en una catástrofe. Incluía una bendición, un chal, una hogaza de pan y una vela. «Era una forma de decir: "Ese es tiempo pasado, este es el nuevo. Bendecimos el tiempo que está por venir"».

- Leo Eaton, tras un extenso recorrido por Europa con las cenizas de su esposa Jeri, finalmente llegó a Creta, donde habían vivido durante años. «Fui a ese pequeño jardín a las puertas de la que fue nuestra casa. Plantábamos vegetales allí; teníamos uvas y hacíamos vino. Fui con amigos al lugar al que llamábamos la "libación de los dioses". Esparcimos parte de las cenizas y otra parte la colocamos debajo de su olivo preferido. Cuando nos estábamos yendo, un amigo me dijo: "Jeri está en casa ahora, no te preocupes, cuidaremos de ella"».

- Michael Angelo, propietario de un salón de belleza, y su esposo, Scott, intentaron salvar su matrimonio durante años, pero dejar la monogamia empeoró la situación. Luego, un viaje por todo el país terminó en llanto y una noche sin dormir. «Dormiría una hora. Cuando me giré para verlo, supe que era hora de irme. Por primera vez, hablamos en lugar de pelear, escuchamos al otro en lugar de defendernos. Y pensé: "Si esta es la última vez que veo su rostro, hay muchas cosas que quiero que sepa". Y no supe qué me pasó, pero no dejaba de mirar su anillo y de pensar en que se lo quitaría, y eso me resultaba insoportable. Así que le cogí las manos, le saqué el anillo y dije: "Te amo. Eres libre. Sé tan grande como sabes ser. Te deseo felicidad, éxito y plenitud". Y él me sacó el anillo a mí, lo puso en la palma de la mano y me recordó que era el amor de su vida y que no me guardaba rencor por nada de lo que había salido tan terriblemente mal. Me dijo: "Michael, sinceramente, desde el fondo de mi corazón, te perdono". Nos duchamos y cambiamos. Compartimos un hermoso almuerzo y pedimos una porción de cheesecake de fresa, que era una miniatura perfecta de nuestro pastel de bodas. Después, él me llevó al aeropuerto y volé a casa para empezar mi vida de nuevo. A veces el final más feliz no es el que esperabas».

MUESTRA TU TRABAJO

El último acto en el largo camino de revelar al nuevo ser no es íntimo, silencioso, simbólico y callado. Es público, es social, da miedo. Y es necesario.

Es compartir tu transformación con otros.

Las personas no siempre compartieron sus hitos privados en público, en especial los que conllevan detalles íntimos. En el mundo antiguo, la confesión no era común. Sófocles no habló de su época en rehabilitación; Jeremías no reveló que él y su esposa tenían problemas para concebir, sino que *por fin tendrían un bebé*.

En la era moderna se hicieron habituales esta clase de revelaciones personales. El historiador cultural Paul John Eakin observa que la autobiografía moderna parece haber surgido al mismo tiempo que la aparición de los espacios personales. Necesitamos del aumento de la privacidad para eliminarla de nuestras personas públicas. El crecimiento de la cultura de Internet ha implicado que volquemos frente a todos los que conocemos (y muchos a los que no) cada vez más detalles personales.

Cualquiera que sea el origen, entre las personas a las que entrevisté, compartir el fin de la transición fue una parte importante del proceso. Celebraron sus aniversarios del fin del cáncer o del comienzo de la sobriedad; usaron las etiquetas #MeToo o #ItGetsBetter; anunciaron sus divorcios o que bajaron de peso en sus redes sociales. Una vez di un discurso en un hospital de Nueva Jersey, en honor al día nacional de los supervivientes de cáncer, que es el primer domingo de junio. El director me explicó que una de las razones por las que a los supervivientes les gustaba asistir era para mostrarles a sus enfermeras y médicos que les había vuelto a crecer el cabello, que podían vestirse solos, que tenían una identidad más allá de las batas de hospital y las expresiones de terror. Los miembros de AA tienen una tradición similar en la que se acercan a antiguos compañeros de alcoholismo y dicen: «Soy amigo de Bill W.», un emblema de honor que significa: «Yo también hice el programa de doce pasos de Bill Wilson». (A los miembros de

AA que teman recaer en un aeropuerto, se les anima a anunciar «Amigos de Bill W., por favor, venid a la puerta...», y otro miembro presente se acerca).

¿Y por qué no celebrar estos momentos? Merecemos estar orgullosos de estos logros porque son logros de verdad. Hemos soportado otra transición vital y aprendimos algunas habilidades en el proceso. En términos narrativos, llegamos al punto en el que nuestra historia comienza a redondearse y estamos listos para compartirla con el mundo.

Veamos algunos ejemplos de cómo revelaron las personas sus nuevos seres:

- Lisa Ludovici llevaba dos años como hipnotista cuando por fin tuvo el valor de actualizar su perfil de LinkedIn. «Me sentaba en mi apartamento a escribir y reescribir mi perfil, pero no podía hacerlo. Tenía miedo a lo que pudieran pensar de mí. "Qué estupidez. ¿Eso existe? ¡Qué extraño!". Al final, cuando lo publiqué y declaré que era una hipnotista médica, todo el miedo desapareció».
- Christian Picciolini llevaba diez años fuera del movimiento neonazi cuando escribió un artículo para una revista en el que denunciaba sus años de odio. «La publicación de ese artículo fue crucial para mí, ya que fue la primera vez que hablé abiertamente de mi pasado para un medio de gran audiencia». Al año siguiente, cofundó *Life After Hate*.
- Carl Bass llevaba varios años reticente en su puesto como director ejecutivo de Autodesk cuando subió al escenario en el evento anual de clientes en Las Vegas. «Como alguien que había empezado teniendo miedo a hablar frente a quince personas, pasar a subir a un escenario frente a quince mil, y sentir por primera vez que merecía estar allí, fue algo enorme».
- Tiffany Grimes decidió quedarse con Dade en su transición y luego decidió iniciar un canal de YouTube con él. «No había muchas personas que lo hicieran en ese momento. Habíamos estado mirando videos que nos ayudaron mucho, pero nadie

había pasado por lo mismo como pareja. Así que decidimos documentar nuestra transición, incluso mi proceso de entender y aceptar sus cambios físicos».

- David Figueroa, que abandonó su relación extramatrimonial de camino al motel, entrevistó a hombres acerca de sus ansiedades. Luego escribió un libro titulado *What Are the Guys Doing?* (¿Qué están haciendo los hombres?). En la víspera de la publicación, lo compartió con su hijo. Alex leyó alrededor de tres capítulos y lanzó el libro a la otra punta de la habitación. «Estás cabreándome. Ibas a engañar a mamá y a dejarnos», le dijo. David se enfadó mucho. «Le dije: "Por amor de Dios, lee el maldito libro". Cerca de un mes después, me llamó al trabajo para decirme que lo había leído y "Gracias, papá". Me hizo llorar. Todo lo que pude responder fue: "No seguí adelante esa noche en parte por ti, Alex, pero también porque amo a tu madre". Debo decir que esa clase de honestidad ha fortificado nuestro amor y apreciación por el otro».

Pequeños logros, grandes cambios, rituales privados, declaraciones públicas, todos forman parte del proceso de recibir al nuevo comienzo. Son pasos progresivos hacia la mayor tarea de todas: reversionar la historia de uno mismo.

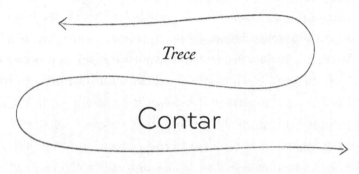

Trece

Contar

Narrar una nueva historia

La última herramienta es la primera que me atrajo; y la que afianza a todas las demás. Es un acto esencial para sobrevivir a un cambio de vida, pero también es de la que menos hablamos. Se trata de actualizar la historia personal.

«TENEMOS QUE INTENTAR TENER OTRO BEBÉ. YA»

Aaron Koffman fue hijo único de padres incompatibles.

—Mi madre quería seis hijos. Por desgracia, el matrimonio de mis padres no duró seis meses de mi vida.

Tuvo lo que llamó una infancia «tenis de mesa». Pasaba algunos fines de semana con su padre hasta que tuvo diez años, después se mudó con él y pasaba algunos fines de semana con su madre. Hasta que su padre volvió a casarse y todo empeoró.

—Básicamente tuve que criarme solo. Tenía que encontrar maneras de entretenerme y de educarme a mí mismo. En mi bar mitzvah tuvimos dos fiestas, porque en ningún universo compartirían la misma habitación. Todo eso me llevó a desear estar lo más lejos posible, así

que me matriculé en la Universidad de Siracusa a los dieciséis años.
—Fue un terrible error—. Era demasiado joven. A las dos semanas,
pensaba: «¿En qué demonios estaba pensando? Este es otro país en el
que hablan el mismo idioma».

Aaron regresó a California, consiguió trabajo, fue voluntario
para Hábitat para la Humanidad y se enamoró del planeamiento
urbano. El chico que había crecido en un hogar roto dedicaría su
vida a construir hogares. Asistió a la Universidad de Berkeley, luego
al MIT y después, motivado por el 11S, se mudó a Nueva York para
ayudar a reconstruir la ciudad. Pero lo que realmente quería ser era
un padre.

—Quería corregir toda esa inestabilidad con estabilidad —afirmó.

Tras algunas relaciones serias, conoció a su esposa Heather, presta-
mista comunitaria, a los treinta y tres años. Se casaron cuatro años
después, ella se quedó embarazada en la luna de miel. Su hijo Bodie
nació la última semana de agosto, y Aaron lo describió como el punto
alto en su vida.

El punto bajo llegó nueve meses después.

—Inexplicablemente, la historia empieza por la mañana —relató—. Estaba lloviendo. Un amigo de Los Ángeles estaba de visita. La
niñera, que compartíamos con otra familia del piso de arriba (situación que no me encantaba), llegaba tarde. Ella estaba embarazada; era
una modelo, casi una diva; ese día llegó y dijo que su esposo quería
que dejara el trabajo. La miré y pensé: «Debería echarte de aquí de
una vez». Pero llegaba tarde a ver a mi amigo y sabía que no podía
echarla sin hablar con Heather, así que subí a mi Uber.

El día no mejoró. Seguía lloviendo. Su esposa trabajaba hasta tarde. La empresa de bienes raíces de la que él era socio estaba cerrando
un trato importante. A las cinco y media le envió un mensaje a la niñera para avisarle de que llegaría un poco tarde, luego bajó al metro.
En cuanto volvió a salir, recibió una llamada de la niñera.

—Ella nunca llamaba. Comenzó a gritar que Bodie no se despertaba de la siesta. Es lo que más temes como padre. Comencé a correr
como no había corrido en veinte años.

Cuando llegó a su calle, el corazón le latía tan fuerte que temía sufrir un ataque cardíaco. Volvió la esquina y vio una ambulancia, luego a un bombero con su hijo de nueve meses.

—Grité: «¿Qué está pasando?». El bombero dijo que lo habían bajado de la casa, que estaban proporcionándole oxígeno y que lo trasladarían al hospital de Brooklyn. Y respondí: «¿Por qué van a trasladarlo al hospital de Brooklyn si hay un centro de urgencias a dos calles de aquí?». Él dijo que en urgencias no podían encargarse. —La ambulancia de Bodie partió. Aaron subió a otra y lo siguieron—. Empecé a sentir que era mi peor pesadilla. Intentaba convencerme de que mi hijo contaba con el cuidado que necesitaba. Tal vez se había ahogado con algo, pero estaría bien. Luego, cuando la ambulancia cruzó el Puente de Brooklyn, de pronto noté que no tenía la sirena encendida. Entonces lo supe.

Bodie Fairfax Koffman fue declarado muerto a las siete de la tarde del último jueves de mayo, cuando cumplía su noveno mes de vida.

—Se me quedaron las piernas sin fuerza. Caí al suelo y grité sin parar. «¡Noooo!». Solíamos celebrar esas fechas. Mi esposa es una gran pastelera. Ese día tendríamos tres cuartos de pastel.

La historia llegó a las noticias de Nueva York. El caso encabezó muchas investigaciones policiales, pero no se levantaron cargos. Se consideró una muerte accidental. Pero Aaron estaba furioso con la niñera. «Quería matarla», pero Heather lo convenció de que calmara su hostilidad. Más que nada, estaba desolado.

—Pensé que era todo una broma. Sé que mis dificultades no fueron nada comparadas con las de otros niños, pero tuve una infancia dura. Y tenía una adultez dura también. Heather había perdido a su padre por una apoplejía cuando ella tenía veinticinco años. Y pensé que el universo comenzaría a cuidar de nosotros. No podía creer que eso estuviera pasando.

Lo que siguió, para Aaron, fue la transición más dolorosa de las muchas que pasó en su vida. La mayor emoción que experimentó: tristeza.

¿Rituales con los que marcó el acontecimiento? No se afeitó durante un año; usó el color preferido de Bodie, azul, todos los días de ese año; se tatuó una B mayúscula.

—Necesitaba que su recuerdo fuera físico. Me remangaba muy seguido porque quería recordarlo a diario. El tatuaje es azul, como los ojos de Bodie.

¿Un recuerdo?

—Guardé algunas prendas sin lavar siguiendo el consejo de otro padre que había perdido a su hijo. No quería perder su esencia.

¿Qué mudó? La dicha de empujar su carrito todos los días y de hacerle fotografías.

¿Cómo estructuró su tiempo? Como un mundo abierto.

—A los dos nos dijeron en el trabajo que nos tomáramos el tiempo necesario. Los primeros días no queríamos salir del apartamento. A veces iba a su habitación y me recostaba en la alfombra. Pero, en resumen, no teníamos nada que hacer. Un día, esperábamos al detective a las once y media, pero a las diez canceló la visita. Heather empezó a quejarse. «¿Qué vamos a hacer hoy? ¿Cómo vamos a llenar este tiempo?».

¿Nuevos hábitos creativos?

—Un amigo me dio un frasco de vidrio y una pila de notas. Me dijo: «Cuando pienses en él, escribe un pensamiento o recuerdo, dobla la nota y métela en el frasco». Durante un segundo, me invadía la felicidad, y era maravilloso.

¿La transición incluyó movimiento?

—Cancelamos una mudanza. Nos faltaban tres semanas para mudarnos a un apartamento nuevo, por fin tendríamos más espacio. Pero lo cancelamos porque teníamos que estar allí. Debía recostarme en la alfombra a diario. Dormía en la alfombra. Era una verdadera fuente de consuelo poder estar en su habitación.

Por último, ¿cómo escribió una nueva historia?

—Comenzamos de inmediato. Bodie falleció un jueves. Heather tuvo su período al día siguiente. El funeral fue el martes. Y, en ese período de tiempo, pasamos por mucho. Yo no tenía interés en suicidarme, pero sentía que la muerte era la única forma de poder superarlo porque así ya no sentiría el dolor. Pero pensamos que al morir mataríamos el legado de Bodie. Además, teníamos que estar el uno para el otro. Ese lunes por la noche nos quedamos despiertos hasta tarde para escribir los elogios fúnebres —continuó Aaron—. Y algo en el acto de escribir nuestros pensamientos, de hablar sobre eso, de pensar en que podíamos mantener nuestra historia con vida, hizo que decidiéramos, en ese mismo momento: «Tenemos que intentar tener otro bebé. Ya».

Heather se quedó embarazada en el primer intento. Nueve meses después de que falleciera su primer hijo, Heather dio a luz a otro niño. La historia de Bodie no estaba terminada (planearon homenajes, reunieron dinero, renovaron parques en su honor), pero la historia de Aaron tenía un nuevo comienzo. La luz se reflejó y el haz se esparció; lo que Aaron había intentado mantener unido toda su vida se había quebrado, luego volvió a unirse. Y, en cierto sentido, no le sorprendió. De algún modo, esa experiencia encajaba en la naturaleza fractal de su historia. La forma de su vida, según dijo, era un prisma.

ESCRIBIR EL PRÓXIMO CAPÍTULO

Si una transición es el proceso de volver a formarnos tras un evento devastador, reparar nuestra historia de vida es la coronación de ese proceso. Da por terminado el acto de completar al nuevo ser. La historia es una parte de la transición que une todas las demás. «Antes era esto. Luego pasé por un cambio vital. Ahora soy esto».

Las historias, como nos han recordado en los últimos años, son una unidad física primordial de estar vivos. Uno de los rasgos distintivos del ser humano es la habilidad de tomar acontecimientos que no parecen estar relacionados y convertirlos en narrativas coherentes, que se empaquetan para consumo privado y público. Y esta habilidad está en nuestro interior. La mitad de nuestros cerebros están involucrados en trabajo imaginativo, que incluye convertir nuestras vidas en crónicas en desarrollo, luego encontrar sentido en esos relatos. La académica literaria y poeta Bárbara Hardy señaló: «Soñamos en narrativa. Soñamos despiertos en narrativa; recordamos, anticipamos; sentimos esperanza o desesperanza; creemos, dudamos, planeamos, revisamos, criticamos, construimos, cotilleamos, aprendemos, odiamos y amamos en narrativa».

La narrativa tiene un lado negativo, por supuesto. Nuestras mentes están tan desesperadas por encontrar patrones en el mundo que a veces los inventamos. Al ver una serie de luces que titilan de forma aleatoria, inventamos explicaciones persuasivas de su mensaje, aunque no haya ninguno. Al ver equipos deportivos y mercados financieros, creamos narrativas emocionantes desde conceptos artificiales como *ímpetu* o *buena racha*, después perdemos todo apostando por esas ficciones.

Escuché crudos ejemplos sobre personas tentadas por estas narrativas peligrosas. Después de que los médicos le dijeran a Peggy Fletcher Stackk, la escritora religiosa de la ciudad de Salt Lake, que una de sus gemelas no viviría más de dos años, Peggy intentó convencerse de que esa niña nunca existió. «Me tendí en la cama y pensé: "Bueno, en realidad solo quería un hijo, así que fingiré que solo tuve una bebé". Le conté mi idea a Mike. "¡Claro que no! Camille siempre será parte de nuestra familia. La reconoceremos en el cielo". Y él tenía razón».

Michelle Swaim, la joven anoréxica, obsesionada con salir a correr, que resbaló en el hielo, dejó de correr y luego adoptó a once hijos, se convenció durante años de que su esposo le había fallado porque era su trabajo hacerla feliz. «Cuando me di cuenta de que no era trabajo de él, sino mío, comencé a crecer y a tomar decisiones que por fin me hicieran feliz».

Pero las ventajas de las narrativas personales superan estas trampas. La narración nos permite tomar acontecimientos de la vida que son excepcionales, inesperados o fuera de lo común, y convertirlos en capítulos significativos y manejables en el arco de nuestras vidas. Este arco de integración es el mayor regalo de la narrativa. Vuelve convencional lo que está fuera de lo convencional. Transforma lo incontable en un relato. Nos permite, en los términos evocativos de Hilary Mantel, tomar los derechos de autor en nuestras manos.

Escuché conmovedores ejemplos de cómo usan las personas las narrativas personales para sanarse a sí mismas.

Durante años, Rockie Lynne Rash había sido reacio a contar la historia de su abandono y de su infancia difícil, hasta que su discográfica le presentó a un compositor que había vivdo una infancia similar. «Abandono, una familia que no era muy buena, todo. Juntos escribimos una canción que titulamos *"That's Where Songs Come From"* (De allí vienen las canciones). Dice que no quiero que sientan lástima por mí, que fui afortunado. "Qué no ves que de allí vienen las canciones". La experiencia fue un gran momento de catarsis para mí».

Mary-Denise Robet sufrió repetidos abusos sexuales cuando era niña. «Eran de al menos tres hombres adultos diferentes, en tres lugares diferentes, que siempre tenían sus manos sobre mí», dijo. Mary-Denise escapó de su pasado problemático y viajó a varios lugares del mundo como pacifista y humanitaria. Pero reprimió por completo los terrores de su infancia hasta que, después de divorciarse y volver a casarse, se unió a un grupo de escritura en Atlanta. «Había estado contando una historia muy purificada de mi vida, con mucha jerga y palabrerío. Hasta que mi profesora me presionó. "Tienes que escribir sobre las cosas de las que nunca quieres escribir, sobre lo más horrible del mundo". Finalmente me senté y escribí la historia completa y no pude parar. Ese fue el momento (bastante caótico y lleno de lágrimas) en el que supe que podía contarla. Que debía contarla».

Davon Goodwin, el joven de Pittsburg que adoraba la botánica desde que nació y resultó herido por el explosivo en Afganistán, se resistía a contar su historia, hasta que, un día, su madre lo obligó a contarla en la iglesia. «Creo que la clave para la recuperación es poner tu historia en palabras. De lo contrario, te controlará. No estoy diciendo que no tenga días malos, pero ese día empecé a controlarlos en lugar de que ellos me controlaran a mí».

MANTENER LA DISTANCIA

Contar una historia de vida personal exitosa es crucial para terminar una transición, pero ¿cómo se hace exactamente? ¿Las historias de transformación tienen cualidades en común? Algo a lo que le presté especial atención en mis entrevistas (y que luego codificamos) fue a si las personas habían usado señales particulares para decirse a sí mismas y a los demás: «Absorbí el golpe, soporté el exilio, volví al juego». En el momento de contar sus historias, ¿hay formas específicas en las que las personas convierten sus vacíos de sentido en momentos significativos?

Identificamos tres.

La primera es que ponen distancia entre el presente y el pasado. Crean una brecha temporal entre la historia que contaron cuando su vida se descarriló por primera vez y la que cuentan en el presente. Pasan de «esto me está pasando ahora» a «lo que me pasó entonces».

Un medidor de este cambio es el tiempo verbal. Cuanto más tiempo presente usemos para relatar nuestros acontecimientos disruptivos («abro la puerta y veo el cuerpo en el suelo»), más viscerales parecen, pero es menor el sentido que podemos encontrarles. Cuanto más tiempo pasado usemos («abrí la puerta, vi el cuerpo y empecé a darme cuenta de que mi vida estaba a punto de cambiar»), más lejano se vuelve el acontecimiento y más fácil resulta integrarlo al flujo de nuestras narrativas. Como mi amiga Catherine Burns, directora artística del Moth, lo expresa: «Las mejores historias son vulnerables, pero no crudas; surgen de cicatrices, no de heridas».

Me encontré con esto de dos maneras. Por un lado, hablé con muchas personas que aún estaban tambaleándose por explosiones inesperadas en sus vidas (el editor cuya esposa lo dejó y fue despedido en cuestión de meses; la madre soltera que acababa de ser liberada de una prisión federal por un crimen que dijo no haber cometido; el padre cuya hija estaba en su tercer período de rehabilitación). Esas conversaciones fueron de las más desgarradoras que mantuve, pero, dado que los acontecimientos eran muy recientes, las personas aún estaban procesando sus sentimientos.

Por otro lado, en algunas de las historias más conmovedoras que escuché, a las personas les llevó años poder tomar la distancia apropiada para encontrarles sentido. Pienso en Chris Shannon, el técnico de la fuerza aérea que tuvo una experiencia cercana a la muerte al perder la pierna en un accidente de motocicleta (fue su fémur el que quedó atascado en el radiador). Hoy en día, alterna entre guiar a personas jóvenes en Oregón y viajar por el país en su caravana. «Perder la pierna realmente me cambió la vida. Sufro ansiedad por ciertas cosas, pero la verdad es que no tengo miedo. Soy mucho más agradecido. Maldita sea, agradezco incluso que me atropellaran».

Pienso en Kate Milliken, la productora de televisión de Nueva York, cuyo compromiso roto la llevó a una crisis de salud que le impedía hasta caminar. Estuvo a punto de encender la cámara en el taxi de camino al médico. «Es demasiado pronto para contar esta historia», se dijo entonces. Después de que le diagnosticaran esclerosis múltiple y cayera en depresión, Kate recurrió a terapias alternativas, se enamoró, se casó y tuvo hijos. También grabó treinta y tres videos cortos sobre su trayectoria. «Tardé un tiempo, pero por fin entendí que lo que me pasó fue trascendental. En lugar de ver una pared, ahora veo un mar de posibilidades».

Pienso en Kate Hogue, la joven predicadora que casi muere en el tornado de Joplin, Misuri. Justo después de lo sucedido, Kate rezó mucho, más que nada para consolar a sus vecinos.

—Hablé de lo agradecida que estaba por todo lo que teníamos —afirmó. Pero la experiencia le parecía vacía, porque, en el fondo, estaba cuestionándose su fe—. Pensé: «¿Qué significa que Dios estuviera cuidándome a mí, pero no a mi amigo Tripp, que murió?».

Kate tardó cinco años, en los que hizo un doctorado, fue a orientación y usó una terapia llamada «desensibilización y procesamiento a través de movimientos oculares», hasta por fin poder superarlo.

—Creo que cada vez que vives un trauma notas el poco control que tienes sobre esa clase de cosas. Pero sí tienes control sobre cómo creas sentido una vez que ha pasado. Para mí, las buenas historias son aquellas en las que ocurrió algo terrible e hiciste algo positivo y reafirmante al respecto. Ahora soy una de esas historias.

HACER QUE UN CERDO VUELE

La segunda técnica que demostraron las historias de transformación personal es el uso de un lenguaje positivo.

El novelista John Steinbeck tenía un logo peculiar, que había dibujado él después de firmar con su nombre. Se trataba de un cerdo con alas. Lo llamaba Pigasus (juego de palabras con *pig*: 'cerdo') y lo escribía en letras griegas. Más adelante, acompañó el dibujo con las palabras latinas *Ad astra per alia porci*, que tradujo (de forma incorrecta) como «hasta las estrellas en las alas de un cerdo». Su explicación: todos debemos intentar llegar al cielo, aunque estemos atados a la Tierra.

Durante medio milenio, la expresión «cuando los cerdos vuelen» se ha usado en múltiples lenguas para referirse a circunstancias tan improbables que su cumplimiento es casi imposible. Es un recurso retórico conocido como *«adynaton»*, una forma de decir algo que nunca ocurrirá. Steinbeck adoptó esa frase porque un profesor detractor le había dicho que sería escritor cuando los cerdos volaran.

Más recientemente, neurocientíficos han descubierto que imaginar esta clase de acontecimientos inimaginables es vital para recuperarse de una interrupción en la vida. Cuanto más podamos imaginar un futuro que parece fuera de nuestro alcance (conseguir otro trabajo; volver a reír; volver a amar), más podremos avanzar hacia él. En gran medida, esto se debe a las neuronas espejo, la parte de nuestro cerebro que imita lo que vemos. Cuando vemos a alguien saltar, reír o llorar, nuestros cerebros imitan esa actividad.

Ocurre una reacción similar con las historias. Si leemos sobre alguien que salta, ríe o llora, nuestras mentes realizan la misma acción. Y no termina ahí. Ocurre lo mismo con las historias que nosotros contamos. Si nos contamos a nosotros mismos que estaremos mejor, más tranquilos o más felices, nuestras mentes comenzarán a simular ese resultado. Esa respuesta no implica que consigamos el resultado de inmediato, sino que pongamos esa posibilidad en marcha.

Steinbeck tenía razón: podemos hacer que un cerdo vuele.

Toda esta neurociencia me ayudó a descifrar algo que escuché muchas veces en mis conversaciones, pero que no podía entender. Las personas describían haber estado en situaciones incómodas en las que comenzaron a contarse historias en las que todavía no creían. «Finge hasta que lo logres» fue la explicación más frecuente. Suele vincularse esa expresión a la observación de William James de que si empezamos por actuar de cierto modo, nuestros sentimientos nos seguirán. Pero yo escuchaba algo diferente. Los entrevistados decían que si nos contábamos cierta historia, nuestros sentimientos la seguirían.

En términos de Steinbeck: primero tenemos que persuadirnos de que podemos hacer que un cerdo vuele; solo así tendremos oportunidad de ayudarlo a volar.

Veamos algunos ejemplos de personas que se contaron historias como piedra angular para la renovación:

- Cuando Ellen Shafer se mudó a su casa en Dakota del Norte desde Minneapolis después de que su marido perdiera el trabajo, le resultó degradante pasar de dirigir campañas publicitarias en la gran ciudad a trabajar en agencias pequeñas. Mudarse con sus padres por un tiempo no ayudó. «Mi marido estaba encantado porque mi madre preparaba comidas del oeste cada noche y lavaba nuestra ropa. Pero daba igual mi edad, sentía que había vuelto a la escuela». Así que se inventó una historia para justificar por qué había vuelto a casa. «Les dije a todos que hacía proyectos emocionantes para Target. Pero que, a fin de cuentas, solo intentaba persuadir a las personas para que compraran más cosas que no necesitaban. Así que había vuelto a Fargo para ayudar a que negocios pequeños tuvieran impacto en comunidades más pequeñas. Era una racionalización, pero cuanto más lo decía, más lo creía. Ahora me encanta estar aquí».
- Brenda Stockdale, quien controló su lupus con terapia mental y física y que ahora trabaja para ayudar a otros a usar cuidados bioconductuales, dijo que incluso los pequeños actos de afirmación pueden renovar nuestra mente. «En momentos de

gran horror, existe una pérdida de identidad. Todo lo que necesitamos son pequeños momentos de intimidad: un bocado de comida, un aroma, un colibrí en su comedero, el olor a césped recién cortado. Esos micromomentos nos rodean todo el tiempo, pero solemos ignorarlos. Una vez que los notamos, nuestra biología los sigue y, de pronto, ese colibrí, o ese césped, lo remonta a unas vacaciones elegantes; estamos en un columpio en Tahití. Descubrí que si sacamos ventajas de estos momentos, si nos permitimos seguir su guía, nuestras mentes nos llevarán a un lugar de sanación».

- Sasha Cohen, tras continuas desilusiones de patinaje artístico en los Juegos Olímpicos de Invierno, se sentía acechada por el fracaso. «No pude dejar de preguntarme: "¿Por qué no fui lo suficientemente buena?" durante mucho tiempo. Las personas se me acercaban y preguntaban por qué me había caído. Pero ahora, cuando miro atrás, puedo responder a la pregunta. Sé que no tenía reflejos muy rápidos; que había ciertas cosas que yo no podía hacer con facilidad y que otros hacían hasta en sueños; que siempre hacía cada salto ligeramente diferente. Ahora pienso: "Tal vez llegué tan lejos por lo mucho que me esforcé mentalmente con el cuerpo que tenía. Tal vez deba sentirme orgullosa por haber aguantado y superado muchos obstáculos. Tal vez deba verla como una historia de honor y no como una decepción"».

ESCRIBIR UN BUEN FINAL

La tercera forma en la que podemos contar nuestras historias personales de un modo que maximice sus beneficios es escribir un buen final.

Dan McAdams, el académico que hizo más que nadie para promover la relevancia de las historias de vida, ha estado pensando en la identidad narrativa más de treinta años. Su visión distintiva es que el modo en que formamos esas historias afecta al sentido que les damos.

Los dos ejemplos más comunes *son narrativas de contaminación y narrativas de redención*. En las de contaminación, describimos grandes acontecimientos como si empeoraran nuestras vidas. El acontecimiento puede ser positivo o negativo, pero la historia que contamos sobre él acaba con un mensaje pesimista. «Me encantó convertirme en madre, pero luego mi esposo me engañó». «Me recuperé de la apoplejía, pero ya no puedo montar en bicicleta».

En las narrativas de redención, describimos grandes acontecimientos como si estos mejoraran nuestras vidas. Puede ser un suceso positivo o negativo, pero la historia termina con optimismo. «Ganar ese premio fue genial, pero lo que más me conmovió fue compartir el reconocimiento con mis colegas». «La muerte de mi padre fue larga y dolorosa, pero en verdad unió más a mi familia».

Lo importante de escribir un final feliz no es que no necesite ser rápido. Reflexionar sobre una disrupción, pensar en ella desde múltiples ángulos, incluso observarla en detalle, no solo es saludable, es necesario, según dice McAdams. Pero igualmente necesario (y aún más saludable) es encontrar un modo de articular algo constructivo con esa experiencia y comprometerse a hacer que suceda.

Merece la pena enfatizar el punto más importante: podemos elegir cómo contar nuestra historia de vida. No la escribimos con tinta permanente. No tiene que ser consistente, ni siquiera precisa. Podemos cambiarla en cualquier momento, por cualquier razón, incluso una tan simple como hacernos sentir mejor a nosotros mismos. Después de todo, una función principal de nuestra vida es permitirnos dejar experiencias en el pasado con firmeza y tomar algo beneficioso de ellas que nos permita prosperar en el futuro. Solo cuando eso sucede sabemos que nuestra transición está completa.

Solo así habremos escrito un buen final.

En mis conversaciones, encontré a muchas personas que transformaron sus terremotos vitales en finales optimistas. Christy Moore dijo que quedarse embarazada a los dieciséis años y dejar la escuela la salvó de una vida como drogadicta o de cocinar hamburguesas. «No puedo imaginar no tener a mi hija. Fue literalmente perfecta como bebé y como niña. No puedo imaginarme no ser médica. Se lo atribuyo a Dios. Fue todo parte de un plan divino que no sabía que sucedería».

Davon Goodwin dijo que el explosivo que casi acaba con su vida en Afganistán fue una bendición. «Si no hubiera pasado, no me habría graduado en la universidad en tres años. No habría encontrado el camino de vuelta a la botánica. No pienso aceptar mis partes malas. Las reconozco, pero no las acepto como limitaciones».

Sean Collins, que fue monje benedictino y dejó la iglesia porque era gay, me dijo que lo peor que le pasó fue que, a sus siete años, un chico en la escuela le dijera «marica».

—Por supuesto, lo que yo escuché es que había descubierto mi secreto. Cuando mi madre vino a recogerme, yo estaba llorando. Le dije el motivo, y ella condujo de inmediato hacia la casa del chico. Le supliqué que no lo hiciera.

La madre del niño abrió la puerta y la de Sean habló con ella. A su vez, el chico apareció y comenzó a reírse de Sean. Él volvió a llorar de camino a casa y seguía haciéndolo cuando su madre lo llamó para cenar.

—Me miró disgustada y dijo: «Quizás tenía razón». Y en ese momento pensé: «No puedo dejar que nadie sepa esto porque, tarde o temprano, se volverán contra mí. Nunca les diré a mis padres nada personal».

Y, durante mucho tiempo, no lo hizo. Ese acontecimiento marcó de por vida la relación escabrosa con su madre.

—Pasaron muchos años —continuó—. Tenía treinta y dos años cuando volví a mencionarle esta historia. Ella se disculpó y dijo: «¿Sabes?, durante la guerra, cuando aún no había conocido a tu padre, había una mujer por la que sentía mucho cariño». Y luego admitió haber tenido una relación con otra mujer antes de la Segunda Guerra Mundial. Se abrió conmigo, veinticinco años después de aquel incidente. Que yo fuera honesto con ella le permitió ser honesta conmigo. Y pude darme cuenta de lo similares que éramos, después de todo.

Chris Waddell conoce, como todos, lo difícil que es escribir un buen final. Cuando se quedó parapléjico a los veinte años, pensó que su vida estaba terminada. Luego hizo una gloriosa carrera como atleta paralímpico. A los treinta y dos, cuando su carrera terminó, volvió a pensar que su vida estaba acabada. Retirarse de las competiciones de esquí fue «mucho más difícil» que romperse la espalda, dijo.

—No tenía ni idea de quién era y sentía que había traicionado mi pasión. Fue como caer de una montaña.

Así que decidió subir a otra montaña. En particular, nació el sueño de convertirse en la primera persona con discapacidad en llegar a la cima del monte Kilimanjaro en Kenia, la montaña más alta de África. Dado que no podía usar las piernas, Chris tendría que subir los 5895 metros pedaleando en una bicicleta de cuatro ruedas solo con los brazos. Reunió dinero, entrenó para sobrellevar la altitud y construyó un vehículo especial. También reclutó a un equipo internacional para que lo ayudara asegurándolo a un cabrestante y poniendo tablas en el suelo, y que también lo ayudara a manejar las rocas, la altitud, la exigencia física y el estrés. A los cuarenta y un años, emprendió el ascenso.

La travesía de siete días fue brutal. A veces se movía apenas medio metro por minuto. Los medios internacionales estaban cautivados por su heroísmo. Pero llegó un momento, a pocos metros de la cumbre, en que las rocas se volvieron demasiado grandes, las ruedas de su vehículo muy finas, el camino insondable. Tenía que abandonar su sueño.

—Estaba destrozado —afirmó—. Podía ver la cima. Mi único trabajo era llegar. No se trataba de «el hombre que se lesionó y puede superar lo que sea». Para mí, ese es un cliché estúpido. Se trataba de haber prometido que lo haría. De muchas personas que se habían sacrificado para darme esa oportunidad, a las que les estaba fallando.

Sus compañeros lo persuadieron de que se dejara cargar hasta la cumbre, donde posó para las fotografías y escuchó a los guías locales cantar canciones de celebración en suajili. Por su parte, él se sentía culpable y fraudulento.

—Y no fue hasta más adelante, cuando comencé a contar la historia a niños en la escuela, que comprendí que la lección siempre fue esa. Nadie sube una montaña solo. Eso fue lo que descubrí: el valor de un equipo. Porque decir que había ascendido solo era una absoluta fantasía. Hubo muchas personas que trabajaron muy duro. Alcanzar la cima solo habría perpetuado lo que yo intentaba erradicar: la sensación de desconexión, de que las personas con discapacidades tenemos que estar apartadas. No es así. Necesitamos a otras personas. Por eso hablo de aquel día como un regalo. Me enseñó lo que más necesitaba aprender: que soy igual que todos los demás.

Le enseñó el valor de reescribir su historia de vida para darle un final heroico.

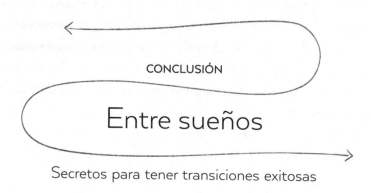

Entre sueños

Secretos para tener transiciones exitosas

Edwin Jacob Feiler Jr. nació el miércoles 23 de enero de 1935. Su madre era maestra de matemáticas, su padre un abogado multifacético.

—El 23 de enero de 1945 cumplí diez años —dijo—, un hecho del que estaba orgulloso y que me encantaba compartir. Nací en Savannah, Georgia, y mi vida, de una forma o de otra, ha girado en torno a esa ciudad que me encanta, y de la que mi familia ha formado parte más de ciento cincuenta años. Mis hijos bromearon diciendo que era un *savaniano profesional*. El apodo me gustó y es un honor que me enorgullece.

Dos sucesos mundiales significativos marcaron la infancia de mi padre. La primera fue la Gran Depresión:

—Mi familia tuvo una vida modesta en una casa acogedora de seis habitaciones, que tenía dos dormitorios y un baño. El calor provenía de una pequeña caldera a carbón.

La otra fue la Segunda Guerra Mundial:

—Todo estaba destinado a la guerra. El gas estaba racionado, así que no podíamos conducir. —También había pocos juguetes—. Mi pasatiempo principal durante ese tiempo fue construir aviones a escala. Venían en cajas de cartón y podía comprarlos en el bazar de Getchell.

La autenticidad era muy importante para mí. Los kits contenían planos, madera balsa, moldes para las alas y el cuerpo, pegatinas y papel tisú. Era un trabajo difícil —continuó—. Tenía que secarse el pegamento antes de poder hacer la siguiente ensamblación. Tenía unas cuerdas colgadas en el techo de la habitación que compartía con mi hermano, Stanley, para exhibir los modelos terminados. Todavía tengo una cicatriz en la muñeca izquierda del día que me corté cuando se me resbaló un cuchillo.

Ser judío en el sur segregado de la década del cuarenta tenía complicaciones.

—Cuando estaba en el segundo año de la secundaria, escribí una reseña de la biografía de Babe Ruth. En ese momento, también había una película en los cines titulada *The Babe Ruth Story* (La historia de Babe Ruth), y mi maestra insistía en que solo había visto la película. Yo no di el brazo a torcer, porque había leído el libro de verdad. «Los niños judíos siempre hacéis lo mismo», dijo ella. Después de la escuela, fui a casa y se lo conté a mi madre, quien de inmediato recorrió las dos calles hasta la escuela de secundaria Washington Avenue. Habló con el director y, al día siguiente, me cambiaron a otra clase.

—¿Cómo te sentiste al respecto?

—Fue un poco vergonzoso, pero sentí que había hecho lo correcto. No había visto la película, y después me enteré de que era la peor de la historia.

El amor de mi padre por la precisión militar siguió creciendo. Se convirtió en Scout Águila, consiguió una beca ROTC (Cuerpo de entrenamiento de oficiales de reserva) de la marina en la Universidad de Pennsylvania y sirvió como subteniente en la batalla de Wisconsin.

—Los oficiales de bajo rango se sentaban en una parte diferente del recinto, donde de noche se proyectaban películas en una pantalla de estopilla —relató—. Así que nosotros veíamos las películas al revés; en las de béisbol, los corredores parecían estar yendo a la tercera base.

Pero el acontecimiento que definió su vida, según dijo, sucedió en Baltimore en 1957.

—Tener pareja era una de las experiencias universitarias más importantes por aquellos días. Yo había decidido que no quería quedarme en la zona de Nueva York-Nueva Jersey después de graduarme. Las personas eran muy pretenciosas y materialistas para mí. Mi deseo era regresar a Savannah porque era un «buen lugar para criar niños». La mayoría de las chicas con las que salí eran del oeste y encajaban en el criterio, pero mi tía Gladys, que vivía en Baltimore, sugirió que llamara a una chica, Jane, que conocí unos años atrás.

»Tuvimos dos citas y de inmediato supimos que éramos compatibles —continuó—. Ella era lista, atractiva y se graduaría de Míchigan al año siguiente. En especial, me encantaron su evidente talento artístico y su excelente gusto. Así comenzó un intenso período de visitas rápidas y correspondencia frecuente.

En junio de 1957, se reunieron buques de todo el mundo en Annapolis para la revisión naval internacional. Los padres de mi padre viajaron desde Georgia; Jane, desde Baltimore. A pesar del choque evidente de culturas (ella era la última hija de un urólogo de Yale amante de los libros; su padre cazaba ardillas y se hacía llamar por el título honorífico sureño de coronel), se llevaron bien.

Pero mi padre estuvo de servicio ese verano, y Jane insistió en salir con otros hombres. Volvieron a encontrarse en agosto.

—Esa noche, antes de que yo dijera nada, ella soltó: «Te quiero». Mi respuesta fue: «Eso significa que tendrás que vivir en Savannah, Georgia». Nos pusimos de acuerdo de inmediato después de que le propusiera matrimonio, aunque dijo que necesitaba la aprobación de su padre. Él me la concedió, y también autorización para cargar gasolina del tanque que tenían en el patio trasero porque él era médico.

Edwin Feiler y Jane Abeshouse contrajeron matrimonio en junio de 1958. Vivieron en Annapolis hasta que mi padre dejó el servicio. Luego se mudaron a Savannah, donde él trabajó construyendo viviendas accesibles con su padre y mi madre enseñó arte en la escuela secundaria. Tuvieron tres hijos, a los que les dieron nombres de huracanes que comenzaban con A, B y C.

La mayor tragedia en la vida de mi padre, según dijo, fue cuando a su hermano menor, Stanley, le diagnosticaron esclerosis múltiple.

—Stanley lo tenía todo. Era apuesto, listo, popular, tenía una excelente educación y una carrera en la abogacía de mucho prestigio. Creo que mi madre nunca se recuperó de esto. —Stanley pasó los últimos días de su acortada vida en casa de mis padres, después de que su esposa lo dejara en la entrada con su silla de ruedas y lo abandonara.

El mayor orgullo de mi padre fue fundar una organización civil en 1975 llamada Líderes de Savannah.

—La teoría era que identificáramos líderes emergentes, los presentáramos entre sí y discutiéramos asuntos de la comunidad. —Su padre se opuso, pero él insistió—. Si las personas como yo no lo hacen, nadie lo hará. —La única condición que les puso a los líderes civiles fue que debía haber equilibrio—. Eso implicaba que hubiera participación de hombres y mujeres; de blancos y negros; personas de clase alta y de clase baja.

Aunque el concepto no era precisamente la norma en el sur de Georgia en esa época, la organización sigue en pie hasta el día de hoy.

La tristeza más grande en la vida de mi padre llegó con su propio diagnóstico de párkinson cuando rondaba los sesenta. Pudo ocultar la enfermedad durante casi una década. Siguió trabajando, participando en las juntas, siendo él mismo. Pero, con el tiempo, ya no pudo ocultar su deterioro. La enfermedad comenzó a afectar a su vida laboral, su tiempo en familia, su servicio a la comunidad; los tres pilares del sentido, que estaban más equilibrados en él que en cualquier persona que haya conocido. Cuando llegó a los ochenta años, el peso emocional lo estaba superando, y comenzó a planear el fin de sus días. El plan fracasó. Una vez le pregunté cómo se sentía por lo que había hecho. «Avergonzado», me respondió. Los meses que siguieron fueron de los peores que recuerdo. Las conversaciones que nos vimos obligados a tener como familia fueron dolorosas, insoportables. Mi madre renunció a gran parte de su vida para cuidar del que fue su marido durante casi sesenta años.

El peso de la confusión, las emociones y la presión bajo el que todos estábamos fue una de las razones por las que el proyecto narrativo, que comenzó por mi padre (enviándole preguntas por correo electrónico todos los lunes por la mañana), fue tan profundo. En un primer nivel, a él le dio algo que hacer; a mi madre le dio un respiro; nos dio algo de qué hablar a todos. Pero, en realidad, nos dio mucho más.

Mi padre pasó sus últimos años, con frecuencia confinado a su silla de ruedas dentro de la casa, convirtiendo cuidadosamente las más de ciento cincuenta historias que escribió en una autobiografía de seis mil palabras. Demostró en esa tarea el mismo cuidado, precisión y atención al detalle que dedicaba a esos aviones a escala que colgaban del techo cuando era niño. Cada historia debía estar acompañada de una fotografía, un recorte del periódico, una carta de amor. Todos los hechos requerían una revisión doble o triple, preferentemente realizada por alguno de sus nietos; cada lista debía tener la puntuación adecuada. Para mí, leer esas historias, borrador por borrador, fue un viaje a los orígenes de mi propia mente.

Y, cuando me senté con mi padre en uno de sus últimos días (con el cuerpo debilitado por la enfermedad que le había afectado a las piernas, dedos, cuerdas vocales y vejiga; pero con la mente tan aguda como siempre), y le pregunté qué había aprendido al haberse convertido en escritor a los ochenta, me dijo:

—Ciertamente ha estimulado mis pensamientos. Tus preguntas me obligaron a revivir parte de mi pasado. He sido un fotógrafo entusiasta, así que tenía muchas fotografías, pero no tenía las historias.

—¿Y qué te obligó a hacer?

—A pensar en mi pasado. A quién conocí, qué hice, cómo lo hice, qué pensé en el proceso, en qué vidas ejercí algún tipo de influencia.

—¿Cuál fue la parte más valiosa del proceso?

—Me sentí fantástico ante la idea de que esta historia vaya a sobrevivirnos a todos.

—Si pudieras darles un mensaje a tus nietos de esta experiencia, ¿cuál sería?

Se quedó un segundo pensándolo, luego hizo una de las cosas menos frecuentes en un paciente con párkinson, sonrió.

—Escribid las historias.

EL SENTIDO DE TU VIDA

Tras un siglo de estudios, los académicos aún no se ponen de acuerdo en una de las preguntas más simples: ¿qué es una historia? Si existe un consenso, es en que una historia contiene al menos dos objetos, actos o sucesos conectados en un tiempo determinado. Una bola de nieve no es una historia; un ruido violento no es una historia; la conexión entre una bola de nieve y un ruido violento sí es una historia. Además, las historias contienen problemas que los protagonistas intentan resolver. Una madre se encuentra con su hijo que tiene la nariz ensangrentada y una bola de nieve. Ese es el comienzo de la historia. Eso nos lleva al último ingrediente necesario: tiene que ocurrir algo interesante. De lo contrario, ¿para qué contarla?

Pero hay una cosa más sobre las historias en las que casi todos están de acuerdo: no tienen un sentido inherente. Alguien tiene que dárselo; el narrador, el lector u oyente o una combinación de ambos.

Lo mismo se aplica a nuestras vidas.

La primera gran lección del Proyecto Historia de vida es que nuestra vida es una historia. Tiene múltiples acontecimientos conectados en el tiempo. Tiene problemas que los protagonistas intentan resolver. Tiene sucesos interesantes. Pero, fundamentalmente, nuestra historia de vida no tiene un sentido inherente. Debemos dárselo. Al igual que debemos darles sentido a nuestras vidas y a nuestras historias, debemos darles sentido a nuestras historias de vida.

Cada una de nuestras vidas es un proyecto de historia de vida en sí misma.

Aprender a encontrar sentido en nuestras historias de vida puede ser la habilidad más indispensable, pero menos comprendida, de nuestra época. Paul Wong, investigador del sentido, de Toronto, llama al proceso de creación de sentido «el secreto mejor guardado para la maravillosa aventura humana». En nuestra cultura actual, la felicidad recibe toda la atención, pero puede decirse que el sentido es más importante. En un estudio icónico publicado en 2013 por Roy Baumester junto con tres colegas, descubrieron que la felicidad es efímera, mientras que el sentido perdura. La felicidad se centra en uno mismo, mientras que el sentido se enfoca en cuestiones más extensas. La felicidad se enfoca en el presente, mientras que el sentido se centra en unir el pasado, el presente y el futuro.

En una punzante conclusión, Baumeister y sus colegas afirman que los animales pueden ser felices (después de todo, es solo un sentimiento pasajero), pero que solo los humanos pueden encontrar sentido porque solo nosotros tenemos la capacidad de tomar sucesos que son felices en esencia y convertirlos en empatía, compasión y bienestar. Escribieron: «Una vida infeliz pero significativa es, en cierto sentido, más admirable que una feliz pero sin sentido. Dicho de otro modo, los humanos nos asemejamos a cualquier otra criatura en el anhelo de felicidad, pero la búsqueda de sentido es una parte clave de lo que nos hace humanos y únicos».

El objetivo fundamental de cuidar de nuestras historias de vida es hacerlo de un modo que maximice el sentido que obtenemos de ellas. Por suerte, somos buenos en eso. En todo caso, la búsqueda de sentido puede ser más fácil que la de la felicidad. Comienza por contar una historia personal (tomar dos acontecimientos, hacer una conexión entre ellos), luego derivar una conclusión significativa del resultado. «Cuando tenía nueve años, vi que un niño abusón hizo que a otro niño le sangrara la nariz, así que hice una bola de nieve y le dije: "Si vuelves a hacer eso, lo lamentarás". Por eso me avoqué a las fuerzas de seguridad. Toda mi vida traté de defender al indefenso».

Aunque no lo sabía cuando comencé, los proyectos narrativos como el que hice con mi padre han demostrado dar mayor sentido a la vida. James Birren, creador de la gerontología, los llama «autobiografías guiadas». Las vidas están compuestas de recuerdos, pero, cuando esos recuerdos permanecen en episodios desconectados, su impacto se disipa. Incontables estudios han descubierto que cultivar esos recuerdos con cuidado mejora la calidad de vida, aumenta la autoestima, eleva el bienestar, incrementa nuestra sensación de serenidad, incluso reduce la depresión clínica. De haber conocido este hecho antes, hubiera comenzado a hacerle preguntas a mi padre mucho tiempo antes.

Poco después de haber comenzado a hacerle preguntas a mi padre, fui a ver a James Birren a su casa llena de libros de Los Ángeles. El profesor Birren, que tenía noventa y seis años, se emocionó ante la idea de hablar de su trabajo. Lo que más lo enorgullecía, dijo, era reconocer el poder sanador que tenían las historias para la gente mayor. Cuando crecemos, nos sentimos más aislados, solos y faltos de propósito, además de aburridos. Contar historias aplaca esos sentimientos. Al subir a una cumbre y observar nuestras vidas desde arriba, nos sentimos más cerca de sucesos que pueden parecer lejanos y protagonizados por personas olvidadas.

El profesor Birren me dijo algo más. El mismo proceso de reescribir la vida que en principio concibió para personas mayores, también funciona para gente de todas las edades. Pero cumple funciones diferentes. Los mayores usan la revisión de sus vidas para encontrar sentido en sus pasados y construir una narrativa de una vida bien vivida. Los jóvenes lo hacen para comprender el presente y que los ayude a tomar una decisión difícil. Más adelante, usamos las historias para saber mejor quiénes fuimos; más temprano, las usamos para saber mejor quiénes somos. En ambos casos, la narración ayuda a prepararse para el futuro.

Cuando me despedí, el profesor Birren me guio hacia un estante y me pidió que cogiera un libro negro. No tenía nada en el lomo. La tapa decía, en letras cursivas doradas, *James Emmett Birren: A Memoir*. Buscó un bolígrafo y firmó la primera página con la misma caligrafía.

Para Bruce: mis mejores deseos de abundantes historias de vida.

EL TEMA DE TU VIDA

¿Cuál es el sentido principal que la mayoría de las personas extraen de sus vidas? La última pregunta que hice en cada una de las entrevistas apuntaba a este interrogante. «Al mirar hacia atrás toda la historia de tu vida, con todos sus capítulos, escenas y desafíos, ¿encuentras un tema central?». Me impactó la cantidad de personas que respondieron que sí de inmediato.

Surgieron cinco categorías. Lucha, elegida por treinta y uno por ciento de los entrevistados. Actualización personal, con veintiocho por ciento. Servicio, con dieciocho por ciento. Gratitud, con trece. Y amor, con el diez por ciento de las respuestas. Ya que estas respuestas son una representación del sentido que encontramos en nuestras historias de vida, vale la pena analizarlas.

Lucha

La mayor categoría estuvo compuesta por personas que dijeron que sus vidas estuvieron llenas de subidas y bajadas, y que la idea era aprender a adaptarse a esos cambios. La popularidad de este concepto refuerza la idea de que vemos la vida como irregular y no lineal, no como predecible y esperable. Esta noción evoca la observación de Viktor Frankl de que nuestra necesidad de sentido es mayor cuando la vida es más dura. «Si la vida tiene un sentido, debe haber sentido en el sufrimiento».

Los miembros de esta categoría usaron expresiones como «un ascenso difícil», «un largo viaje», «una montaña rusa», «un ciclo de acelerar y frenar». Fueron personas como Amy Murphy, quien dijo que su vida estaba compuesta de caos. «Caos que yo creé y caos que cayó sobre mí». Darrell Ross dijo que fue adversidad. «Existen eventos y tiempos duros, pero nos construyen y preparan, no nos destruyen». Y Wendi Aarons, que dijo que su vida estaba marcada por la agilidad: «Tienes que descubrir cómo lidiar con la vida y ser adaptable».

Tema de vida: Lucha

El hijo pródigo
Para ganar, debes correr riesgos
La vida es larga Salto de fe
Ciclo de acelerar y frenar
Caos que yo creé y caos que cayó sobre mí
Esperanza y perseverancia
Muerte y resurrección
Unir los puntos y ver adónde llevan
Cambio es vida
Tomar lo que llega y trabajar con eso
Recibir el golpe de una bola curva
Aceptar la incertidumbre

Actualización personal

La segunda mayor categoría incluyó a personas que dijeron que sus vidas se trataban de ser honestos consigo mismos, de aceptarse o mejorarse. Usaron frases como «ponerme en primer lugar», «salir del hechizo de mis padres», «ser franco y auténtico». Son individuos como Joe Dempsy, quien dijo que la esencia de su vida fue el respeto propio: «Eres quien eres, no te disculpes por eso». Antonio Grana dijo que el tema de su vida fue la independencia: «Tuve que aprender cómo separarme de los demás, cómo recuperar mi identidad». Y Karen Peterson Matchinga, que declaró que el tema de su vida fue el respeto personal: «Ser fiel a mí misma siempre es la respuesta correcta».

Tema de vida: Actualización personal

Mis inseguridades guían mi vida, son la razón por la que hago
Descubrir quién soy y dónde encajo
Deseo de ser auténtico
La Jerarquía de necesidad de Maslow es cierta
Perderme a mí mismo en medio de la aventura y la exploración
Evolución y proceso de descubrimiento
Eres quien eres, no te disculpes por eso
¿A dónde pertenezco?
Crecimiento   Búsqueda del sentido
Ser fiel a mí misma siempre es la respuesta correcta
Seguir creciendo
Intentar ser mejor persona y marido
Mi trabajo es quien soy

Servicio

La tercera categoría estuvo compuesta por entrevistados que dijeron que sus vidas se abocaron a hacer del mundo un lugar mejor. Personas como Nancy Davis Kho, quien dijo que en su vida tuvo que tomar lo bueno que tenía y magnificarlo. Leo Eaton dijo que en su vida se esforzó por intentar que su trabajo fuera significativo. O Matt Wevandt, quien dijo que su inquietud en la vida fue intentar mejorar el mundo, aunque fuera un poco.

Tema de vida: Servicio

Conectar con el mundo natural
Intentar que mi trabajo sea significativo
Dios debe ser más y yo debo ser menos
Hacer el bien, evitar el mal, alzar la voz
Misión: crear oportunidades para las personas
Un camino a la iluminación y a ayudar a otros
Sobrepasar los límites
Encarnar el hermoso amor de Dios
Hacer lo correcto
Hacer algo para mejorar el mundo aunque sea un poco
Cumplir nuestro potencial como seres humanos
Justicia social
Deseo de causar imapacto
Predicar con el ejemplo

Gratitud

La siguiente categoría es la de los entrevistados cuyas vidas estaban definidas por la idea de sentirse agradecidos, afortunados o dichosos. Usaron frases como «ser feliz donde estás», «todo es posible», «ganar el regalo de la vida». Personas como Nisha Zenoff, que dijo: «La vida es una fiesta de amor. Me siento bendecida y tengo una vida increíble». Como David Parsons; él dijo que su vida se caracterizó por la gracia de Dios, el cuidado de Dios y el interés de Dios. Y Mary Ann Putzier, de setenta y ocho años, exenfermera convertida en artista, quien hizo la entrevista poco después de enterrar a su esposo y mientras hacía quimioterapia. Ella resumió su vida diciendo: «He sido muy afortunada». Falleció seis meses después.

Tema de vida: Gratitud

Todo es posible con Dios
Disfrutar del proceso
Ganar el regalo de la vida
Me siento bendecida y tengo una vida increíble; es un regalo
Optimismo
Dios está conmigo para que nadie me haga daño
Jugar   Soy afortunado
La existencia es extraordinaria
Tenía un sueño, lo perseguí y me encantó
Abrazar las oportunidades
Ser feliz con quién eres
La gracia de Dios, el cuidado de Dios, el interés de Dios

Amor

La última categoría incluyó a entrevistados que dijeron que sus vidas estaban construidas en torno a las relaciones. Usaron frases como «dedicación a la esposa y a los hijos», «tuve a mi madre allí para consolarme», «actuar en nombre del amor». Personas como Moselyn Bowers, quien dijo: «El éxito si no tienes con quien compartirlo no es nada». Lisa Heffernan declaró: «Aprender a construir relaciones en lugar de destruirlas». Y, para mi sorpresa, mi padre, que primero mencionó su matrimonio de sesenta años con mi madre y luego contó una historia. «Hace unos años, estaba almorzando en el Club de comercio de Atlanta con un senador de Estados Unidos, jefe de personal. "¿Cómo está?", me preguntó. Mi respuesta fue: "Tenemos tres hijos que se llevan bien entre sí, comprenden el valor del dinero y tienen ética laboral. Todo lo demás está en un segundo plano". Mi acompañante comentó: "Conozco a todos los que hay en esta habitación y nadie más puede hacer esa afirmación"».

Tema de vida: Amor

Actuar en nombre del amor
Dedicación a la vida y a los hijos
Tuve a mi madre allí para consolarme
Familia y música
Miedo a no que no me amen y a dejar ir
El éxito si no tienes con quien compartirlo no es nada
Que el amor guíe
Conexión   Amor
Me encanta hablar y me encanta escuchar
Redimir la infancia
Aprender a construir relaciones en lugar de destruirlas
Que te quieran e intentar reponerse
Tener relaciones de amor

CINCO VERDADES DE LAS TRANSICIONES

Mi padre decidió no ordenar las historias de su autobiografía cronológicamente. En su lugar, las dividió en secciones: familia, educación, negocios, viajes, política, fotografía y demás. Al final del libro hay una sección llamada «Legado». Contiene una historia titulada «Resolver un gran problema», una carta llamada «Un consejo de tu abuelo» y una lista: «Lo que aprendí en 1975».

En 1975, en este caso, se refiere a la recesión que marcó ese año. Para mi padre, fue el suceso no lineal definitorio de su vida porque puso de cabeza la vida profesional, estable aunque monótona, que había disfrutado desde su regreso a Savannah. A su vez, le abrió la puerta a una vida profesional más arriesgada, pero también más lucrativa, que perseguiría durante el resto de su carrera.

«Lo que aprendí en 1975» fue su oda a una transición bien llevada.

Hice una lista similar mientras trabajaba en el Proyecto Historia de vida. Podría haberla llamado «Lo que aprendí al hablar con doscientas veinticinco personas sobre vidas». Dado que los temas de estas conversaciones fueron que la vida lineal murió, que la vida no lineal conlleva más transiciones y que las transiciones son una habilidad que podemos, y debemos, dominar, la llamé: «Cinco verdades sobre las transiciones».

1. Las transiciones se están volviendo más frecuentes

Si la idea de la vida lineal no me hubiera resultado tan equívoca, habría pensado que era casi pintoresco que, durante generaciones, las personas aceptaran la idea de que nuestras vidas seguían tres, cinco u ocho etapas predecibles. Por más que esa idea haya sido reconfortante en el pasado, ya no es así. Necesitamos mapas diferentes para momentos diferentes. Las crisis ya no son solo para la mediana edad; a los puntos de quiebre no les importa nuestra edad; la necesidad de cambiar nuestras rutinas no sigue tablas impresas en libros de texto universitarios. Los cambios vitales ocurren cuando ocurren, en general cuando menos los esperamos y a un ritmo que hubiera parecido impensable hace unos años.

El adulto promedio experimentará una disrupción cada uno o dos años; con más frecuencia que las visitas a un dentista. Una de cada diez (entre tres y cinco en la vida adulta) será tan grande que la persona experimentará un cambio de vida significativo. Teniendo en cuenta que nueve de cada diez de nosotros vivimos con otras personas, eso significa que, prácticamente, cada hogar de los Estados Unidos tiene al menos una persona que está pasando por una gran reorientación de su vida; a veces son más las que experimentan la misma transición. Es hora de que nos veamos como lo que realmente somos: personas en perpetuo cambio.

2. Las transiciones son no lineales

La vida no es lo único que es no lineal, las transiciones que la inundan también lo son. El primer siglo de pensamientos sobre las transiciones (que implican tres etapas precisas por las que pasamos en momentos precisos), ha quedado sumamente obsoleto. Las transiciones no son como la rayuela, son como el pinball; no se trata de unir los puntos, sino de dibujo libre. Las personas gravitan alrededor de la etapa que se les da mejor (el largo adiós, el desordenado intermedio o el nuevo comienzo) y se hunden en la que les va peor. Incluso los más hábiles para sobrellevar las transiciones tienen partes del proceso que no superan bien.

Lo mismo se aplica a los pequeños pasos que damos en esos momentos. Las transiciones comprenden herramientas que todos podemos aprender y que todos empleamos de nuestra propia forma idiosincrática. La caja de herramientas completa incluye aceptar la situación, marcar el cambio, mudar viejas costumbres, crear nuevas salidas, compartir la transformación, presentar al nuevo ser y contar la historia. Aunque no siempre son fáciles de cumplir, estas herramientas pueden ser muy fortalecedoras y revitalizantes. Las transiciones han perdurado como mecanismo de afrontamiento porque funcionan.

3. Las transiciones tardan más de lo que crees (pero no más de lo necesario)

El momento más incómodo en todas mis conversaciones fue cuando pregunté cuánto tiempo había durado la mayor transición. Incluso las personas con mejor léxico se trabaron, tartamudearon y parecieron reacias a admitir lo que resultó ser el mayor descubrimiento: más de lo que desearon.

La duración promedio de una transición es de alrededor de cinco años. Menos de una de cada cuatro personas dijo que duró menos de tres años; más de la mitad dijo que fue entre cuatro y diez años; una de cada diez dijo que había sido más tiempo. Una vez más, si multiplicamos estas cifras por la cantidad de transiciones que es probable que experimentemos (tres, cuatro, cinco o más), queda claro que las transiciones son un deporte de por vida que nadie nos enseña a practicar.

Nuestra ineptitud tiene un lado positivo. Con un poco de trabajo, podemos mejorar. Hay habilidades que podemos aprender y errores que podemos evitar. Además, estos tiempos de estar entre una cosa y la otra llegan a su fin. Por supuesto que algunas emociones pueden persistir y que algunas heridas pueden perdurar, pero más del noventa por ciento de la gente dijo que sus transiciones finalmente llegaron a un final. Las transiciones duran más tiempo del que creemos, pero no más del que necesitamos; tampoco para siempre.

4. Las transiciones son ocasiones autobiográficas

El legendario neurólogo Oliver Sacks escribió una vez: «Puede decirse que cada uno de nosotros construye y vive una "narrativa", y esa narrativa somos nosotros». Si está en lo correcto (y yo creo que lo está), eso significa que una ruptura en la narrativa es un momento existencial. Las disrupciones, los giros, coyunturas, puntos muertos, sacudidas y terremotos vitales que minan nuestras vidas son brechas que debemos reparar, en parte, con recursos narrativos. Debemos tapar los agujeros de las tramas de nuestras historias de vida.

Una transición es el escenario y, a la vez, el mecanismo para hacerlo. Es una ocasión autobiográfica en la que solo debemos usar la oportunidad para reflexionar, revisar y, en última instancia, reiniciar nuestras autobiografías internas, para hacer algunas modificaciones, añadir un capítulo o dos, elevar o devaluar ciertos temas. Y, al final, asegurarnos de mantener el equilibrio de las tres ramas de nuestros seres autobiográficos: la historia del yo, la historia del nosotros, la historia del ellos.

5. Las transiciones son esenciales para la vida

El último punto de mi lista es el que ha sido mi motivación en todo el proceso: necesitamos renovar las transiciones. En lugar de rechazarlas como si fueran terreno hostil, tenemos que pensar como soldados, tenemos que verlas como terreno fértil del que podemos obtener sustento. «Pensamos que cualquier forma de malestar es mala», escribió la monja budista Pema Chödrön. Pero añade que los sentimientos como decepción, vergüenza, irritación, resentimiento y desesperanza, en lugar de ser malas noticias, «nos muestran, con aterradora claridad, precisamente dónde estamos estancados».

Y ahí yace su poder. Las transiciones están cargadas de agitación e intranquilidad, pero también de purga beneficiosa y creatividad impactante. En otras palabras, son caos. Y, como una nueva generación de científicos nos ha enseñado, el caos no es ruido, es una señal; el desorden no es un error, es un elemento de diseño. Si pensamos en estos períodos como aberraciones, corremos el riesgo de perder las oportunidades. Si los vemos como puertas abiertas, podemos abrirnos a ellos.

Las transiciones no desaparecerán, la clave para que nos beneficien es no darles la espalda. No taparse los ojos cuando llega la parte aterradora, allí es donde nacen los héroes.

No mucho después de haber terminado las entrevistas, estaba contándole a una amiga lo emocionante que había sido la experiencia. Le dije que había sido afortunado al tener muchas experiencias profesionales enriquecedoras y que esa había sido la más profunda. «¿Por qué?». Me preguntó ella.

Su pregunta me pilló por sorpresa. Pensé durante todo un minuto, luego le conté una historia. Cuando iba por la tercera parte de mis conversaciones, aproximadamente, me encontraba en Boston. Hacia el final de una tarde de viernes, un hombre al que nunca había visto, John Mury, condujo hasta la casa de la familia de mi esposa. Mi primer contacto con él había sido por correo electrónico, cuando me escribió por un enlace de mi página web que no funcionaba y me dio las gracias por la «sinceridad» en mi trabajo. Esa frase me llamó la atención, así que lo invité a que me contara su historia.

John, de quien ya hablamos en este libro, era hijo de un soldado católico irlandés de Estados Unidos y de una mujer norcoreana a la que conoció su padre mientras servía en Corea del Sur. Cuando su madre se mudó a Estados Unidos, quedó desolada al descubrir que las calles no estaban pavimentadas con oro. Intentó cortarse las muñecas y ahogarse en la tina mientras estaba embarazada de John, pero, al sentir sus patadas, cambió de parecer.

—Decidió vivir por mí —dijo John—. En realidad, creo que decidió vivir a través de mí.

Sus padres se separaron pocos años después. John creció enfadado y violento, atrapado entre dos culturas y dos padres en guerra. A los dieciocho años, dos semanas después de empezar la Universidad Carnegie Mellon, estaba caminando por una calle de Pittsburgh y escuchó la voz de Dios. Se volvió creyente, se trasladó a una universidad bíblica y, luego, se mudó a Massachusetts para abrir una iglesia. También se casó y tuvo tres hijos.

—La inteligencia y el trabajo duro eran mis ídolos —afirmó.

Luego experimentó una terrible epidemia de disrupciones, un choque en cadena de diez coches entre la tumultuosa recolección de historias de vida que escuché. Primero, su esposa contrajo una variedad de cáncer de estómago tan singular que solo setenta familias del mundo lo habían experimentado, en su mayoría de la tribu maorí de Nueva Zelanda. Tuvieron que extirparle el estómago, luego gran parte del intestino; poco después, pasó por una doble mastectomía. Luego, a su hijo menor le diagnosticaron autismo, el mayor se volvió hiperactivo y el del medio estaba abrumado por todo el caos. Además de todo esto, el hermano de John, que se había mudado cerca de ellos para ayudar, murió de forma inesperada. Y la iglesia de John fracasó. Su esposa estaba en tratamiento por estrés, él tomaba medicación por trastornos del estado de ánimo, y su matrimonio se debilitaba.

—Mi inteligencia y trabajo duro ya no servirían de nada —dijo—. Necesitaba ayuda.

Escuchar su historia fue casi tan catártico como contarla y, para cuando terminó, ambos estábamos llorando. Cuando lo acompañé a la puerta, nos dimos un gran abrazo.

Justo en ese momento, apareció mi suegra, Debbie. John es apuesto y ella se sintió atraída como una jovencita. «¿Quién es *ese*?», preguntó cuando se hubo ido. Después de contarle lo que John acababa de compartir conmigo, se desplomó contra la pared. «¿Por qué habrá conducido una hora un viernes por la tarde, te habrá contado su increíble historia y luego te habrá abrazado?». La respuesta que le di ayuda a explicar por qué fue tan enriquecedora la experiencia. Compartir historias enriquece a los tres componentes del ABC del sentido.

A) Las historias nos empoderan. Nos dan una sensación de agencia. Como casi todos los demás, John terminó nuestra conversación expresando lo agradecido que estaba por lo que fue, en esencia, un regalo para mí (su tiempo, su honestidad, su sinceridad). Me pregunté por qué durante mucho tiempo. He llegado a creer que parte de la razón se relaciona con algo que los científicos han descubierto acerca de la memoria. Los recuerdos, contrario a lo que aprendí de ellos cuando niño, no son estables; no son paquetitos guardados en nuestros cerebros como objetos preciados que sacamos del armario cuando los necesitamos y volvemos a guardarlos cuando no. Los recuerdos son entidades que viven y respiran, que cambian cada vez que los rememoramos. Cada vez que evocamos un recuerdo, lo hacemos de un modo un tanto diferente.

Lo mismo se aplica a las historias. Cada vez que contamos nuestra historia de vida, lo hacemos con algún ligero cambio. Puede ser el público al que se la estamos contando o las circunstancias en las que lo hacemos. Cualquiera que sea la razón, generamos el sentido que necesitamos en el momento. Ese acto de reinterpretación es, en esencia, un acto de agencia. Nos da una sensación de control y de confianza en el momento exacto en que nos sentimos fuera de control y faltos de confianza. Volver a contar nuestra historia acelera la recuperación.

B) Las historias nos conectan. Nos dan una sensación de pertenencia. Pueden vincular a dos personas que no tenían ningún punto de contacto y relacionarlas de por vida. Contar historias tiene poder, por supuesto. Escucharlas, también. Pero hay más poder en la interacción entre ambos actos. Al igual que casi todos dijeron haber aprendido algo valioso de nuestras conversaciones, yo sentí lo mismo. Creamos algo juntos que ninguno de nosotros podría haber creado solo. Y, cuando terminó, ambos queríamos lo mismo: hacerlo otra vez. Escuchar otra historia, compartir el proceso con casi todos nuestros conocidos.

Y me refiero a todos. Cuando comencé este proyecto, tenía la fuerte intención de buscar personas de cierta edad y cierta experiencia de vida. Mi esposa fue la primera en decirme que estaba equivocado. Tenía razón. Resulta que las personas de veinticinco años tienen tantos puntos altos, puntos bajos y puntos de quiebre, temas, patrones y formas, como las de setenta y cinco. Historias de vida que parecían tratar de una cosa, acabaron por tratar de otra. Comencé algunas entrevistas esperando escuchar una historia de enfermedad y pérdida de trabajo, y me encontré con violencia doméstica y una muerte cercana. Todos tienen una historia, que no siempre es la que el oyente o el narrador esperan. Compartir es lo que genera sorpresa.

C) Esto nos lleva a la última moraleja: las historias nos inspiran. Nos dan un propósito, un foco, una causa. Nos hacen más humanos y más compasivos. Y aun así, por algún motivo, nos alejamos del pasatiempo más antiguo. Es fácil pensar que vivimos en un momento en el que CUENTA TU HISTORIA se encuentra escrito en letras brillantes a todo nuestro alrededor. De todas formas, más allá de fragmentos pulidos con cuidado (publicaciones fugaces en redes sociales, efímeras postales de vacaciones), en realidad no lo hacemos con mucha frecuencia. Nos convertimos en una generación de antinarradores, y por eso somos una generación de insatisfechos.

Tenemos que volver a las fogatas.

Y podemos hacerlo. Es tan simple como decirle a alguien: «Cuéntame la historia de tu vida». Y, cuando termine, decirle: «Me gustaría contarte la mía».

Pase lo que pase después, ambos saldrán con una historia que contar sobre ese encuentro y con una experiencia nueva y significativa que compartieron.

SALIR DEL BOSQUE

Al final de mi conversación con John Mury, le pregunté por la forma de su vida. Su respuesta: un río sinuoso. «Puede que suene cursi, pero hay una canción de Garth Brooks que tuvo un gran impacto en mí. Se llama "The River" (El río). Un sueño es como un río, dice, que siempre cambia mientras fluye; nosotros somos meros navíos que debemos cambiar con él. Así es como me siento hoy. Una gran parte de la narrativa que surge de esta oscuridad es que mi responsabilidad no es cambiar al mundo, sino ser la clase de persona correcta en el mundo».

Lo que John no sabía era que, hacía décadas, yo había viajado con Garth durante un año por un libro que estaba escribiendo sobre música campirana. Lo escuché cantar «The River» incontables veces. Al final de la canción, hay una línea que captura lo que tal vez sea el mayor conocimiento que extraje al escuchar más de mil horas de historias de vida. Es precisamente la lección que más necesitaba escuchar años antes, cuando mi propia vida se había salido de curso y me había hecho caer en un pantano de ansiedad, frustración y miedo.

Aunque no podamos controlar el río (aunque la vida siempre fluya, siempre cambie, siempre sea amenazante y enloquecedora), debemos «elegir arriesgarnos en los rápidos y atrevernos a bailar con la corriente».

Nunca renunciamos al final feliz.

Debemos insistir en que nuestras narrativas oscilantes pueden virar hacia arriba tanto como hacia abajo.

Y debemos decirnos que la mejor manera de responder a un período de agitación personal (el fin de una historia, el fin de un sueño), es atravesar la oscuridad, remar por la corriente, perseverar a través del bosque. Y saber que no estamos solos. El bosque está lleno de personas como nosotros. Todas las interrupciones con las que nos encontramos en el camino (la curva en el río, el aullido en la noche, el lobo en el sendero), son lo que todos encontramos entre los sueños.

Y son lo que nos permite volver a soñar. Porque, una vez que salimos del bosque, llegamos a la luz, llegamos a tierra, superamos al lobo. Una vez que agotamos todas las flechas de nuestra aljaba y tememos no tener el valor para volver a luchar, es hora de hacer lo más aterrador y necesario que podemos hacer.

Volver a adentrarnos en el bosque, a zambullirnos en las aguas, a enfrentarnos a otro lobo.

A soñar otro sueño.

Es hora de volver a pronunciar las palabras más fascinantes y reafirmantes que podemos articular. Las que sugieren que viene una historia. Tal vez un cuento de hadas.

Érase una vez...

AGRADECIMIENTOS

L a idea parecía muy sencilla. Pedirles a las personas que compartieran sus historias de vida. Y, aun así, todo dependía de cómo reaccionaran esas personas. Me gustaría expresar mi profunda gratitud a las doscientas veinticinco personas que accedieron a participar en el Proyecto Historia de vida. Estos individuos extraordinarios, que en su mayoría eran completos extraños para mí al principio, respondieron a mis preguntas incisivas, compartieron sus historias de corazón, examinaron sus momentos más íntimos y me ofrecieron un caudal de enseñanzas, cargadas de lágrimas, con humor, pasión y emoción. Estaré eternamente agradecido por su honestidad y transparencia y siempre me maravillaré por el modo en que sus vidas se alinearon de una forma tan mágica unas con otras. Espero que las ideas de este libro honren, aunque sea un poco, sus destacables vidas.

No encontré solo a estas personas. Me gustaría agradecer a todos los que encontré en el camino, incluso en las redes sociales, que me recomendaron a una persona o dos, y a cada entrevistado que le pasó el testigo a otro. Mis respetos para Laura Adams, Sunny Bates, Subodh Chandra, Anna Marie Clifton, Christina Cohen, Carol Danhof, Gail Davis, KJ Dell'Antonia, Leo Eaton, John T. Edge, Laurie Hill, Jodi Kantor, Tom Kohler, David Kramer, Cindi Leive, Connie Mitchell, Betsy Musolf, Esther Perel, Brian Pike, Courtney Richards, Lani Santo, Lauren Class Schneider, Pattie Sellers y Lindsey Lusher Shute.

He sido muy afortunado por contar con un maravilloso equipo de mentes jóvenes que me ayudaron a codificar, analizar y recopilar un robusto cuerpo de información de estas historias, para luego darle vida visualmente a esa información. Llamé al grupo «El laboratorio de sentido», y sus miembros eran de una gran variedad de entornos y trabajaron con impresionante rigor y compañerismo. Me alegra honrar las contribuciones de Jerimee Bloemeke, Kannan Mahadevan, Spencer Feinstein, Robin Xiao, Nina Premutico, Brad Davis, George Tolkachev, Lucy Ackman y Claire Walker-Wells.

Durante los largos años que dediqué a este libro, entrevisté a una gran cantidad de académicos de una gran variedad de disciplinas acerca de los múltiples temas que tocó este proyecto. Estoy especialmente agradecido con aquellos a los que consulté con regularidad: Marshall Duke, Robyn Fivush, Dan McAdams, Jennifer Aaker, Kathleen Vohs y Cheryl Svenson.

David Black aguantó con paciencia años de reflexiones y reestructuraciones a medida que este libro encontraba su forma poco a poco. Scott Moyers ofreció una combinación magistral de apoyo, confianza y cuestionamiento; lo que hizo que su entusiasmo final fuera mucho más significativo. Gracias. Estoy impresionado por la agudeza y la habilidad del equipo extraordinario de Penguin Press: Ann Godoff, Matt Boyd, Sarah Hutson, Danielle Plafsky, Gail Brussel y Mia Council.

Soy afortunado por tener a un extraordinario grupo de personas que siempre buscan las mejores posibilidades para mi trabajo. Gracias al incomparable Craig Jacobson, al igual que a Alan Berger, Elizabeth Newman y Eric Wattenberg. Una mención especial para Laura Walker por tu amistad y generosidad y para Nick Baum por tu inspiración. Y mi admiración eterna para los aliados que me señalaron la dirección correcta: Greg Clayman, Beth Comstock, David Kidder, Charlie Melcher, Andrew McLaughlin y Kaja Perina.

A mi consejo: Josh Ramo, Ben Sherwood, Max Stier y Jeff Shumlin. A mi familia de Rottenberg: Dan y Elissa, Rebecca y Mattis y, en especial, a Debbie Alan, quien me abrió muchas puertas en Boston. A mis hermanos: Cari y Rodd, que me presentaron a personas excepcionales y que me alojaron en el proceso; a Andrew, una vez más, que leyó cada borrador de este libro y me ofreció mucha claridad y conocimiento. A mis padres: en los treinta años que llevo escribiendo libros, mi madre, Jane Feiler, rara vez mostró más entusiasmo que con este proyecto. Su apoyo me ayudó enormemente a seguir. Papá: este proyecto comenzó contigo y nunca hubiera ocurrido si no hubieses respondido a esa primera pregunta sobre tus juguetes de la infancia. Gracias por tu amor al contar historias y por permitirme escuchar y compartir la tuya. Que hayas llegado a ver este libro en su totalidad es otro de los muchos regalos que me has dado.

Soy particularmente afortunado por poder compartir mi vida con la mítica Linda Rottenberd. Bien conocida en el mundo por su energía legendaria, su pasión y su visión, Linda es menos reconocida por la que debe ser su mayor habilidad: vivir con una persona creativa profesional, con toda su volatilidad emocional, sus cuestionamientos nocturnos y los interminables requerimientos que eso implica. Que Linda destaque en todo eso es algo lineal en mi vida no lineal.

Eden y Tybee: en los años que he trabajado en el Proyecto Historia de vida, vosotras mismas os habéis convertido en narradoras. Vuestro amor por el teatro, los libros, la danza y la música las convierte en singularidades en esta era digital y en herederas de la más antigua tradición. Mi mayor alegría en la vida es verlas reclamar la autoría de sus propias historias de vida y esperar con ilusión para ver adónde las llevarán a continuación.

Una cosa de la que estoy seguro es de que vuestra familia siempre formará parte de esa narrativa, en especial vuestros queridos primos: Max, Hallie, Nate, Maya, Judah e Isaac. En este momento culmen de mi Proyecto Historia de vida, no puedo hacer nada mejor que repetir lo que mi padre dijo al final de su entrevista.

Mi deseo para todos vosotros es que cumpláis con la dedicatoria de este libro:

Contad las historias.

ENTREVISTA HISTORIA DE VIDA

Esta es una entrevista sobre la historia de tu vida. Estoy interesado en saber qué piensas de tu vida y cómo conviertes los altibajos en una narrativa coherente. Es necesario que tengamos una conversación exhaustiva. Funcionará de este modo: te pediré que te centres en la historia global, luego que selecciones algunos acontecimientos, en especial los temas más importantes de tu vida; lo que podemos llamar la forma general de tu vida. Por supuesto, no quiero juzgarte. Mi objetivo es comprender cómo vivimos todos hoy en día; cómo superamos las transiciones, disrupciones y reinvenciones de nuestras vidas de un modo que nos permita vivirla con sentido, equilibrio y alegría. Creo que disfrutarás de la conversación.

LA HISTORIA DE TU VIDA

Por favor, cuéntame la historia de tu vida en quince minutos (la mayoría tarda más tiempo). Por favor, hazlo como si estuvieras tomando un café con alguien que acabas de conocer y quisieras contarle qué tipo de persona eres; qué es importante para ti, cómo llegó a serlo, quién eres ahora. Estoy particularmente interesado en cómo se conectan los diferentes capítulos de tu vida y qué influencia han podido tener unos en otros.

Las escenas clave en tu vida

Ahora que has relatado el arco general de tu vida, quisiera que nos concentremos en algunas escenas clave. Se trata de un momento o período que destaca por lo bueno, malo, vívido o memorable. Para cada escena, me gustaría que describas lo que pasó en detalle; qué te llevó allí, qué estabas pensando y sintiendo al vivirlo. Luego te preguntaré cómo encaja esa escena en la historia general.

1. Punto alto
   Por favor, describe una escena, episodio o momento que destaque por ser positivo. Puede ser el punto más alto de toda tu vida o solo un momento particularmente feliz o maravilloso.

2. Punto de quiebre
   Otra vez, mirando hacia atrás, ¿puedes identificar un momento de quiebre clave que haya marcado un cambio importante en tu historia de vida?

3. Experiencia significativa
   Muchas personas dicen haber tenido experiencias muy profundas que les dieron una sensación de trascendencia, de unión con el mundo. Para algunos se trata de una experiencia espiritual; para otros, natural; para otros, artística. ¿Puedes identificar uno de esos momentos?

4. Punto bajo
   La siguiente escena es opuesta a la primera. Al mirar hacia atrás, ¿puedes identificar una escena que destaque por ser un punto bajo, tal vez hasta el más bajo de tu vida? Aunque sea desagradable, por favor, cuéntame qué pasó, quién estaba involucrado, qué sentías o pensabas.

5. Transición sencilla

   Al reflexionar sobre tu vida, piensa en transiciones clave; pueden tener relación con el hogar, el trabajo, la familia, la salud o la religión. Por favor, identifica una de esas transiciones que para otros podría haber sido difícil y por la que tú pasaste con relativa facilidad.

6. Transición difícil

   La siguiente pregunta es opuesta a la anterior. De las transiciones clave de tu vida, ¿puedes identificar una que podría haber sido fácil para otros, pero que a ti te llevó de cabeza?

SECRETOS PARA TRANSICIONES EXITOSAS

Me gustaría que nos centremos en la mayor transición de tu vida, de la que ya hemos hablado. Tengo una serie de preguntas sobre ese momento:

1. ¿Fue una transición voluntaria o involuntaria? ¿Eso la hizo más fácil o más difícil?
2. ¿Le has dado un nombre a ese período?
3. ¿Cuál fue la emoción más fuerte con la que luchaste durante ese tiempo?
4. ¿Iniciaste, creaste o tuviste algún ritual, celebración o marcador formal?
5. ¿Guardas algún recuerdo del pasado?
6. ¿Has hecho el duelo del pasado?
7. ¿Puedes contarme un hábito del pasado al que hayas renunciado?
8. ¿Cómo estructuraste tu tiempo durante ese período?
9. ¿Puedes contarme tres actividades creativas que hayas hecho para ayudar a reconstruir tu nuevo ser?
10. ¿Hubo un mentor, amigo, ser querido o sabio que te ofreciera consejo?

11. ¿Experimentaste ese tiempo como una ocasión autobiográfica?
12. Las transiciones se dividen en tres etapas (el largo adiós, el desordenado intermedio, el nuevo comienzo). ¿Cuál fue la más difícil para ti?
13. ¿Cuánto tiempo duró toda la transición?
14. ¿Tuviste una expresión de libertad, alegría o de nuevo comienzo al final?

LAS CINCO TRAMAS DE TU VIDA

La siguiente sección trata de las tramas más prominentes de tu vida. Una trama es una fuente de conflictos, dificultades o desafíos; o solo un área a la que le has dado mucha relevancia. Mencionaré las cinco mayores tramas de la vida. Por favor, dime si ha habido una dominante en tu vida, luego cuál fue la segunda y cuál la tercera. Las cinco tramas son: IDENTIDAD, AMOR, TRABAJO, CUERPO, CREENCIAS.

EL FUTURO

A continuación, me gustaría mirar hacia el futuro para hacer algunas preguntas.

Por favor, cuéntame tres proyectos personales que tengas en mente ahora. Puede ser tan pequeño como vaciar la caja de arena del gato o tan grande como terminar con el hambre en el mundo.

Tu vida incluye capítulos clave del pasado y de cómo ves o imaginas el futuro. ¿Cuál será el próximo capítulo de tu historia de vida?

Por favor, describe un sueño que tengas para el futuro de tu historia de vida.

LA FORMA DE TU VIDA

Ahora, dos últimas preguntas:

Al mirar hacia atrás toda tu historia de vida con todos sus capítulos, escenas y desafíos, ¿encuentras un tema central?

Al mirar tu historia de vida de un modo ligeramente diferente, ¿qué forma engloba tu vida? Por favor, explica por qué la has elegido.

OTRAS LECTURAS

Durante los años que trabajé en este proyecto, leí más de trescientos libros y setecientos estudios académicos. Todas las fuentes en las que me apoyé en gran medida se encuentran mencionadas en «Fuentes». En lugar de hacer una lista de todas las fuentes que consulté, opté por destacar libros recomendados para quienes estén interesados en algún tema en particular de los que mencioné aquí.

Narración. Por las raíces científicas de la narración:

Bergen, B. (2013). *El cerebro y el lenguaje*. Roc Filella Escola.

Boyd, B. (2010). *On the Origin of Stories*. Belknap Press of Harvard University Press.

Gottschall, J. (2013). *The Storytelling Animal*. Houghton Mifflin Harcourt.

En el campo de la psicología narrativa:

Bruner, J. (2013). *La fábrica de historias*. Fondo de Cultura Económica.

Eakin, P. (1999). *How Our Lives Become Stories*. Cornell University Press.

McAdams, D. P. (1993). *The Stories We Live By*. Guilford Press.

Singer, J. (2005). *Memories That Matter*. New Harbinger Publications.

Un lugar cálido en mi corazón para el gruñón manifiesto antinarrativo:

Wilson, E. (2016). *Keeping It Fake*. Sarah Crichton Books.

Forma de vida. La idea de forma de vida ha sido explorada en una variedad de atentos libros académicos. Entre ellos:

Cole, T. (1994). *The Oxford Book of Aging*. Oxford University Press.

Heath, K. (2010). *Aging by the Book*. SUNY Press.

Zerubavel, E. (2003). *Time Maps*. University of Chicago Press.

También disfruté de estas exploraciones de la idea de la vida adulta:

Mintz, S. (2015). *The Prime of Life*. Harvard University Press.

Setiya, K. (2019). *En la mitad de la vida*. Libros del asteroide.

Sentido. Los mejores ejemplos de investigaciones del sentido que conozco son:

Baumeister, R. (1992). *Meanings of Life*. Guilford Press.

Crawford, M. B. (2010). *Con las manos o con la mente*. Empresa Activa.

Froese, P. (2016). *On Purpose*. Oxford University Press.

Haidt, J. (2016). *La hipótesis de la felicidad*. Gedisa.

Smith, E. E. (2017). *El arte de cultivar una vida con sentido*. Urano.

Wong, P. T. (Ed.). (2012). *The Human Quest for Meaning*. Routledge.

Transiciones. Una serie de libros diversos exploran este tema poco discutido:

Brown, B. (2015). *Más fuerte que nunca*. Urano.

Van Gennep, A. (2013). *Los ritos de paso*. Alianza Editorial.

Harford, T. (2012). *Adapt*. Farrar, Straus and Giroux.

Myerhoff, B. (1992). *Remembered Lives*. University of Michigan Press.

Sandberg, S. y Grant, A. (2017). *Opción B*. Conecta.

Psicología. Algunos excelentes libros nuevos abarcan exploraciones creativas de la psicología del cambio, la recuperación y la renovación:

Doidge, N. (2020). *El cerebro y su forma de sanar*. La liebre de marzo.

Jay, M. (2017). *Supernormal*. Hachette Book Group.

Maté, G. (2010). *In the Realm of Hungry Ghosts*. North Atlantic Books.

Teoría del caos. Lecturas abordables sobre la ciencia de la complejidad:

Gleick, J. (1988). *Caos.* Seix Barral.

Harford, T. (2017). *El poder del desorden.* Conecta.

Mlodinow, L. (2008). *El andar del borracho.* Editorial Crítica.

Strogatz, S. (2003). *Sync.* Hachette Books.

Memorias. Entre la variedad de libros sobre cómo contar la historia personal, me complace recomendar las siguientes crónicas:

Conway, J. K. (1999). *When Memory Speaks.* Vintage Books.

Geary, J. (2012). *I Is An Other.* Harper Perennial.

Karr, M. (2016). *The Art of Memoir.* HarperCollins.

Zinsser, W. (2005). *Writing About Your Life.* Hachette Books.

Finalmente, esta lista no estaría completa sin un libro esencial, que combina con maestría historias personales y un análisis cuidadoso:

Solomon, A. (2014). *Lejos del árbol.* Debate.

FUENTES

Todas las entrevistas citadas en este libro fueron grabadas y transcritas. Para seguir la antigua costumbre de la escritura académica sobre historias de vida, permito que las personas cuenten sus propias historias en sus propias palabras. No me puse en contacto con ninguna persona mencionada en estas historias para tener puntos de vista alternativos. Mi filosofía general es respetar, considerar y analizar las historias de vida, aceptar que contienen ciertos puntos que otros pueden interpretar de una forma diferente.

Además de presentar citas de mi larga colección de historias, eché mano a una amplia variedad de literatura sobre psicología narrativa, psicología positiva, neurociencia aplicada, sociología, antropología, economía y teoría del caos; también sobre historia, filosofía, literatura e historia del arte. En el siguiente detalle capítulo por capítulo, ofreceré todas las citas y referencias académicas para las referencias incluidas en este libro.

Introducción: Proyecto Historia de vida

Mi experiencia en Japón está detallada en *Learning to Bow*; mi experiencia en el circo en *Under the Big Top*; en el medio este en *Walking the Bible, Abraham* y otros libros. Mi camino por el cáncer está detallado en *The Council of Dads*. Todos los libros mencionados fueron publicados por William Morrow.

La investigación sobre historia familiar de Marshal Duke y Robyn Fivush está analizada en detalle en mi libro *The Secrets of Happy Families*, también publicado por Morrow. El artículo «The Stories That Bind Us» se publicó en *The New York Times* el 17 de marzo de 2013. Para más información acerca de cómo leer el libro que publicamos sobre las historias de mi padre, por favor, diríjanse a www.brucefeiler.com.

Para ver el texto completo de mi Entrevista Historia de vida, por favor, ver las páginas finales de este libro.

Aristóteles. (335 a. e. c.). *La Poética.*

Bakewell, S. (2016). *En el café de los existencialistas.* Ariel.

Bruner, J. (2003). *La fábrica de historias.* Fondo de Cultura Económica.

Collins, J. (2001). *Good to Great.* Harper Collins.

Eco, U. (1996). *Seis paseos por los bosques narrativos.* Lumen.

James, W. (1904). A Word of Pure Existence. *The Journal of Philosophy, Psychology and Scientific Methods, 1*(21).

McAdams, D. P. (1988). *Power, Intimacy and the Life Story.* Guilford Press.

McAdams, D. P. (1993). *The Stories We Live By.* Guilford Press.

McAdams, D. P. (2001). The Psychology of Life Stories. *Review of General Psychology, 5*(2).

McAdams, D. P. (2008). Personal Narrative and the Life Story. En O. P. John, R. W. Robins y L. A. Pervin (Eds.). *The Handbook of Personality: Theory and research.* Guilford Press.

1. Adiós a la vida lineal

Armstrong, K. (2020). *Breve historia del mito.* Siruela.

Aveni, A. (2002). *Empires of Time*. University Press of Colorado.

Baumeister, R. (1986). *Identity.* Oxford University Press.

Bonanno, G. (2009). *The Other Side of Sadness*. Basic Books.

Bradley Haggerty, B. (2017). *Life Reimagined*. Riverhead Books.

Campbell, J. (2013). *El héroe de las mil caras*. Fondo de Cultura Económica.

Cole, T. (1991). *The Journey of Life*. Cambridge University Press.

Cole, T. (1994). *The Oxford Book of Aging*. Oxford University Press.

Cole, T. (2018). *Journey.* Metropolitan Museum of Art.

Davies, P. (1995). *About Time*. Simon and Schuster.

Erikson, E. H. (1969). *Gandhi's Truth*. Norton.

Erikson, E. H. (1994*a*). *Identity and The Life Cycle*. Norton.

Erikson, E. H. (1994*b*). *Insights and responsibility.* Norton.

Erikson, E. H. (2000). *El ciclo vital completado*. Paidós Ibérica

Gleick, J. (2013). *La información*. Crítica.

Heath, K. (2010). *Aging by the Book*. SUNY Press.

Hollis, J. (2019). *La otra mitad del camino*. Aurum Volati.

Hunt, M. (1993). *The Story of Psychology.* Anchor Books.

Jaques, E. (1965). Death and the Mid-Life Crisis. *International Journal of Psychoanalysis, XLVI*, 502-514.

Küber-Ross, E. (2017). *Sobre el duelo y el dolor*. Ediciones Onirio.

Levinson, D. (1986). *The Seasons of a Man's Life*. Ballantine Books.

McAdams, D. P. (1993). *The Stories We Live By*. Guilford Press.

Mintz, S. (2015). *The Prime of Life.* Harvard University Press.

Mlodinow, L. (2008). *El andar del borracho.* Editorial Crítica.

Setiya, K. (2019). *En la mitad de la vida.* Libros del Asteroide.

Shakespeare, W. (1599). *Como gustéis.*

Sheehy, G. (1984). *Las crisis de la edad adulta.* Grijalbo.

Sheehy, G. (2015). *Daring.* Harper Collins.

Zerubavel, E. (2003). *Time Maps.* University of Chicago Press.

2. Abrazar la vida no lineal

American Addiction Centers. (29 de julio de 2019). *Alcohol and Drug Abuse Statistics.*

Bernstein, L. (29 de noviembre de 2018). U.S. Life Expectancy Declines Again, a Dismal Trend Not Seen Since World War I. *Washington Post.*

Blake, J. (2016). *Pivot.* Portfolio.

Briggs, J. y Peat, F. D. (1999). *Seven Lessons of Chaos.* HarperCollins.

Brim, O., Ryff, C. y Kessler, R. (Eds.). (2004). *How Healthy Are We?* University of Chicago Press.

Bureau of Labor Statistics. (22 de agosto de 2019).

Charles, S. (31 de enero de 2019). Nearly Half of Americans Have Heart Disease. *USA Today.*

Cohn, D. y Morin, R. (2008). *Who Moves? Who Stays Put? Where's Home?* Pew Research Center.

DeParle, J. (4 de enero de 2012). Harder for Americans to Rise from Lower Rungs. *The New York Times.*

Express. (8 de febrero de 2018). Weight Loss.

Fine Malon, D. (1 de mayo de 2015). Early Puberty. *Scientific American.*

Forbes. (27 de julio de 2011). *How Many Times Will You Crash Your Car?*

Frey, C. B. y Osborne, M. (2013). *The Future of Employment.* Oxford Martin Programme of Technology and Employment.

Gleick, J. (1988). *Caos.* Seix Barral.

Gribbin, J. (2006). *Así de simple.* Crítica.

Grierson, B. (2008). *U-Turn.* Bloomsbury Publishing.

Heath, K. (2010). *Aging by the Book.* SUNY Press.

Heath, K. (2010). *Aging by the Book.* SUNY Press.

Heimlich, R. (14 de enero de 2011). *The Marrying —And Divorcing— Kind.* Pew Research Center.

Hobbs, F. B. y Damon B. L. (1996). *65+ in the United States.* United States Census Bureau.

Holmes, T. H. y Rahe, R. H. (1967). The Social Readjustment Rating Scale. *Journal of Psychosomatic Research, 11*(2).

Ihrke, D. (2014). *Reason for Moving: 2012 to 2013.* United States Census Bureau.

Jones, J. M. (7 de enero de 2019). Americans Continue to Embrace Political Independence. *Gallup.*

Kline, D. B. (25 de junio de 2018). How Many Americans Have a Side Hustle. *The Motley Fool.*

Krznaric, R. (2021). *How to Find Fulfilling Work.* Picador.

Lorenz, E. (1963). Deterministic Nonperiodic Flow. *Journal of the Atmospheric Sciences, 20.*

Luhby, T. (10 de junio de 2016). 76 Million Americans Are Struggling Financially. *CNN*.

Maté, G. (2010). *In the Realm of Hungry Ghosts*. North Atlantic Books.

Mintz, S. (2015). *The Prime of Life*. Harvard University Press.

New York Times. (15 de febrero de 1999). *New Study Finds Middle Age Is Prime of Life*.

NPR. (26 de julio de 2015). *Sorting Through the Numbers on Infidelity*.

Ortman, J. M., Velkoff, V. A. y Hogan, H. (2014). *An Aging Nation*. United States Census Bureau.

Pew Research Center. (1 de febrero de 2008). *U.S. Religious Landscape Survey*.

Pew Research Center. (12 de mayo de 2015). *America's Changing Religious Landscape*.

Pew Research Center. (2016).

Strogatz, S. (2003). *Sync*. Hachette Books.

United States Census Bureau. *Families & Living Arrangements*. https://census.gov/topics/families.html

Villacorta, N. (7 de marzo de 2014). Half of Millennials Independent. *Politico*.

Welch, A. (14 de marzo de 2019). Depression, Anxiety, Suicide Increase in Teens and Young Adults. *CBS News*.

Williams, R. (27 de junio de 2014). Facebook's 71 Gender Options Comes to UK Users. *The Telegraph*.

3. Terremotos vitales

Fitzgerald, S. (2008). *The Crack-Up*. New Directions.

Grierson, B. (2008). *U-Turn.* Bloomsbury Publishing.

James, W. (2017). *Variedades de la experiencia religiosa. Un estudio sobre la naturaleza humana.* Editorial Trotta.

Solomon, M. (2001). *Beethoven.* Omnibus Press.

4. El ABC del sentido

Aristóteles. (349 a. e. c.). Ética nicomáquea.

Baumeister, R. (1992). *Meanings of Life.* Guilford Press.

Bridges, W. (2004). *Dirigiendo el cambio.* Deusto.

Brim, O., Ryff, C. y Kessler, R. (Eds.). (2004). *How Healthy Are We?* University of Chicago Press.

Bruner, J. (1995). *Actos de significado.* Alianza.

CBS News. (22 de enero de 2013). *Inside Google Workplaces.*

Crawford, M. B. (2010). *Con las manos o con la mente.* Empresa Activa.

Doyle, G., Srivastava, S. B., Goldberg, A. y Frank, M. C. (2017). *Alignment at Work.* Proceedings of 55th Annual Meeting of the Association for Computational Linguistics.

Dutton, J. y Spreitzer, G. (Eds.). (2014). *How to Be a Positive Leader.* Berrett-Koehler Publishers.

Frankl, V. (2016a). *El hombre en busca del sentido.* Herder.

Frankl, V. (2016b). *Lo que no está escrito en mis libros: Memorias.* Herder.

Friedman, H. y Martin, L. (2012). The Longevity Project. Plume.

Froese, P. (2015). *On Purpose.* Oxford University Press.

Gould, W. B. (1993). *Frankl.* Brooks/Cole Publishing.

Harford, T. (2017). *El poder del desorden.* Conecta.

Hollis, J. (2019). *La otra mitad del camino.* Aurum Volati.

Van der Kolk, B. (2015). *The Body Keeps the Score.* Penguin Books.

Krznaric, R. (2021). *How to Find Fulfilling Work.* Picador.

Little, B. (2014). *Me, Myself, and Us.* Public Affairs.

Maté, G. (2010). *In the Realm of Hungry Ghosts.* North Atlantic Books.

Mintz, S. (2015). *The Prime of Life.* Harvard University Press.

Norton, M., Mochon, D. y Ariely, D. (2011). *The IKEA Effect.* Harvard Business School.

Pattakos, A. (2017). *Prisoners of our Thoughts.* Berrett-Kohler Publishers.

Schiller, B. (3 de septiembre de 2013). Volunteering Makes you Happier. *Fast Company.*

Shenk, W. (junio de 2009). What Makes Us Happy? *The Atlantic.*

Smith, E. E. (2017). *El arte de cultivar una vida con sentido.* Urano.

Strogatz, S. (2003). *Sync.* Hachette Books.

Wong, P. T. (Ed.). (2012). *The Human Quest for Meaning.* Routledge.

5. Cambio de forma

Becker, E. (2003). *La negación de la muerte.* Editorial Kairós.

Boulding, M. (Trad.). (2002). *The Confessions.* New City Press.

Briggs, J. y Peat, F. D. (1999). *Seven Lessons of Chaos.* HarperCollins.

Brown, P. (1969). *Biografía de Agustín de Hipona*. Revista de Occidente.

Frankl, V. (2016). *Lo que no está escrito en mis libros: Memorias*. Herder.

Grierson, B. (2008). *U-Turn*. Bloomsbury Publishing.

Lewis, R. W. B. (2001). *Dante*. Penguin Lives.

Little, B. (2017). *Who Are You, Really*. Simon & Schuster.

Qualitative Sociology, 23(1), 2000.

Reynolds, D. (1996). *Walt Whitman's America*. Vintage.

Santagata, M. (2018). *Dante*. Catedra.

Whitman, W. (2010). *Hojas de hierba*. Alianza.

6. Aprender a bailar bajo la lluvia

American Anthropologist, 84(2), 1982.

Bridges, W. (2004). *Dirigiendo el cambio*. Deusto.

Van Gennep, A. (2013). *Los ritos de paso*. Alianza Editorial.

Turner, V. (1969). *The Ritual Process*. Adeline.

7. Aceptar

Bakewell, S. (2016). *En el café de los existencialistas*. Ariel.

Bonanno, G. (2009). *The Other Side of Sadness*. Basic Books.

Boyd, B. (2010). *On the Origin of Stories*. Belknap Press of Harvard University Press.

Briggs, J. y Peat, F. D. (1999). *Seven Lessons of Chaos*. HarperCollins.

Brown, B. (2016). *El poder de ser vulnerable*. Urano.

Buck, P. (1961). *A Bridge for Passing*. Open Road.

Chödrön, P. (2013). *Cuando todo se derrumba*. Gaia.

Cole, T. (1994). *The Oxford Book of Aging*. Oxford University Press.

Eliade, M. (2001). *Mitos, sueños y misterios*. Kairós.

Greater Good Magazine. (31 de octubre de 2012). How to Harness the Power of Negative Thinking.

Green, J. (2012) *Bajo la misma estrella*. Nube de Tinta.

Grierson, B. (2008). *U-Turn*. Bloomsbury Publishing.

Van der Kolk, B. (2015). *The Body Keeps the Score*. Penguin Books.

Kurtz, E. y Ketcham, K. (1993). *The Spirituality of Imperfection*. Bantam.

Markus, H. y Nurius, P. (1986). Possible Selves. *American Psychologist, 41*(9).

Pressfield, S. (2013). *La guerra del arte*. Black Irish.

Robertson, N. (1988). *Getting Better*. Authors Guild.

Sandberg, S. y Grant, A. (2017). *Opción B*. Conecta.

Solomon, M. (2001). *Beethoven*. Omnibus Press.

8. Marcar

Bonanno, G. (2009). *The Other Side of Sadness*. Basic Books.

Csikszentmihalyi, M. y Rochberg-Halton, E. (1981). *The Meaning of Things*. Cambridge.

Downing, C. (2005). *A Journey Through Menopause*. Spring Journal.

Gilbert, E. (2007). *Comer, rezar, amar*. Aguilar.

Gordon-Lennox, J. (2016). *Crafting Secular Ritual.* Jessica Kingsley Publishers.

Greenberg, A. (2019). *Lady First.* Knopf.

Greenleaf Whittier, J. (1856). *Maud Muller.*

9. Mudar

Atwood, M. (2017). *Alias Grace.* Salamandra.

Bridges, W. (2004). *Dirigiendo el cambio.* Deusto.

Campbell, J. (2013). *El héroe de las mil caras.* Fondo de Cultura Económica.

Duhigg, C. (2019). *El poder de los hábitos.* Vergara.

Erikson, E. H. (1994). *Identity and The Life Cycle.* Norton.

Gide, A. (1925). *Los monederos falsos.*

Rowling, J. K. (2015) *Vivir bien la vida.* Salamandra.

Twain, M. (2003). *Pudd'nhead Wilson's Calendar.* Dover.

10. Crear

Andreasen, N. (2006). *The Creative Brain.* Plume.

Buchberg, K., Cullinan, N., Hauptman, J. y Serota, N. (Eds.). (2014). *Henri Matisse: The Cut-Outs.* Tate Publishing.

Doidge, N. (2020). *El cerebro y su forma de sanar.* La liebre de marzo.

Forgeard, M. (2013). Perceiving Benefits After Adversity. *Psychology of Aesthetics, Creativity, and the Arts, 7*(3).

Pennebaker, J. (2016). *Opening Up by Writing Down.* Guilford Press.

Plimpton, G. (Ed.). *The Writer's Chapbook.* Public Library.

Solomon, M. (2001). *Beethoven.* Omnibus Press.

Sooke, A. (2016). *Henri Matisse.* Rialp.

Twarp, T. (2006). *The Creative Habit.* Simon and Schuster.

Yale. (3 de noviembre de 1983). *Yale Daily News.*

11. Compartir

Billboard. (9 de diciembre de 2016). *Madonna Delivers Her Blunt Truth During Fiery, Teary Billboard Women in Music Speech.* https://www.billboard.com/

Brady, T. *Tom vs. Time.* Facebook show, episode 1. Facebook.

Bridges, W. (2004). *Dirigiendo el cambio.* Deusto.

Cicerón. (44 a. e. c.). *Sobre la Amistad.*

Endeavor. (13 de febrero de 2012). *The 'multiplier effect' in Argentina.* https://www.endeavor.org/blog.

Fivush, R. (2019). *Family Narratives and the Development of an Autobiographical Self.* Routledge.

Gershenson, S., Hart, C., Lindsay, C. y Papageorge, N. (2017). *The Long-Run Impacts of Same-Race Teachers.* IZA Institute of Labor Economics.

Granovetter, M. (1973). The Strength of Weak Ties. *American Journal of Sociology, 78*(6).

Jay, M. (2017). *Supernormal.* Hachette Book Group.

Jopp, S., Jung, S., Damarin, A. K., Mirpuri, S. y Spini, D. Who Is Your Successful Aging Role Model? *The Journal of Gerontology, 72*(2).

Kurtz, E. y Ketcham, K. (1993). *The Spirituality of Imperfection.* Bantam.

Levine, E. y Cohen, T. (2018). You Can Handle the Truth. *Journal of Experimental Psychology, 147*(9).

Lexmond, J. y Reeves, R. (2009). *Building Character.* Demos.

McAdams, D. P. (1993). *The Stories We Live By.* Guilford Press.

Pennebaker, J. (2016). *Opening Up by Writing Down.* Guilford Press.

Tamir, D. y Mitchell, J. (2012). Disclosing information. *Proceedings of the National Academy of Sciences of the United States, 109*(21).

Thaler, R. y Sunstein, C. (2017). *Un pequeño empujón.* Taurus.

Ward, M. (29 de enero de 2017). 5 Things You Didn't Know About Oprah Winfrey. *Vogue.*

12. Presentar

Baumeister, R. (1992). *Meanings of Life.* Guilford Press.

Bey, H. (2003). *TAZ.* Autonomedia.

Bruner, J. (1995). *Actos de significado.* Alianza.

Bruner, J. (2003). *La fábrica de historias.* Fondo de Cultura Económica.

Eakin, P. J. (2008). *Living Autobiographically.* Cornell.

Enz, K., Pillemer, K. y Johnson, D. (2016). The Relocation Bump. *Journal of Experimental Psychology, 145*(8).

Van Gennep, A. (2013). *Los ritos de paso.* Alianza Editorial.

Grimes, R. (2002). *Deeply Into the Bone.* University of California.

Harford, T. (2017). *El poder del desorden.* Conecta.

Van der Kolk, B. (2015). *The Body Keeps the Score.* Penguin Books.

Little, B. (2014). *Me, Myself, and Us.* Public Affairs.

Richardson, R. (2006). *William James.* Mariner Books.

13. Contar

Bergen, B. (2013). *El cerebro y el lenguaje*. Roc Filella Escola.

Boyd, B. (2010). *On the Origin of Stories*. Belknap Press of Harvard University Press.

Carey, B. (22 de mayo de 2007). This Is Your Life (and How You Tell It). *The New York Times*.

Damasio, A. (2005). *Looking for Spinoza*. Crítica.

Geary, J. (2012). *I Is An Other*. Harper Perennial.

Groves, N. (4 de septiembre de 2015). The Moth in Australia. *The Guardian*.

Hardy, B. (1968). Towards a Poetics of Fiction. *Novel*. Duke University Press.

Kauffman, S. B. (2016). *Wired to Create*. TarcherPerigee.

László, J. (2008). *The Science of Stories*. Routledge.

Mantel, H. (2004). *Giving Up the Ghost*. Picador.

McAdams, D. P. (1993). *The Stories We Live By*. Guilford Press.

McAdams, D. P. (2008). Personal Narrative and the Life Story. En O. P. John, R. W. Robins y L. A. Pervin (Eds.). *The Handbook of Personality: Theory and research*. Guilford Press.

Pennebaker, J. (2016). *Opening Up by Writing Down*. Guilford Press.

The Martha Heasley Cox Center for Steinbeck Studies. https://www.sjsu.edu

Wong, P. T. (Ed.). (2012). *The Human Quest for Meaning*. Routledge.

Conclusión. Entre sueños

Baumeister, R., Vohs, K., Aaker, J. y Garbinsky, E. (2013). Some Key Differences between a Happy Life and a Meaningful Life. *The Journal of Positive Psychology*, 8(6), 505-516.

Birren, J. y Cochran, K. (2001). *Telling the Stories of Life through Guided Autobiography Groups*. Johns Hopkins.

Chödrön, P. (2013). *Cuando todo se derrumba*. Gaia.

Frankl, V. (2016). *El hombre en busca del sentido*. Herder.

Sacks, O. (2009). *El hombre que confundió a su mujer con un sombrero*. Anagrama.

Sanford, A. y Emmott, C. (2013). *Mind, Brain and Narrative*. Cambridge.

Staudinger, U. (2001). Life Reflection. *Review of General Psychology*, 5(2).

Wong, P. T. (Ed.). (2012). *The Human Quest for Meaning*. Routledge.

Para sumar tu historia a futuros esfuerzos del Proyecto Historia de vida, para descargar una guía de lectura en grupo, para obtener información para realizar el Proyecto Historia de vida con un ser querido como hice yo con mi padre, o para ponerse en contacto conmigo de forma directa, visita: www.brucefeiler.com

Ecosistema digital

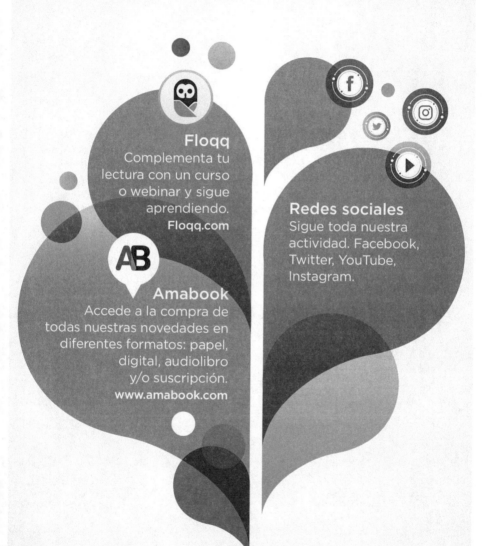

Floqq
Complementa tu lectura con un curso o webinar y sigue aprendiendo.
Floqq.com

Amabook
Accede a la compra de todas nuestras novedades en diferentes formatos: papel, digital, audiolibro y/o suscripción.
www.amabook.com

Redes sociales
Sigue toda nuestra actividad. Facebook, Twitter, YouTube, Instagram.